수심결과 마음공부

법상 지음

완전한 행복에 다가가는 가장 오래된 마음 비결

수심결과 마음공부

불광출판사

서문

누구나 그렇듯, 나 역시 어릴 적에는 선불교(禪佛敎)가 너무 어려웠다. 도대체 무슨 말을 하는지 알 수 없었고, 나 같은 하근기(下根機)는 도저히 다가갈 수 없을 것 같았다. 오직 높은 근기를 가진 수행자들의 전유물처럼 여겨졌다. 그렇게 오랜 세월 선불교와 가까이하지 못한 채 불교 공부와 포교로 시간을 보내면서 도무지 확연하게 풀리지 않는 지점에 이르러 꽉 막혀 버리곤 했다. 그것이 무엇인지 알 수 없었다. 그저 수행이 부족한 탓이라고 자책하며 공부를 계속해 나갔지만, 풀리지 않는 화두(話頭)처럼 벽에 콱 막혀 한 발짝도 더 내디딜 수 없었다.

더 이상 불교 안에서는 답을 찾을 수 없을 것만 같았다. 어떻게 해서든 깨달음을 얻어 보겠노라고 불교 이외의 외전(外典)들도 수없이 기웃거려 보고, 온갖 수행법과 동서고금의 다양한 스승의 가르침을 찾아보기도 했지만, 그런 일들은 얼마 못 가 저절로 포기되었다. 불교 바깥으로 마음을 돌려 보니, 더욱 분별 망상의 크기만 키우는 듯했다.

이제 더 이상 방법이 없었다. 불교의 기본으로 돌아가는 것만이 내가 할 수 있는 유일한 길이었다. 어디에도 의지하지 말고, 처음부터 다시 시작해 보자는 마음으로 초기불교와 초기 선불교에 눈을 돌렸다. 기존에 누군가가 해석해 놓은 것을 그대로 믿어 왔던 '해석된 불교', '방편의 불교', '덧칠된 불교'를 내려놓고, 마음을 비운 채 경전과 어록을 중심으로 '진짜 불교'가 무엇인지 참구(參究)하기 시작했다.

공부 과정에서 초기 선불교, 특히 육조혜능(六祖慧能, 638~713) 스님을 비롯해 남악(南岳), 마조(馬祖), 백장(百丈), 황벽(黃蘗), 임제(臨濟), 그리고 하택신회(荷澤神會)와 규봉종밀(圭峰宗密)의 가르침을 이은 보조지눌(普照知訥, 1158~1210) 스님에 이르기까지 선사들이 남긴 고구정녕한 선의 원천 텍스트들을 접하며 그동안 나를 혼란케 했던 많은 의문이 시원하게 해결되어 나가기 시작했다. 선의 황금기라 불리는 저 조사선의 시대를 참문하며, 경전과 어록에 조금씩 눈을 뜨게 되었다.

긴긴 역사 속에서 방편이 곧 본질이라고 오해하고, 달을 가리키는 손가락을 '달'이라고 오해했던 나의 실수를 보게 되었다. 경전과 어록이라는 불교의 원천 언어들이야말로 우리가 의지해야 할 곳이지, 방편이나 문화나 다양한 수행법이나 전통에 구속되면 참된 '달'을 볼 수 없다.

그러던 중 지눌 스님의 『수심결(修心訣)』을 다시 보면서, 이심전심(以心傳心)으로 통하는 언어에 공명하며 몇 번이고 파안대소와 하나 되는 울림으로 감격스러웠다. 사람들이 어려워하는 선불교를 누구나 접근 가능한 실질적인 마음공부로 구현해 줄 수 있는 가장 좋은 텍스트가 바로 『수심결』이 아닐까 싶다.

물론 『수심결』만이, 혹은 조사선(祖師禪)이나 간화선(看話禪)만이 진리일 수는 없다. 또 돈오점수(頓悟漸修)나 돈오돈수(頓悟頓修), 혹은 어떤 특정한 수행법이나 길만이 유일한 것은 아니다. 언어로 표현된 모든 가르침은 전부 달을 가리키는 손가락이며 방편일 뿐이기에 거기에 머물러서는 안 된다.

선(禪)에서는 말과 언어가 세속제(世俗諦)이자 방편일 뿐이어서 말로 표현해 버리면 어긋난다는 말이 있다. 말은 어떤 것도 '있는 그대로' 표현할 수 없기 때문이다. 세속사도 그러한데, 하물며 선의 가르침을 말로 표현하고 해설한다는 것은 '스스로 똥물을 끼얹는 일'이라고 할 만큼 조심스러운 일이다. 그런데도 한국불교를 상징하는 지눌 스님의 『수심결』이라는 이 말 없는 말에 수족을 달게 된 연유가 있다.

나는 무엇보다도 어렵게만 느껴지는 선불교의 벽을 허물어, 일반인들도 쉽게 다가설 수 있도록 안내하고자 발원했다. 알쏭달쏭한 선문답(禪問答)이나 알 듯 모를 듯한 옛이야기에 갇혀 있는 선불교를 보다 현대적이고, 알기 쉽게 풀되, 참된 초기 선불교의 참뜻이 전해지기를 바랐다. 선불교의 교과서와도 같고, 참고서와도 같은, 혹은 처음 선불교 혹은 마음공부의 길에 접어든 생활인들이 쉽게 집어들 수 있는 책이 있었으면 좋겠다고 발원했다. 바로 그런 마음에 딱 걸맞은 가르침이면서, 누구에게나 익숙한 한국의 지눌 스님의 어록이며, 현대인과 같은 생활 속 공부인들의 근기에 잘 맞춰 돈오점수의 가르침을 자상하게 설한 이 『수심결』이야말로 가장 적절한 텍스트라고 여겨졌다.

이 책에서 『수심결』을 해설하면서 가장 중점을 둔 점 또한 불교를 잘 모르는 분들이라 할지라도 누구나 쉽게 읽을 수 있도록 자세하고 쉬운 설명을 담고자 했다는 점이다. 또한 자기에게 처한 현실적인 괴로움의 문제를 직접적으로 또 근원에서 풀 수 있도록 선의 핵심적인 실천을 담고자 했다.

책을 읽기만 해도 저절로 발심이 되고, 내가 누구인지를 확인하고자 하는 마음이 간절해지며, 나도 모르는 사이에 화두가 들리고 은산철벽(銀山鐵壁)에 갇히며 그것을 뚫어내고자 온몸으로 부딪치게 될 수도 있을 것이다. 이 책의 내용에 마음을 활짝 열고 믿음을 일으켜 간절함으로 읽다 보면 그저 어느 순간 문득 여기에서 가리키는 '이것'이 무엇인지를 문득 확인하게 될지도 모른다. 물론 어려운 부분이 있다면, 이 책을 읽으면서 동시에 유튜브에 올려놓은 신심명 강의 설법을 함께 듣는다면 더욱 좋을 것이다.*

● 　신심명 강의 : 유튜브 '법상스님의 목탁소리(@moktak)', 재생목록 '수심결 전체 듣기' 참조.

이 책을 통해 초심 불자들이 선불교를 너무 어렵게만 생각하지 말고, 더 가까이 다가설 수 있기를 발원해 본다. 또한 불교와 선에서 가리켜 보이는 핵심, 본질이 무엇인지 방편을 쏙 빼고 곧장 체험해 보기를 바란다.

깨달음이라는 대단한 무언가에 관한 이야기가 아니다. 백 년에 한 번 나올까 말까 한 깨달음 같은 것은 나는 모른다. 그런 깨달음은 우리 같은 평범한 사람들에게 너무 어렵다. 몇 년 동안 눕지 않고 좌선해야만 가 닿을 수 있는 참선 수행은 생활인들에게 멀게만 느껴진다. 그저 괴로움이 무엇인지 알고, 그 괴로움의 소멸에 이르도록 안내해 주는 이 놀라운 선의 방편에 마음을 열어 보자는 것이다.

『수심결』의 가르침이야말로 방편에 오염된 선을 다시 살려내 초기 조사선의 가르침에 더욱 쉽게 다가설 수 있도록 해 주는 쉽고도 실질적인 방편이 될 것이다. 지눌 스님의 공적영지(空寂靈知)한 참마음을 시공을 초월해 우리도 한 번 확인해 보자.

2023년 1월
목탁소리 근본도량 상주 대원정사에서
법상 합장

차례

오늘날 우리에게,
보조지눌 스님의 『수심결』이 필요한 이유

한국불교 전체의 역사 속에서 가장 뛰어난 스님이 누구냐고 묻는 다면 누구나 신라의 원효와 고려의 보조지눌(普照知訥, 1158~1210)을 뽑을 것이라는데 이견은 별로 없을 것이다. 그만큼 보조국사 지눌 스님은 한국불교에서 매우 중요한 위치를 차지한다.

인도에서 석가모니 부처님으로부터 시작한 불교는 부파불교와 대승불교를 거치며 일체중생의 괴로움 소멸이라는 그 뜻을 펴기 위해 다양한 대·소승의 교리와 경전 등을 통해 심화된 가르침으로 대중에게 큰 영향을 끼쳤다. 나아가 인도의 힌두교 성립에도 큰 영향을 끼쳤을 뿐 아니라 이란, 이집트, 그리스, 로마에 이르기까지 전 세계의 사상, 철학, 종교계에 매우 큰 영향을 끼치며 발전했다. 특히 대승불교의 성립과 함께 불교의 방편은 그 보폭을 넓히며 다양한 방법으로 중생들을 괴로움에서 깨어나도록 이끌었다.

이처럼 인도에서 시작하고 확장한 불교는 전 세계 곳곳으로 전파되었으며, 특히 중국으로 들어온 불교는 종파불교의 흐름을 타고 경전별, 사상별, 방편별로 그 교학을 더욱 심화 발전시켜 나갔다.

아무리 좋은 가르침이라 할지라도 중생들의 다양한 근기에 맞춘 방편의 설법이 되지 못한다면 중생을 구제할 수는 없다는 측면에서 이러한 방편의 확장은 보다 많은 이들에게 다양한 접근의 방법을 제공해 주었고 대중화하는 데 큰 도움을 주었다.

그러나 이런 불교의 다양화, 대중화, 교학의 발전에도 불구하고 오히려 일체중생의 괴로움 소멸과 해탈이라는 불교의 고유한 정신을 생각했을 때, 과연 방편의 확장과 교리의 발전이 얼마나 많은 이들을 깨어나게 했을까? 오히려 석가모니 부처님 당시가 가장 많은 출재가자들이 부처님의 법문을 듣고 우후죽순으로 깨어나는 진정한 깨달음의 시대였다. 그 이후의 시대에는 무수한 방편의 확장과 교리의 발전에도 불구하고 수많은 이들이 깨어나는 일은 일어나지 않았다.

그러다가 이것을 반전시킬 수 있는 불교 역사 속의 중대한 사건이 일어났으니, 그것이 바로 선불교의 등장이다. 선불교는 석가모니 부처님 이후 역사 속에서 일어난 온갖 교리의 발전, 방편의 다양화, 대승경전의 등장, 무수한 수행법의 발전에도 불구하고 오히려 요원해져만 가던 깨달음, 해탈이라는 가장 본질적인 것을 다시 현실로 드러내 주었다.

선불교는 파사현정(破邪顯正), 파격(破格)이라는 말에서도 볼 수 있듯이, 말 그대로 과거의 모든 격식을 타파한다. 그동안 무수히 발전해 온 수행법과 좌선 등의 형식화된 문제점을 지적하고, 한

없이 발전한 교리와 교학의 발전에 불립문자(不立文字)˙로 응수한다. 불교 역사 속에서 만들어진 수많은 교리와 수행법을 하나하나 관심석(觀心釋)˙˙으로 깨뜨린다.

육조혜능(六祖慧能, 638~713) 대사는『육조단경』에서 무수히 많은 그간의 교리와 교학, 수행에 대해 자기만의 관심석을 써서 파격적으로 설한다. 남악회양(南嶽懷讓, 677~744)은 앉아서 좌선만 일삼고 있는 제자 마조도일(馬祖道一, 709~788)을 깨닫게 하고자 기왓장을 갈아 거울을 만들려고 한다는 방편을 선보임으로써 수행의 본질을 일깨웠다.

이런 소위 '선의 황금시대˙˙˙'인 당송 시대에는 달마로부터 시작해 6조 혜능, 남악, 마조, 백장, 황벽, 임제, 남전, 조주, 위산, 앙

● 불립문자(不立文字) : 언설과 문자가 지니는 형식과 틀에 빠지는 것을 경계해야 함을 설하는 선의 용어로서, 선의 종지는 문자를 내세우지 않고 곧장 자기의 본래면목을 가리켜 보임(直指人心).

●● 관심석(觀心釋) : 문자의 의미를 따라가며 해석하고 이해하는 것이 아니라, 선사가 자신이 스스로 마음을 깨달아 자신의 깨달은 안목에 의거해 경전을 해석하는 방식.

●●● 선의 황금시대(The Golden age of Zen) : 6세기 보리달마(菩提達磨, ?~530)가 중국으로 건너와 중국 선의 개조(開祖)가 된 이후, 천재적인 수행자들이 견성성불의 깨달음을 체험적으로 보여 주던 주로 당나라(618~907) 시대를 흔히 선의 황금시대라고 부른다. 선의 초조 보리달마 이후 6번째 조사로 법을 전해 받아 선의 황금시대를 연 6조 혜능(慧能, 638~713)을 시작으로 남악, 청원, 마조, 석두, 백장, 남전, 황벽, 조주, 임제, 운문 등으로 이어지면서 활활 타올라 무수히 많은 견성 도인을 배출해냈다.

산, 운문, 원오, 대혜 등으로 이어지는 선사들에 의해 무수히 많은 제자들이 견성(見性)하여 깨달음을 얻었다. 석가모니 이후 사라져 가던 깨달음의 전통이 새롭게 살아난 것이다. 마조 문하의 입실 제 자만 139명이며 이들은 모두 한 지역의 종장(宗匠)이 되어 법을 펼 쳤고 특히 80여 명의 안목은 준수했음을 볼 때, 견성 도인이 한 스 승 아래에서 이토록 많이 있었음을 알 수 있다. 말 그대로 선의 황 금기 때에는 무수히 많은 견성 도인이 배출되었다.

석가모니 부처님 1인의 탁월한 깨달음과 전법, 방편에 의지 했던 인도불교가 중국에 와서는 수많은 견성 도인들에 의해 한 시 대를 풍미하며 무수히 많은 견성인들을 배출해 내는 대중적 깨달 음의 불교로 발전했음을 뜻한다. 이것이 중요한 이유는, 불교는 곧 깨달음의 종교이며, 깨달음이 없으면 그것은 불교가 아니라, 변죽 만 울리는 허울뿐인 방편 불교로 전락하기 때문이다. 선의 황금기 때를 제외하면 불교의 역사 전체가 이런 깨달음은 없고 방편만 횡 행했던 시대로 점철됐음을 부인할 수 없다.

이것이 바로 선불교의 놀라운 점이다. 이제 불교는 석존과 같 은 탁월한 1인에 의지하는 종교가 아니다. 선이라는 놀라운 '길 없 는 길', 참된 중도의 가르침을 통해 누구든 깨달을 수 있고, 누구든 깨달아서 남들이 깨어나도록 이끌 수 있는 진정한 일체중생 견성 성불의 불교로 전환된 것이다!

인류를 깨어나게 할 수 있는 놀라운 길이 바로 여기에 있다!

선불교를 제외하고, 인류 역사 속에서 수많은 사람들을 깨닫게 했던 가르침이나 종교, 사상, 철학, 실천이 있었던가? 모르긴 해도, 단연코 없다고 말할 수 있지 않을까? 더욱이 선불교에서는 선의 황금기 때의 수많은 선사들을 통해 그 깨달음이 입증되었을 뿐 아니라, 200~300년 동안 이어지며 검증을 마쳤다.

물론 안타깝게도 대혜종고(大慧宗杲, 1089~1163) 이후 선불교의 활발발했던 깨달음의 가풍은 점차 쇠락해져 갔다. 마찬가지로 당송 시대에 교학 불교 또한 종파별로 가장 찬란하게 발전을 이루었지만, 거기까지였다.

그 이후의 불교는 중국에서 더 이상 큰 발전은 없었고 정체되거나 쇠락해갔다. 대신 온갖 방편과 기복, 수행법 등에 천착하는 유위조작의 공부와 방편만이 번잡해져서 오늘날까지 오게 되었다. 지금 불교에는 깨달음은 찾아보기 힘들고, 온갖 종류의 방편과 기도, 기복, 수행법, 교리 공부 등만이 그 역할을 대신하고 있다.

그러면 이제 불교는 어떻게 해야 할까? 세계 불교사, 인류 역사에 있어서 집단적으로 대중이 깨어나던 시대인 '이미 검증된' 선의 시대의 깨달음을 지금으로 가져와야 한다.

너무도 다행스럽게, 그것은 전혀 불가능한 것이 아니다. 선의 황금기 때의 그 수많은 선사들의 가르침이 지금까지도 '어록(語錄)'이라는 이름으로 우리에게 전해져 오고 있기 때문이다.

이 얼마나 다행스러운 일인가. 역사 속에서 선불교의 시대는 쇠락했지만, 선불교의 핵심적 가르침은 선어록을 통해 면면히 이어져 내려왔다. 그리고 많지는 않았지만, 불교 역사 속에서 경전과 선어록에 의지해 스스로 깨어난 또 다른 선사들은 늘 있었다.

바로 그 가운데 가장 중요한 인물 중의 한 분이 바로 보조국사 지눌(普照知訥, 1158~1210) 스님이다. 지눌 스님의 저서와 가르침이 중요한 이유는 불교 역사 속에서 인도가 씨앗을 심고, 중국이 싹을 틔우고 키운 것을 비로소 한국에서 활짝 꽃 피게 했다는 한국불교의 특징을 대변해서다. 특히 『수심결』은 불교 역사 속의 깨달음, 견성성불, 열반해탈의 전통에 있어 가장 중요한 깨달음과 깨달음 이후의 공부에 관한 핵심적 가르침과 구체적 실천을 스님의 독자적인 안목으로 풀어놓았다. 초기 선불교 전통을 오늘날 되살리기에 앞서 그 마중물이자 가교역할을 충실히 해 주는 저서라 할 수 있다.

지눌 스님은 고려 의종 12년 1158년 황해도 서흥군에서 출생했다. 휘는 지눌이고 자호는 목우자(牧牛子)다. 자호인 목우자는 소를 기르는 사람이라는 뜻이다. 깨달음의 길을 10단계로 그려놓은 심우도(尋牛圖)에서는 자기의 본래면목인 성품을 소에 비유하였는데, 스님은 스스로 심우도의 5번째 단계인 목우(牧牛)라고 함으로써, 돈오(頓悟) 후 점수(漸修)가 얼마나 중요한 것인지를 드러내고 있다.

선불교에서 가장 중요한 것은 바로 목우다. 깨달음을 얻는 것이야 발심하여 스승의 법문을 듣다가 문득 깨달을 수 있지만, 그것보다 더 중요한 게 바로 소를 키우는 것이다. 즉 오랜 분별과 탐진치 삼독의 때를 조복시키는 돈오점수라는 수행의 과정, 목우가 핵심이다. 여기에서 지눌 스님의 가르침 중에 으뜸인 돈오점수가 나온다. 본문에서 자세히 설명하겠지만, 이 돈오점수야말로 선불교를 대중화하고, 삶으로 가져와 깨달음이 눈앞의 현실과 하나 되도록 할 수 있는 중요한 가르침이다.

스님은 1165년 구산선문(九山禪門) 중 사굴산문(闍崛山門)에 속하는 종휘 선사를 의지해 출가했지만, 출가 후에는 특정한 스승 없이 홀로 수행했다. 수행 중에 『육조단경(六祖壇經)』을 보다가 첫 번째 깨달음을 얻었고, 『화엄경(華嚴經)』「여래출현품」을 읽다가 또 한 번 깨달았으며, 『대혜어록(大慧語錄)』에서 또 한 번의 큰 깨달음을 얻었다.

물론 선불교에서 가장 중요시하는 것은 선의 법맥(法脈)*이다. 선맥을 통해 스승에서 제자로 이어지며 깨달음이 전달되는 측면 또한 부정할 수는 없겠지만, 조금 더 솔직하게 말한다면 지금의 선맥은 다소 형식화된 측면이 있음을 또한 부정할 수 없다.

또한 내가 주목하는 점은 특별한 스님들, 법맥을 이어받은 스님들에게만 한정되는 깨달음을 논하자는 것이 아니기 때문이다.

●　 법맥(法脈) : 불교 선종에서 깨달은 법을 전한 계보.

지금의 시대는 대중이 깨어나는 시대다. 석가모니 부처님의 본뜻이었던, 일체중생이 어떻게 하면 깨어날 수 있는가가 우리 시대의 가장 중요한 화두가 아닐까?

그런 점에서 지눌 스님의 깨달음과 그의 가르침은, 명백하게 지금의 시대에 인류가 어떻게 해야 깨어날 수 있는지 선명한 나침반을 제공해 준다. 또한 지눌 스님 자신 또한 스승에 의지해 깨달은 것이 아니라, 홀로 경전과 선어록에 의지해 마음을 밝혔다. 지눌 스님처럼 오늘날에도 누구나 올바른 경전과 어록, 올바른 안목을 갖춘 이의 직지법문을 통해 누구나 깨어날 수 있다.

깨어난다는 것은 결코 불자들만의 일이 아니며, 불교만의 문제가 아니다. 다가올 인류의 미래를 이끌 직접적인 가르침이다. 이제 시대는 열리고 있다. 통섭, 융합, 융섭, 확장, 연기, 연결성 등의 용어에서 알 수 있듯이, 폐쇄성이 개방되고 정신이 활짝 열리는 시대로 진입하고 있다. 종교 또한 과거에는 한 종교 안에서의 폐쇄성이 강했지만, 지금은 종교도 융합 통섭되는 퓨전의 시대다.

유대교를 믿지만, 불교를 수행하는 '주부(JuBu:Jewish Buddhist)'가 미국 사회에서 늘고 있다. 남의 나라 이야기라고 여겼지만, 내가 운영하는 유튜브 채널과 법당에는 개신교, 천주교, 무교 신자들이 점점 더 많아지고 있다. 이제 이 종교적 열림은 사회적 현상처럼 느껴진다.

이제 사람들은 어디에 속하는 것이 중요한 것이 아니다. 목사,

신부, 스님, 철학자, 양자물리학자, 인문학자 누구든 상관없다. 자신의 괴로움을 해결해 줄 가르침이면 될 뿐, 어떤 소속이나 종교 등을 이유로 벽을 칠 필요가 없다. 너무도 당연하지 않은가? 이런 당연한 열림 현상이 지금 이 시대의 주요한 키워드다.

다시 지눌 스님으로 돌아가 보자. 스님의 돈오점수(頓悟漸修), 정혜쌍수(定慧雙修), 선교겸수(禪敎兼修) 등의 가르침이야말로 오늘날 괴로움의 소멸과 깨어남에 목마른 대중들에게 현대인들의 근기와 눈높이에 맞게 이끌어 주는 가르침이다.

스님의 선교겸수는 교학 공부와 선의 실천이 어떻게 조화롭게 통합되는지를 일깨워준다. 기존의 종파에서는 선종과 교종이 엄격히 분리되어 있었으며, 다툼이 끊이지 않았다. 화엄종에서는 『화엄경』의 우수성과 안목이 최고임을 밝혔고, 선종에서는 문자에 치우친 불교로는 깨달을 수 없다고 맞섰다. 선교겸수에서는 교학과 선의 실천이 결코 둘이 아님을 밝히며, 겸수를 통해 이 공부가 균형과 조화를 갖추어 바르게 갈 수 있음을 일깨운다.

또한 스님은 정혜쌍수를 통해 석존께서 밝히신 진정한 중도(中道)의 수행이 무엇인지를 깨닫게 하며, 결코 둘로 나뉠 수 없는 정혜를 함께 닦음 없이 닦아감으로써 본래 있던 선정과 지혜를 드러낼 수 있도록 이끈다.

돈오점수에서는 직지(直指)의 가르침을 듣고 문득 깨어나는 길과 깨어남 이후의 보임(保任) 수행을 어떻게 해 나가야 하는지를 아울러 제시함으로써, 업습(業習)과 분별에 얽매여 있는 중생들의 처지에서 견성한 뒤에 오는 혼란에 관해 자상하고도 눈높이에 맞는 방편의 수행을 드러낸다.

이런 가르침을 통해 스님은 모름지기 선불교의 핵심을 통합적이고도 회통, 융섭, 화쟁적으로 드러낸다. 불교가 역사 속에서 여러 갈래로 나뉘고, 견해가 나뉘는 혼란의 시대를 석존의 본뜻인 불이중도의 가르침으로 회통하여 하나의 낙처를 밝힌다. 분명한 깨달음의 낙처를 드러내면서도, 전혀 무겁지 않다. 누구든 실천할 수 있도록 중생의 눈높이에서 방편을 설한다.

또 한 가지 스님에게 주목해야 할 점은 바로 타락하고 부패해 가는 불교계와 사회를 바로잡고자 했던 실천적 운동인 정혜결사(定慧結社)다. 사람들은 세상을 바꾸기 위해 세상으로 나아가 내 밖의 세상을 바꾼다. 그러나 지눌의 정혜결사는 그 본질을 꿰뚫는다. 안팎이 둘이 아닌 불이적 깨달음에 기초한 사회변혁 운동이자 불교 쇄신운동이다. 불교에서는 삼계유심, 일체유심조라 하여 세상은 곧 마음의 나툼임을 설한다. 세상을 바꾸고자 한다면 마땅히 자기 마음을 깨달아야 한다. 이것이야말로 세상 그 누구도 깨닫지 못한 변혁의 핵심이다.

정혜결사의 단초가 된 『권수정혜결사문(勸修定慧結社文)』을 보자.

"우리의 일상을 돌이켜 보라. 불법을 빙자하여 나다, 남이다

하는 상(相)을 내세우고, 명예와 이익만 좇으며, 욕망의 풍진 속에 빠져 도와 덕은 닦지 않고, 옷과 밥만 축내고 있다. 이러고도 어찌 그대들을 출가자라 할 수 있으며, 그런 출가에 무슨 공덕이 있겠는가? 슬프구나. 삼계에서 벗어나기를 원하면서 속세를 벗어날 수행은 하지 않으니, 육신만 한갓 남자의 몸일 뿐 그 뜻은 장부의 기개가 없다. 위로는 진리의 길에서 벗어나 있고, 아래로는 중생을 이롭게 하지 못하는구나. 진실로 부끄러운 일이다."

이런 한탄과 탄식에만 그치지 않고 스님은 뜻에 맞는 스님들을 모아 정혜결사를 모의했다. 이 결사에는 왕족과 귀족뿐 아니라 일반 재가신자들까지 동참했다. 이런 정혜결사의 정신이야말로 오늘날 현대 사회의 온갖 문제를 해결하고 나아가 인류를 구제할 대안적 실천행이 아닐까.

이 선불교를 통한 자기 구제만이 일체중생을 깨닫게 할 수 있다. 불교 경전에서는 내가 깨닫는 것이 곧 삼천대천세계 전부를 구제하는 것이며, 붓다가 깨어날 때 인류가 함께 깨어났다고 설한다. 진실이다. 내가 곧 세계다. 내가 깨어날 때 인류가 함께 깨어난다. 선불교를 통해 우리 한 명 한 명이 깨어나 완전한 행복과 자유를 누리며 사는 것, 그것이야말로 인류를 구원할 수 있는 유일한 길이다.

스님은 틀에 박힌 형식에 치우치지 않았으며, 오랜 전통과 방편을 아우르면서도 초기 선불교의 정신을 오롯이 계승하고 있다.

그러면서도 현대적이고, 쉽다. 직지인심 견성성불(直指人心 見性成佛)의 초기 선불교 정신을 통해 깨닫고자 하는 이들에게 지눌 스님의 가르침과 『수심결』만큼 좋은 교재가 또 있을까?

나는 오래도록 어떻게 하면 초기 선불교의 직지선법을 보다 쉽고 체계적으로 대중들에게 열어 보일 수 있을까 많이 고민해 왔다. 많은 고민 끝에 『수심결』을 택했다. 단순히 『수심결』을 해설하는 데 그치는 것이 아니라, 직지인심의 가르침을 오늘날 현대인들이 누구든 읽고 쉽게 따라 실천할 수 있도록 선의 교과서 같은 책을 만들어 보자는 의도로 계획되었다.

이 책이 단순한 『수심결』 강의록이 아니라 이 공부에 발심한 대중들이 직지선을 생활 속에서 실천하며, 선 공부, 마음공부를 스스로 해 나갈 수 있는 종합 선불교 지침이 될 수 있기를 바라본다. 투철한 발심이 있는 이라면, 마음을 비우고 이 글을 눈이나 머리가 아니라, 가슴으로 온몸으로 내면으로 자기의 것으로 가져와 읽다 보면, 문득 자기의 본래면목을 확인하게 될지도 모른다. 어찌 알겠는가!

수심결과 마음공부

1

괴로움에서 벗어나는 길

삼계(三界)의 뜨거운 괴로움이 마치 불타는 집과 같은데, 어찌 그대로 참고 머물면서 그 기나긴 고통을 달게 받고만 있는가? 윤회를 벗어나고자 한다면 부처를 구하는 것이 제일이다. 만약 부처를 구하고자 한다면, 부처는 곧 이 마음일 뿐인데, 어찌 이 마음을 먼 곳에서 찾고자 하는가?

三界熱惱 猶如火宅 其忍淹留 甘受長苦 欲免輪廻 莫若求佛 若欲求佛 佛卽是心 心何遠覓

이 짧은 첫마디 가르침 속에 삶의 모든 지혜가 고스란히 담겨 있다. 사람들은 깨달음, 괴로움으로부터의 해탈(解脫), 속박에서 벗어남에 대해 전혀 관심이 없다. 지금 당장 가지고 놀 수 있는 재미있는 장난감도 있고, 맛있는 음식도 있고, 오욕락(五欲樂)*을 추구하고 성취하며 사는 삶이 나름 재미있기 때문이다. 이성과의 사랑도 달콤하고, 맛집을 찾아다니고 사진을 찍어 SNS에 올리는 일도 즐겁다. 직장에 취직해서 승진하는 것도 즐겁고, 돈을 벌고 모으며 쓰는 일도 즐겁고, 아파트나 부동산에 투자해서 몇억씩 오르는 즐거움도 제법 쏠쏠하다.

이런 즐거움에 의식이 온통 사로잡혀 누가 더 많이 벌고, 누가 더 많이 쓰고, 누가 더 좋은 집에 사는지와 같은 비교 우위를 점하는 경쟁 놀이에 완전히 빠져 있다. 이런 오욕락의 재미에 푹 빠져 살다 보니 누군가가 몇십 년 뒤에 올 늙고 병들고 죽는 괴로움, 오

●   오욕락(五欲樂) : 재욕(財欲), 성욕(性欲:色欲), 음식욕(飮食欲), 명예욕(名譽欲), 수면욕(睡眠欲)의 즐거움.

욕락에 과도하게 집착하는 데서 오는 괴로움 등을 알려 주더라도 거기에 신경 쓸 겨를이 없다. 지금이 재미있어서, 또 그런 것을 신경 쓸 시간에 더 빨리 돈을 벌어야 하기 때문이다.

성공과 재물, 사랑 등에 온통 정신이 빠져 재미를 누리다 보면 어느덧 결혼하고 아이도 낳는다. 아이가 생기면 아이 사랑, 가족 돌봄이라는 명분 아래 성공을 향한 목마름이 갈수록 커진다. 아이가 커가면서 사교육비 지출이 더욱 늘어나고, 아이가 좋은 성적을 받으면 더 좋은 대학, 더 좋은 직장에 취직하게 하려고 부부가 함께 '목숨 걸고' 돈벌이에 나선다. 돈을 못 벌면 아이 공부를 뒷받침할 수 없기 때문이다. 그런데 때로는 아이를 위한 부모의 이런 노력이 전도(顚倒)되어 도리어 아이를 외롭게 하고, 가족을 위해 기러기 생활을 하는 아빠의 희생이 가정 파탄으로 이어지기도 한다.

언젠가 한 회사 직원들을 대상으로 교육을 한 적이 있는데, 강의가 끝난 뒤 퇴직을 앞둔 고위직 간부가 이런 말을 했다.

"스님 말씀처럼 젊은 시절 온통 돈벌이와 진급, 성공에만 매달렸습니다. 아이들과 놀아줄 시간에 성공을 위해 달려가기 바빴지요. 이제 와서 보니 인생의 화려한 시절이 너무도 빨리 지나가 버렸어요. 돈 좀 벌고 진급하고 안정되면 아이들과 좋은 시간을 보내려 했는데, 그 사이에 아이들은 다 커 버려 이젠 내가 필요 없어졌고, 이렇게 젊음은 가 버리고 정년퇴직이 눈앞이더군요. 말 그대로 정신을 차리고 보니 퇴직이더라고요. 얼마나 허망한지."

1. 괴로움에서 벗어나는 길

정신을 차리고 보니 한평생이 다 지난 뒤였다는 것! 우리의 인생도 이와 같지 않은가? 젊었을 때는 이 세계가 불타고 있고, 내가 불타고 있다는 사실을 대부분 모르고 산다. 이 달콤한 즐거움, 영원할 것만 같은 젊음도 '한 방에 훅'하고 지나간다는 사실을 모른다.

내 인생도 그렇게 훅 떠나가기 전에, 『수심결』의 이 첫 마디 가르침을 들어 보자. 이 짧은 첫마디 가르침 속에 삶의 모든 지혜가 고스란히 담겨 있다.

우리가 달콤하다고 느끼고, 즐겁다고 느끼며 살아오던 그 끊임없는 추구의 삶이 사실은 불타는 집 속에 불난 줄도 모르고 장난감 놀이에 빠진 아이와 같다는 것이다.

삼계(三界)란 욕계(欲界)·색계(色界)·무색계(無色界)로, 쉽게 말하면 이 삼라만상(森羅萬象) 일체 모든 세상을 뜻한다. 우리가 사는 이 세상과 세상 속에 사는 수많은 사람의 현주소는 어떨까? 겉으로 보기에는 행복한 일이 많고, 재미있는 볼거리와 놀거리도 많다. 그래서 이러한 달콤한 욕망의 즐거움을 탐하고 사는 사람이 대부분이다. 이들은 세상을 어떻게 하면 행복하게 살 수 있을까 하는 점에만 매달려 끊임없는 욕심 추구의 삶을 살고 있다. 냉정하게, 더 냉철하게 이 세상의 근원의 실상을 살펴보려고 하지는 않는다. 이 세상은 겉보기와는 다르게 근원에서 바라보면, 마치 뜨거운 불길이 활활 타고 있는 불타는 집과 같다. 『법화경(法華經)』에서는

'불타는 집의 비유'를 통해 이 세상과 세상 사람들의 현주소가 어떤지를 여실히 보여 준다.

"한 마을에 늙었으나 재물과 시종이 많은 장자가 살았다. 집은 매우 컸지만, 대문은 하나뿐이었다. 집과 누각은 낡았고 담과 기둥은 썩었다. 어느 날 큰불이 일어났다. 장자는 이를 보고 생각했다. '나는 비록 불난 집에서 나왔지만, 자식들은 불이 난 줄도 모르고 놀고만 있구나.' … 아무리 타이르고 불러 봐도 나오지를 않자 … 아버지는 장난감을 보면 좋아할 것이라고 여겨서 말했다. '너희들이 좋아하는 장난감인 양이 끄는 수레(羊車), 사슴이 끄는 수레(鹿車), 소가 끄는 수레(牛車)가 지금 문밖에 있으니 나오면 주겠다.' 아이들은 기뻐하면서 앞다투어 불타는 집을 뛰쳐나왔다…. 그때 장자는 아이들에게 다 같이 더 좋은 큰 수레를 하나씩 나누어 주었다….

모든 중생을 보니 생로병사(生老病死)와 우비고뇌(憂悲苦惱)의 불에 태워지고, 또 오욕(五慾)으로 재물과 이익을 구하므로 갖가지 괴로움을 받으며, 또 탐내고 애착하여 구하므로 현세에는 여러 가지 고통을 받다가 후세에는 지옥·축생·아귀의 고통을 받으며, 혹은 천상에 나거나 인간계에 날지라도 가난하고 궁색하며, 사랑하는 자와의 이별과 미워하는 자를 만나는 등의 갖가지 고통이 있느니라. 중생은 이 가운데 빠져 기뻐해 노닐며 그 고통을 깨닫지도 알지도

1. 괴로움에서 벗어나는 길

못하며, 놀라지도 두려워하지도 않으며, 또 싫증도 내지 아니하고, 해탈을 구하지도 아니하며, 불타는 집 같은 이 삼계(三界)에서 동분 서주 마구 달려 큰 고통을 당할지라도 이를 근심하지 않느니라…. 너희는 삼계의 불난 집에 머무르기를 즐기지 말라. 쓰레기 같은 색 성향미촉(色聲香味觸)을 탐내지 말라. 만약 탐내고 사랑하는 마음 을 내어 집착하면 그 불에 타고 말리라. 그러나 너희가 속히 삼계 에서 나오면 마땅히 성문승(聲聞乘), 벽지불승(辟支佛乘), 불승(佛乘) 의 깨달음을 얻으리라. 내가 이제 너희를 위하여 이 일을 책임지고 보증하노라. 결코 헛되지 아니하리니, 너희는 다만 부지런히 공부 하라."

—『법화경』

집 전체가 활활 타오르고 있지만, 그런 사실을 전혀 모르는 어 린 자식들이 집 안에서 장난감 놀이를 하고 있다. 다가올 자신들의 미래를 모른 채 달콤한 먹거리, 재미있는 놀이에만 정신이 팔린 것 이다. 지혜로운 아버지가 아무리 바깥에서 나오라고 소리쳐도 아 이들은 전혀 관심이 없다. 아이들의 처지에서는 당장 불길을 전혀 느낄 수 없고, 지금 장난감을 가지고 노는 이 놀이가 즐겁기 때문 이다.

현대인도 마찬가지다. 탐진치(貪瞋癡) 삼독(三毒)에 불타고 있 다. 탐진치란 탐내고, 성내며, 어리석은 세 가지 마음의 독(毒)이다.

끊임없이 욕심과 탐욕을 일으키고, 뜻대로 안 된다고 화를 내며, 어리석은 마음으로 물질적인 성공을 향해 달려가고 있다. 이 삼독심의 결과는 활활 타오르는 불길과 같다.

머지않아 젊음은 늙음으로 돌아가고, 건강한 몸은 질병으로 불타며, 지금은 살아 있지만 곧 죽음으로 불타게 될 것이다. 생로병사(生老病死)와 우비고뇌(憂悲苦惱)의 불에 태워진다. 또한 재물욕, 식욕, 성욕, 명예욕, 수면욕 등 오욕락(五欲樂)에 사로잡혀 재물과 이익을 구하지만, 세상은 뜻대로만 되는 것이 아니기에 그 욕망은 잠깐 충족되는 듯 보여도 이내 사라져 갈 수밖에 없다. 그런데도 더 많은 오욕락을 즐기기 위해 온갖 나쁜 짓도 마다하지 않는다. 그 결과 현세에 고통을 받다가 후세에는 지옥(地獄)·축생(畜生)·아귀(餓鬼)의 고통을 받는다. 그리고 다시 인간계에 태어날지라도 가난하고 궁색해지는 등의 갖가지 고통을 받게 된다는 것이다.

이처럼 온 세상이 삼독심과 오욕락과 생로병사와 우비고뇌의 불길에 휩싸여 있지만, 마치 중생은 저 불난 집의 아이들처럼 뛰어놀고 있다. 아직 죽지 않았고, 늙지 않았고, 병들지 않았고, 오욕락과 삼독심의 과보가 오지 않았기에 안심한 채 지금 즐길 수 있는 달콤함에 빠져 불난 집에서 빠져나오려고 하지 않는다.

지금 우리가 사는 이 삼계라는 세계가 얼마나 괴로운 곳인지 모른다. 활활 불타고 있다는 걸 깨닫지도 못하고, 놀라지도 않고, 두려워하지도 않고, 싫증을 내지도 않으면서 해탈을 구하지 않는다. 이에 『법화경』에서 "너희는 삼계의 불난 집에 머무르기를 즐기지 말라. 쓰레기 같은 색성향미촉을 탐내지 말라. 만약 탐내고 사랑하는 마음을 내어 집착하면 그 불에 타고 말리라"라고 했던 것이다.

나아가 『법화경』에서는 말한다.

"너희가 속히 삼계에서 나오면 마땅히 성문승(聲聞乘), 벽지불승(辟支佛乘), 불승(佛乘)의 깨달음을 얻으리라. 내가 이제 너희를 위하여 이 일을 책임지고 보증하노라. 결코 헛되지 아니하리니, 너희는 다만 부지런히 공부하라."

저 불난 집 안에서 뛰어노는 자녀들이 바로 우리들, 어리석은 중생이다. 그리고 바깥에서 아이들을 불난 집으로부터 대피시키려고 애쓰는 아버지가 바로 깨달은 부처님이요, 중생을 고통에서 구제하고자 하는 불보살과 스님, 성인들이다.

먼저 불난 집의 실상을 깨달은 이가 바깥에서 중생을 구제하려고 아무리 나오라고 해도, 중생에게는 그 말이 전혀 들리지 않는다. 늙고 병들고 죽는 것, 그것은 다른 사람 일인 줄 안다. 젊고 건강한 사람은 언젠가 죽을지 모른다는 사실을 망각한 것처럼 살아간다. 그러다가 가족이나 본인이 큰 병에 닥치고 나면 그때 가서 후회하지만 늦는다.

삼계의 뜨거운 괴로움이 마치 불타는 집과 같은데, 어찌 그대로 참고 머물면서 그 기나긴 고통을 달게 받고만 있는가? 정말 이

기나긴 고통의 인생을 즐거움이라 여기며 달게 받고 사는가? 정말 이것이 달콤한 즐거움이 맞는가? 그것은 영원하지 않다. 욕망만을 좇아 사는 인생은 허망하게 부서진다. 젊을 때 아무리 큰돈을 벌었어도, 병은 한순간에 막대한 부를 의미 없게 만들어 버린다.

이러한 괴로움의 끊임없는 반복을 윤회라고 한다. 이 괴로움의 반복, 윤회를 벗어나려면 어떻게 해야 할까? 늙고 병들고 죽는 괴로움에서 벗어나려면 어떻게 해야 할까? 불타는 집과 같은 탐진치 삼독에 빠져 사는 우리들은 어떻게 하면 이 불난 집에서 빠져나올 수 있을까? 일시적인 힐링이나, 다른 달콤한 것으로 대치하는 따위의 임시 처방이 아닌 근본적인 괴로움의 소멸은 과연 가능할까?

물론 가능하다. 근본적으로 고(苦)에서 벗어나고자 한다면 부처를 구하는 것이 제일이다. 부처를 구한다는 것이 불교라는 종교를 믿는다는 말이거나, 부처가 되어야 한다는 거창한 이야기가 아니다. 부처란 누구인가? 단순하게, 부처는 모든 괴로움을 여읜 사람이다. 괴로움의 끊임없는 반복인 윤회를 끊어 버린 사람이다. 이 세상이 불타는 집과 같다는 사실을 미리 깨닫고 불타는 집에서 벗어난 사람일 뿐이다. 그렇기에 부처를 구한다는 것은 곧 괴로움에서 벗어나는 길, 불타는 집에서 뛰쳐나오는 것을 의미한다.

이것은 불교를 믿는 사람들만의 일일까? 이것이 종교일까? 이것은 종교도 아니고 철학도 아니다. 어떤 종교를 믿느냐와는 아무런 상관이 없다. 이것은 '나'의 문제이고, '나의 괴로움'을 해결할 것인가 말 것인가에 관련한 일이다. 부처를 구한다는 것은 곧 나의 괴로움을 스스로 해결하고 자유롭게 살아가는 길일 뿐이다. 불난 집에서 뛰쳐나와 안온하고 영원한 즐거움 속에서 자유롭게 삶을 살자는 것이다.

석가모니 부처님은 바로 그 길을 가신 분이다. 한 종교를 창시한 분이 아니라, 인간의 괴로움이라는 문제를 스스로 해결한 뒤 많은 사람이 더불어 그들의 괴로움을 해결할 수 있도록 이끈 분이다. 여기에 무슨 종교가 필요한가? 종교라는 명칭 속에 가두게 되면, 오히려 그것은 석가모니 부처님의 본뜻을 왜곡하고 축소할 가능성이 크다. 부처를 구하는 일은 불자들만의 길이 아니고, 노병사(老病死)라는 괴로움에 처해 있는 모든 이들이 가야 할 인류 보편의 길이다.

이즈음에 한 가지 의문이 든다. 정말 깨달음을 얻을 수만 있다면, 더 많은 이들이 '괴로움을 여읜 완전한 행복'인 열반에 이르는 길을 갈 것이다. 하지만 깨달음이라는 것이 어디 쉬운 일이던가. 많은 사람이 깨달음을 2,500년 전에 식가모니 부처님에게만 일어난 아주 희유하고 드문 일이라고 여긴다. 정말 그럴까?

결론부터 말하면 전혀 그렇지 않다. 깨달음은 너무나도 쉽다. 그것은 누구에게나 일어날 수 있다. 또 지금 전 세계적으로 일어나고 있다! 수많은 사람이 깨어나고 있다. 옛날 같으면 생각도 못 했겠지만, 10년 남짓 세월 만에 스마트폰이 전 세계인의 삶의 방식을 바꾸어 놓은 것처럼 바로 지금 정신세계에도 그런 속도전이 벌어지고 있다.

과거에는 깨달음에 관한 핵심적인 가르침이 등한시된 채 오랜 역사 속에서 이어져 내려온 전통이라는 이름의 방편만이 횡행했다. 방편을 진리라고 여긴 채 방편에 천착해 있느라 정작 진리를 보지 못했다. 그러나 불과 몇 년, 몇십 년 사이에 인류의 정신세계를 이끄는 이들이 방편에 치우친 현재의 문제점을 발견해 냈다. 이로써 본래의 깨달음, 초기불교 내지는 초기 선불교의 활발했던 깨달음의 본뜻을 깨닫는 이들이 늘어나게 되었다.

이제는 정신세계 혹은 종교에서 무엇이 문제였는지, 왜 그토록 많은 스님이 선방에서 수행함에도 깨닫지 못하는지, 왜 기존 종교가 그토록 방편에 치우치고 욕망에 치우쳐 인류를 일깨우지 못하고 있는지 알게 되었다. 그동안은 종교가 중생을 일깨우기는커녕 오히려 사회가 종교를 걱정해야 할 정도로 종교의 본질은 오염되었고 그 가르침은 박제되고 말았다.

이제는 더 많은 이들이 깨어나는 시대로 바뀌고 있다. 깨달음의 사회화, 깨달음의 보편화가 세계적으로 일어나고 있다. 물론 여전히 보수적인 종교나 사상, 조직이나 이념의 틀 속에 갇힌 사람은 이런 흐름을 전혀 느끼지 못할지도 모른다.

사실 이런 시대가 인류 역사에 아주 가끔, 국소적으로나마 있기는 했다. 한 스승 혹은 몇몇 스승 아래에서 수많은 이들이 집단적으로 깨닫는 일 말이다. 석가모니 부처님이 살아 있던 2,500년 전 초기불교 시대가 그랬고, 약 1,300년 전 중국에 조사선의 전통이 활활발발하게 깨어 있던 초기 선불교 시대가 그랬다. 당시 부처님 아래에서 수백, 수천 명의 출·재가자가 깨달았다. 한 명의 선사 스님 아래에서 수십, 수백 명의 제자가 깨어났다.

얼마 전 세계적으로 큰 인기를 끌었던 『시크릿』이라는 책에는 깨달음 공부의 초기 단계 방편의 가르침이 담겨 있다. 그러나 그것은 아주 작은 일부에 지나지 않는다. 말 그대로 진짜 '시크릿'. 오랫동안 비밀스럽게 전해지던, 혹은 방편에 가려져 빛을 보지 못했던 '깨달음의 시크릿'이 이제 와서 광범위하게 깨어나고 있다. '깨달음의 시크릿'이란 그저 마음을 편안하게 해 주는 힐링, 웰빙, 요가, 명상 등을 말하는 것이 아니다. 말 그대로 깨달아 부처가 되는 것을 말한다. 성불(成佛), 당신도 바로 여기에서 부처가 될 수 있다!

이제는 깨달음의 가르침이 국소적일 수 없다. 유튜브, 인터넷 등을 통해 과거와는 다르게 한 스승의 가르침이 놀랍도록 빠른 속도로 전 세계에 확산되고 있다. 10년 사이에 스마트폰이 전 세계인들에게 두루 퍼졌듯이, 깨달음의 공부 또한 다가올 10년 뒤에 미래를 바꾸어 놓을 새로운 물결로 자리를 잡을 것이 분명해 보인다.

석가모니 부처님과 예수님이 지금 이 시대에 살아 있어서 인터넷을 통해 전 세계로 깨달음의 법을 편다고 여겨 보라. 그분의 법문을 듣고 전 세계적으로 수많은 사람이 깨달음을 얻으며, 깨달음을 얻은 제자가 또 하나의 스승이 되어 법을 펴게 된다. 머지않아 이 세계는 불국토로, 천국으로 바뀌지 않을까? 그것이 바로 지금 이 시대가 가진 유례없이 놀라운 힘이다. 과거에는 불가능했던 일이 지금은 가능해진 것이다. 바로 그런 일이 지금 우리 시대에 일어나고 있다!

핵심은 누구나 깨달을 수 있다는 것이다. 다만 여기에서 깨달음에 관해 짚고 넘어가야 할 것이 하나 있다. 깨달음이란 흔히 생각하듯 오랜 고행을 통해 얻어지는 것이 아니다. 우리는 엄청난 수행력과 뼈를 깎는 고행, 누워서 잠들지 않는 오랜 좌선 끝에 깨달음이 찾아온다고 오해한다. 일반인은 도저히 깨달을 수 없을 것이라고 여긴다. 역사 속에서 깨달음은 엄청난 수행력을 갖춘 스님이나, 한평생을 다 바쳐 고행한 뛰어난 영적 구도자들만의 전유물이었기 때문이다. 그들 외에는 평생을 바쳐 노력했어도 깨달음 근처에도 가지 못한 사람이 천지다. 그러니 하물며 나 같은 평범한 직장인이 깨닫는다고? 절대 불가능할 것이라고 믿는다. 정말 그럴까? 천만에! 전혀 그렇지 않다.

사실 깨달음은 당신이 이미 가지고 있고, 늘 쓰던 것이다. 우리가 모두 본래부터 갖추고 있는 측면을 다만 확인하는 것일 뿐이다. 없던 것을 새로 만드는 것이라면 힘들겠지만, 이미 있는 것을 깨닫는 게 어째서 힘든 일이어야 하는가? 가장 위대한 것은 가장

1. 괴로움에서 벗어나는 길

쉽고 단순한 것이다.

부처님 당시에 깨달음은 너무 쉬웠다. 석가모니 부처님이 다섯 비구에게 첫 번째 법문인 초전법륜(初轉法輪)을 설하고 나서 얼마 지나지 않아, 법문을 들은 다섯 비구가 차례로 깨달았다. 그저 함께 앉아 진리를 설명해 주고 대화를 나누었을 뿐인데 깨달은 것이다!

정말 법문을 듣고 깨달았다고? '레알? 팩트 맞아?' 이런 궁금증의 목소리가 들리는 듯하다. 정말이다. 레알이고 팩트다. 다만 함께 모여 앉아서 연기(緣起)와 중도(中道), 사성제(四聖諦)와 팔정도(八正道)를 설했을 뿐인데 모두가 깨어났다. 앉아서 함께 좌선한 것도 아니고, 비밀스러운 수행법이 따로 있었던 것도 아니다. 가섭존자 역시 부처님이 7일 동안 곁에서 법을 설해 준 뒤에 깨달았다. 초기경전을 보면 무수히 많은 사람이 부처님의 법문을 듣고 바로 깨달았다.

선의 황금시대 때도 그랬다. 한 스님 아래에서 100명이 넘는 제자와 재가불자가 깨어나는 일이 흔한 일이었다. 법문을 듣고 깨닫거나 문답하다가 깨닫는 것이었다. 이토록 쉬운 것이 깨달음이다.

다만 여기에는 한 가지 조건이 있다. 법을 스스로 확인한 사람이 자신의 깨달음을 전해 줄 때 이토록 쉬울 수 있는 것이다. 반면 자기 스스로 법에 대한 안목이 밝지 않은 사람이면 평생토록 법을 설하더라도 어려운 교리를 이해하기 쉽게 나열하기만 할 뿐, 법을 직접 체험하도록 이끌어 주지 못할 것이다. 바로 그런 일들이 저 깨달음의 두 시대 이후에 지금껏 우리 역사에서 벌어진 일이다.

부처님 당시와 초기 선불교를 제외한 나머지 시대에는 깨달은 자가 아주 드물었기 때문에 깨달음을 얻는 일이 불가능한 것 같았다. 너무도 당연하지 않은가? 깨닫지 못한 자는 결코 중생을 깨닫게 해 줄 수 없다. 머리로 헤아리는 일, 교리(敎理)로 정리하는 일, 경전에 몰두하는 일, 기도하는 일, 갈고닦는 수행에 올인하는 일, 이런 일들만이 역사 속에서 복잡하게 이어지고 확장되지 않았던가. 달을 가리키는 손가락만 많아졌고, 현학적인 사유만 깊어졌으며, 고도로 발달한 수행법만이 우후죽순으로 늘어나 오해가 확장되었다. 정작 '달[깨달음]'을 확인하지는 못했다.

이런 흐름 속에서 '깨달음은 어려운 것'이라는 공식이 정형화되어 지금까지 내려왔다. 우리는 어려운 불교, 현학적인 불교, 갈고닦는 수행 불교라는 '손가락'에 사로잡혀 정작 '달'을 보는 것에 관심이 없었다. 가장 위대한 학자는 어려운 것을 '쉽고 단순한 말'로 풀어 주는 사람이듯, 가장 위대한 깨달음은 '가장 쉽고 단순한 것'이다. 누구에게나 이미 갖추어진 것을 다만 확인하면 되기 때문이다. 없는 것을 갈고닦아서 만들어 내는 것이 아니다.

직지인심(直旨人心), 즉 자기 마음을 확인한 스승이 제자에게 이미 있는 마음을 다만 가리켜 보이고, 그런 가리켜 보임 끝에 제자 또한 자기 마음을 깨닫는 일이 결코 어려운 일일 수 없다. 진리는 쉽고 단순하다. 당연히 그래야 하지 않을까?

이 부분이 중요하니, 조금 더 언급해 보자. 그동안 깨달음이 매우 어렵게 느껴졌던 이유는 깨달은 자들이 사라지고 방편만 횡행하는 불교가 되었기 때문이다. 깨달음이 사라지고 깨닫지 못한 자가 주로 법을 설하던 시대가 1,000년 넘게 지속되었다. 그러다 보니 깨달음을 곧바로 가리키지 못하고 방편만을 좇게 된 것이다.

깨달음이란 생각, 분별, 의식으로 가 닿을 수 있는 것이 아니다. 그러나 깨닫지 못한 중생은 언제나 의식, 분별, 생각을 통해서만 인식할 수 있다. 무분별지(無分別智)를 깨달아야 하는데, 중생은 분별지(分別智)밖에 쓰지를 못하니 아무리 분별지를 가지고 경전을 잘 해설한다고 할지라도 분별지만 전할 수 있을 뿐이다. 분별의 지식은 발전하면 발전할수록, 정교해지면 정교해질수록 점점더 복잡해진다. 진리와 멀어지고, 현학적으로 바뀌며, 뜬구름 잡는 교리와 교학의 발전만 이끌 뿐이다. 또한 깨달음과 멀어지고, 대신 수행법이나 기도 방법 등 '진리를 향해 가는 방법론'만 어수선하고 복잡하게 생산해 낼 뿐이다. 이로써 애쓰고 노력하는 유위조작(有爲造作)의 수행만이 횡행하게 된다.

이 두 가지, 즉 교학(教學)의 발전과 수행법의 발전은 아이러니하게도 분별과 유위조작을 더욱 성장시키는 결과를 초래해 깨달음과 점점 더 멀어지는 결과를 낳게 된다. 바로 이런 일이 부처님 열반 이후 약 1,000년 동안, 또 초기 선불교 이후 오늘날까지 약 1,000년 동안 불교사와 깨달음의 역사에서 벌어졌다. 이런 방식은 말 그대로 죽도록 교학을 연구해도, 죽도록 유위조작으로 애쓰는 수행을 해도 '깨달음'과 점점 더 멀어지게 할 뿐이다.

석가모니 부처님만 해도 당시에 성행했던 수행법인 수정주의(修定主義)와 고행주의(苦行主義)라는 유위조작 수행법을 다 버리고 난 뒤에 비로소 깨달음을 얻으셨다. 그런데 부처님 열반 이후 부파불교라는 교학 불교와 복잡한 교학의 발전이 오히려 수많은 문제를 낳았다. 그렇게 점차 석가모니 부처님의 본뜻과는 멀어지는 결과를 낳아 마침내 대승불교(大乘佛敎)를 태동시켰다.

중국 선불교도 마찬가지다. 혜능 스님은 교학승이자 좌선 수행에 달인이던 5조(五祖) 문하의 최선임자 신수(神秀) 상좌 대신 5조의 법을 이어 6조가 되었다. 좌선(坐禪) 수행만 강조하는 신수 스님 대신 나이가 한참 어리고, 정식 스님도 아닌 행자 신분의 혜능이 본래 닦을 것이 없음을 일갈하여 법의(法衣)를 물려받은 것이다.

이처럼 불교 역사를 보더라도 과거의 전통에 사로잡히면, 그것은 필연적으로 분별심과 유위조작을 가져왔다. 또한 그것은 교학과 수행의 발전이라는 장점에도 불구하고, 근원에 있어서는 참된 진리와 어긋나는 결과를 가져왔다.

어쩌면 이 말이 무슨 뜻인지 아직 이해되지 않을지도 모른다. 무엇보다 진리는 말이나 언어로 전달하기에 근원적인 한계가 있

1. 괴로움에서 벗어나는 길

을지도 모른다. 그런데도 말과 글을 빌리지 않을 수 없다. 이 책의 본문에서는 꾸준히 이 부분을 설함 없이 설함으로써 우리를 말 너머, 이론 너머, 언어 너머, 유위 너머의 참된 진실로 이끄는 '갈 수 없는 길', '길 없는 길'에 관해 최대한 말로써 표현해 보고자 한다.

그렇다면 도대체 어떻게 해야 깨달을 수 있을까? 정말 깨달음이 그렇게 쉬울까? 평생을 좌선 수행한 스님도 깨닫지 못하는데, 정말 우리 같은 생활인이 법문을 듣고 깨달을 수 있을까? 어떻게 그게 가능할까? 정말 가능하다면 최소한의 원리라도 이해해야 그 길을 갈 수 있지 않을까?

선불교에서는 늘 깨달음을 언하대오(言下大悟)라고 불렀다. 말끝에 깨닫는다는 것이다. 선에서 깨달음은 늘 스승의 법문을 듣다가 말끝에 깨닫는 것이다. 어떻게 법문을 듣기만 하는데 깨달을 수 있지? 어떻게 수행 없이 깨달을 수 있지? 그렇다. 법문을 듣고 깨어나는 것이 진짜 수행이다. 깨어난 스승의 직지(直指) 법문은 제자를 꽉 막히게 하고, 저절로 화두에 사무치게 하며, 저절로 발심하게 만들어, 자연스럽게 올바른 수행인 중도(中道)로 이끈다. 꾸준히 법문을 들으면서 저절로 중도 수행이 갖추어지다가 시절 인연의 때가 오면 몰록 말끝에 깨닫는 것이다.

이런 수행은 오랜 고행이 필요하지 않다. 매우 쉽다. 다만 안목을 갖춘 스승을 만나기 어려울 뿐이지, 바른 스승만 만난다면 깨달음의 전부를 만난 것과 같다. 스승이 법문을 하는 회상에 참여하는 것이 바로 참선(參禪)이고, 이런 올바른 참선을 통해 누구나 쉽게 깨어날 수 있다.

깨달음이 그토록 쉽다는 것을, 스승의 법문을 듣기만 하더라도 누구나 깨달을 수 있다는 것을, 마음공부 혹은 선(禪) 공부를 처음 접한 분들을 위해 간략히 설명하고자 한다. 들어보고 여전히 이해되지 않더라도 괜찮다. 대략 느낌만 알고 넘어가도 좋다. 이 책에서 끊임없이 거기에 가까이 다가갈 수 있도록 안내할 테니 말이다.

이심전심(以心傳心), 즉 마음에서 마음으로 곧바로 통하는 것이 선불교다. 석가모니 부처님이 꽃을 들어 보였을 때, 가섭존자만이 그 뜻을 깨닫고 미소를 지었다는 데서 염화미소(拈華微笑)라는 말이 나왔다. 부처님의 마음을 가섭존자만이 알아듣고 미소를 보낸 것이다. 말하자면 깨달은 자의 직지인심(直指人心)이 곧바로 이심전심으로 제자를 깨닫게 한 것이다.

스승이 마음, 법(法), 본래면목(本來面目), 불성(佛性), 열반(涅槃), 해탈(解脫)이라고 부르는 진리를 곧바로 가리켜 보이는 것이 직지인심이다. 무분별지, 반야지혜, 정견(正見)을 갖추어 스스로 법을 확인한 자만이 곧바로 진리를 가리켜 보일 수 있다. 스스로 법을 확인하지 못한 자가 어떻게 법을 가리켜 보여 줄 수 있겠는가? 그들은 달을 보여주지 못하고, 달을 가리키는 손가락이라는 방편만을 펼 수밖에 없다. 이처럼 곧바로 달[깨달음]을 가리켜 보이는 직지인심의 가르침 대신 '달을 가리키는 손가락'만을 설하는 방편에

1. 괴로움에서 벗어나는 길

사로잡혀 있었기에 지금까지 우리는 한 번도 달을 본 적이 없고 볼 수도 없었다.

그렇다고 깨달은 자가 확인한 진리가 깨달은 자에게만 있는 것은 아니다. 누구나 매 순간 진리를 쓰며 살고 있다. 깨달음은 각 자 자기 자신이 늘 갖추고 있고, 늘 쓰고 있던 것이다. 깨닫지 못해 모르고 살았을 뿐이다. 분별 망상이라는 의식의 놀이에 빠져 살다 보니 분별 이전의 참된 진리를 확인할 수 없었던 것일 뿐이다. 누구나 깨달음을 갖추고 있다. 즉 누구나 괴로움 없이 완전한 행복과 지복(至福)을 누리며 살 가능성을 완벽하게 스스로 구족하고 있다.

이 깨달음, 진리는 이름 붙일 수 없다. 의식으로 알 수 없고, 볼 수 없고, 이해할 수 없다. 그러나 이름을 붙이지 않으면 중생이 알 수 없기에 방편으로 여러 이름을 붙이게 되었다. 깨달음의 다른 이 름이 바로 법, 마음, 진리, 본성(本性), 자성(自性), 본래면목, 불성(佛 性), 진여(眞如), 열반, 해탈, 주인공 등이다. 그러나 이름을 그렇게 붙였을 뿐, 이것은 우리가 알 수 있는 어떤 대상이 아니다. 본래무 일물(本來無一物)이다.

깨달음은 없던 것을 새롭게 생겨나게 하는 것이 아니다. 누구 나 완벽히 구족 되어 있어, 한 번도 사라진 적 없고, 이 깨달음에서 벗어날 수조차 없다. 내가 바로 진리요, 빛이요, 생명이다. 내가 바 로 법이고 마음이다. 나의 본성이, 우리가 본래 갖추고 있는 본래 면목이 바로 깨달음이란 뜻이다. 그러니 깨달음은 먼 것이거나, 어려운 것이거나, 깨닫기 위해 애쓰고 노력해야만 하는 무엇이 아니다. 늘 있는 것이니까. 그러니 자신감을 가져도 좋다. 우리는 누구나 깨달을 수 있다. 깨달음이란 말 자체가 너무 거창하고, 신비롭고, 장엄하며, 내가 가 닿을 수 없을 것 같은 무게감을 주지만, 실상 깨달음이란 그런 것이 아니다. 평상심이 그대로 도(道)이기 때문이다. 당신의 평범한 마음이 그대로 붓다의 깨달음이다.

깨달음은 나와 따로 떨어져 있는 것이 아니다. 내가 바로 깨달음이다. 내 마음이 바로 부처다. 그렇기에 누구나 깨달을 수 있다고 말하는 것이다. 나에게 없는 것을 갈고닦아서 만들어 내야 한다면, 엄청난 수행 과정이 필요할 것이다. 그것을 만들기 위한 노력이 수반되어야 할 것이다. 그러나 이미 있는 것, 그것도 늘 쓰고 있는 것을 단지 확인하는 데는 노력이 필요하지 않다. 교리 공부가 필수인 것도 아니다. 팔만대장경을 다 외울 필요도 없고, 삼천배를 꼭 해야 하는 것도 아니며, 좌선 수행을 통해 깊은 삼매를 반드시 이루어야 하는 것도 아니다. 불교대학을 나온 사람이 더 유리한 것도 아니고, 스님 생활을 몇십 년 한 사람이 더 일찍 도착하는 것도 아니다. 오히려 그 반대라고 말하는 것이 사실에 더 가까운지도 모른다. 이 공부가 무엇인지 전혀 모르는 사람이 더 빠를 수도 있다. 왜 그런지는 차차 말하기로 하고, 일단은 자신감을 가지고, '나도 할 수 있겠다'는 마음으로 들어 보자.

깨달음은 이심전심(以心傳心)이라고 한다. 깨달은 자가 법을

　　　　　　　　1. 괴로움에서 벗어나는 길

설할 때, 깨달은 이의 마음이 법문을 듣는 이의 마음에 곧바로 전해져 곧바로 같은 것을 확인함으로써 깨닫는 것이다. 법문을 듣다 보면 나도 모르게 법문하는 이의 마음과 공명하게 되니 이것이 바로 이심전심이다. 이 공부는 깨달은 자와 공명하는 공부다. 그래서 선의 초기에 깨닫는 방법은 한결같이 언하대오(言下大悟), 언하변오(言下便悟)였다. 즉 법문을 듣고 깨닫는다는 것이다.

석가모니 부처님의 가르침이 담겨 있는 『아함경(阿含經)』이나 『니까야(Nikāya)』를 보더라도 제자들은 항상 부처님 법문을 듣고 법문 끝에 깨달았다. 선어록에 나와 있는 무수히 많은 깨달음의 기연(機緣)을 검토해 봐도 좌선하다가 깨닫거나, 수행하다가 깨달았다는 대목은 찾아볼 수 없다. 법문을 듣다가 깨닫고, 법문을 듣고 진리를 확인하겠다는 발심을 안고 살아가다가 문득 대상을 보다가 깨닫고, 소리를 듣다가 깨닫는 경우가 대부분이다. 즉 법문을 듣다가 깨닫거나, 법문을 들은 사람이 법문이 가리키는 바가 무엇인지 궁금해하다가 일상생활 속에서 문득 깨닫는 것이다.

마조도일(馬祖道一, 709~788) 스님은 "상근기 중생이라면 문득 선지식의 가르침을 받고서 말을 듣고 바로 깨달아서, 다시는 계급과 지위를 거치지 않고 즉시 자기 본성을 깨닫는다"라고 했다. 법문을 듣다 보면, 깨달은 스승은 한결같이 자신이 확인한 깨달음을 가리켜 보인다. 이것이 선의 본령인 '직지인심 견성성불(直指人心 見性成佛)'이다. 그러나 스승이 아무리 가리켜 보여도 중생은 늘 해

오던 분별과 업식(業識)의 습관 때문에 자신의 본래면목을 보지 못한다. 가슴이 답답하고 막막하고 알 수 없는 시간을 보내게 된다. 그렇게 모를 뿐이며, 의식이 꼼짝 못 하고, 생각으로 알 수 없고, 답 없는 물음으로 시간을 보내다 보면 가슴이 답답해져 의문이 꽉 차게 된다. 그러다 한순간 스승의 가르침 끝에 몰록 깨닫게 되는 때가 온다. 문득 스승의 법문을 통해 스승이 가리켜 보이는 스승의 본래면목, 나 자신의 본래면목이 확인되는 때가 오는 것이다. 깨달음은 이렇게 온다. 너무 단순하지 않은가?

수행해서 깨닫는 것이 아니다. 스승의 법문을 듣고 스승의 가르침의 파동과 공명하다 보면, 어느 순간 둘 사이의 파동이 하나가 되는 것이다. 스승의 법문을 듣지만 무엇을 가리켜 보이는지 전혀 이해하지 못한 채 답답한 시간을 보내다가, 저절로 의식과 분별이 멈추어 궁금함만 남게 된다. 인간 존재는 스스로 문제를 던지고 그 문제를 풀고자 하는 내적인 동력이 강해지면, 스스로 그 답을 낼 수밖에 없는 존재다. 답은 언제나 자기 안에 있기 때문이다. 자기 자신이 곧 부처요 신이며, 진리 자체이기 때문이다.

스승은 언제나 제자를 이렇게 이끈다. 스승은 법문을 통해 제자의 오랜 습관인 생각, 분별, 의식, 망상하는 버릇을 저절로 꽉 막히게 이끈다. 생각으로는 가 닿을 수 없음을 깨닫고 의식이 절망하게 만든다. 생각, 분별, 망상, 의식을 모조리 빼앗아 버린다. 생각으로는 답을 낼 수 없도록 이끈 뒤, 스승이 자명하게 확인하고 있는

1. 괴로움에서 벗어나는 길

'법의 자리'를 직지인심(直指人心)해서 매 순간 법문으로 가리켜 보인다. 제자는 스승이 무엇을 가리켜 보이는지 도무지 알 수 없다. '모를 뿐'이라는 의식의 감옥에 갇혀 버린다. 이것이 간화선에서 말하는 '화두(話頭)'요, 화두의 의단독로(疑團獨露) 상태다.

그러나 일반인으로서는 스승에게 '뜰 앞의 잣나무(庭前柏樹子)'니, '마삼근(麻三斤)'이니 하는 화두를 받는다고 해서 없던 화두가 생겨나기가 쉽지 않다. 그래서 초기 조사선에서는 스승이 법문을 통해 제자에게 저절로 화두가 돈발(頓發)하도록, 화두가 저절로 들리도록 이끌어 주었다. 물론 초기 조사선에는 '화두'라는 단어조차 없지만 말이다.

이 점이 바로 초기 조사선의 놀라운 점이다. 초기 조사선이라고 불리는 이 진짜 선에서는 따로 정해진 수행법이 없다. 말 그대로 길 없는 길이며, 유위조작의 수행이 아닌 진짜 중도이고, 반야바라밀(般若波羅蜜)이다. 이것이 바로 초기선의 방법 아닌 방법이 우리를 깨어남으로 이끄는 비밀이다. 모든 것이 저절로 이루어진다. 너무도 쉽다. 말하자면 스승이 알아서 다 해주는 것이다. 음식으로 따지면 스승이 식재료를 찾아 요리도 다 하고 심지어 다 씹어서 입에 넣어 주는 것이다. 제자는 그저 꿀꺽 삼키기만 하면 된다.

그래서 석가모니 부처님께서도 아난존자가 '바른 스승과 도반을 만나는 것은 깨달음의 반을 이루는 것처럼 중요한 것 같습니다'라고 했을 때, '아니다. 바른 스승을 만나는 것은 깨달음의 반이 아닌 전부와 같다'라고 말씀하신 것이다.

이처럼 조사선이라고 일컬어지는 초기 선불교의 수행은 스승에게 의지해 법문을 듣기만 하면 저절로 발심과 신심, 화두 돈발과 분별심의 조복이 저절로 이루어지는 오도(悟道) 시스템이었다. 스승의 법문 속에 이 모든 과정이 저절로 녹아들어 있기에, 제자는 오로지 주어진 삶의 역할, 일과를 하며 그저 법문을 듣기만 하면 되었다.

이런 초기 조사선의 법문이 2023년 인터넷, 유튜브의 등장과 함께 온라인상에서 전면적으로 전 세계적으로 곳곳에서 등장하게 되었다면 어떨까? 조사선을 펼치는 눈 밝은 스승들이 자신이 확인한 본래면목을 제자들에게 시공을 초월해 인터넷이라는 뗏목을 통해 직지인심으로 가리켜 보인다면, 아마도 전 세계 곳곳에서 이름 모를 무수히 많은 제자들은 몰록 깨어나게 될 것이다. 어떻게 그것이 가능할까? 이 공부는 마음으로 하는 공부이기 때문이다. 물론 직접 스승을 찾아가 공부를 하는 것이 가장 좋겠지만, 제자의 마음만 바르고 간절하다면 어디서든 시간, 공간적 제약은 문제가 되지 않는다. 가까이 법당에 앉아 법문을 들으면서도 마음이 열리지 않은 사람은 못 깨달을 것이지만, 지구 반대편에서 유튜브를 통해 자기 집 거실에서 설법을 듣더라도 마음이 열리고 발심이 간절한 사람은 스승의 법문을 듣고 언하대오 할 것이다. 이것이 바로 선(禪)이고 마음공부다.

　　　　　　　　　　　　　1. 괴로움에서 벗어나는 길

바로 이 일이 지금 이 순간, 전 세계에서 벌어지고 있는 일이다! 이것은 가히 인류 역사의 영적인 혁명이고, 진리의 폭발이며, 깨달음의 대중화이자, 인도에서 씨앗을 뿌리고 중국에서 싹을 틔운 불교라는 종교가 2,500년이 지난 지금 인터넷 혁명과 함께 깨달음의 장엄한 꽃을 피워내고 있는 것이라 할 만하다.

물론 이런 흐름은 아직은 많이 미미한 수준이지만, 초기에 인터넷이나 스마트폰이 등장할 때만 해도 불과 10년 정도의 시기에 전 세계로 이렇게 빠르게 확산하고, 인류의 삶을 뒤바꿔 놓을지는 상상도 못하지 않았는가? 다음의 10년에는 그렇게 급속도로 전 세계에 깔린 인터넷과 스마트폰이라는 인프라를 통해 깨달음이 삽시간에 전달될지도 모른다. 그런 일이 이미 시작되고 있다.

물론 이 말이 너무 과장처럼 들릴 수도 있고, 광고처럼 느껴질 수도 있을 것이다. 뭐 괜찮다. 이런 방편의 과장이 당신 한 사람의 가슴을 울릴 수 있다면 이것은 결코 과장이 아닐 것이다. 깨달음은 마치 황당한 과장처럼 들린다. 그러나 스스로 깨닫고 본다면, 경전에 등장하는 황당해 보이는 과장의 글들이 결코 과장이 아닐 뿐 아니라, 그렇게 말로 하고도 부족함을 절감하게 될 것이다. 『금강경(金剛經)』에서 말한, 이 법문 한 구절을 수지독송 위타인설(受持讀誦爲他人說) 하는 것이 삼천대천세계 모든 이들에게 칠보(七寶)라는 최상의 보물을 모두에게 보시해 주는 것보다 수천, 수만, 수억 그 이상의 셀 수 없는 비유로도 미치지 못할 만큼 더 큰 공덕이라는 말이 결코 과장이 아니다.

다시 이 초기선의 구체적인 공부로 조금 더 들어가 보자. 스승의 법문을 꾸준히 듣다 보면, 제자는 저절로 분별 의식이 꽉 막히게 되고, 스승이 확인하고 있는 저 마음자리를 나 또한 확인하고자 하는 간절한 발심(發心)만이 오롯이 남게 된다. 그렇게 간절한 발심을 품고서 법문을 듣고 스승의 직지인심에 귀 기울이다 보면, 나도 모르게 시절 인연이 찾아와 저절로 이 소식을 밝히게 된다. 법을 보는 안목이 밝아진다.

스승이 설하는 법문의 말귀를 비로소 알아듣게 하면, '아하!' 하고 이 자리를 확인하는 체험이 온다. 이것을 선에서는 일별(一瞥), 견성(見性), 돈오(頓悟), 깨달음, 해오(解悟) 등 다양한 이름으로 부르지만, 이름은 별로 중요하지 않다. 이런 거창한 이름보다 오히려 '입문'이 더 어울린다. 이제 비로소 참된 마음공부를 할 수 있는 준비가 된 것이고, 입문을 시작한 것일 뿐이다.

깨달음의 체험이라는 것 또한 정형화된 틀이 있어서 반드시 같은 방식으로 찾아오는 것이 아니다. 사람마다 자신의 업식(業識)에 따라, 공부에 따라, 발심에 따라, 의심의 크기에 따라 다 다르게 찾아온다. 강렬한 깨달음의 체험을 동반하면서 우주가 사라지고 내가 사라지는 체험이 오기도 하지만, 쓱 하고 내려가는 느낌 정도로 가볍게 오는 사람도 있다. 체험의 방식은 전혀 중요하지 않다. 바른 스승의 법문을 듣고 직지인심 견성성불하는 것이 이 공부의 전부다.

그래서 이 공부에서는 올바른 법의 안목을 밝힌 스승을 찾는 것이 가장 중요하다는 점을 반복해서 강조할 수밖에 없다. 법을 밝힌 스승만이 제자에게 법을 보여 줄 수 있고 직지인심할 수 있기 때문이다. 스승을 만나고 나면 공부는 다 한 것이나 다름이 없다. 그때부터는 스승의 법회 회상(會上)에 동참하며, 묵연히 그저 참여하면 되기 때문이다. 선 공부 회상에 참여하는 것, 그것을 참선(參禪)이라고 했다. 좌선하는 것이 참선이 아니라, 공부에 참여하는 것이 참선이다. 법문을 듣는 것이 곧 참선이다.

참선은 어려운 게 아니다. 부처가 되는 것은 "세수하다가 코 만지는 것만큼 쉽다"라는 말이 괜히 나온 게 아니다. 괴로움 소멸의 길, 해탈과 열반의 길은 그동안 너무 과장됐다. '깨닫기는 너무 어렵다'는 바로 그 생각만 내려놓고, 다만 스승이 설하는 법의 회상에 동참하기만 해 보라. 이 간단하고 단순한 공부의 길에 들어서기만 하면 된다.

물론 불교 공부를 많이 한 사람일수록 '그럴 리 없어', '깨닫기가 그렇게 쉬울 리 없어', '수행은 엄청난 고행과 노력이 동반되어야 하는 거라고' 하는 등 이런 내면의 소리가 끊임없이 공부를 방해할 것이다. 이것이 불교 공부를 많이 한 사람이 선에 참여하기 어려운 지점이다. 불교를 오래 공부한 사람일수록 불교에 대한 고정관념에 빠지기 쉽고, 거기서 헤어 나오지 못한다. 이런 말을 들더라도 콧방귀를 뀌고 만다. '말도 안 되는 소리'라고 일축하기도 한다.

우리는 기존의 불교를 통해 '깨닫는 것이 너무 어렵고', '10년 동안 눕지 않고 좌선만 한 사람도 못 깨달으며', '뼈를 깎는 난행과 고행을 하더라도 못 깨닫고', '좌선으로 도달할 수 있는 수많은 깊은 선정의 맛을 보더라도 못 깨닫고', '초인적인 수행력을 갖춘 자만이 깨달을 수 있다'고 배워 왔다. 그랬기에 수행에 대한 고정관념, 선입견, 편견을 극복하기가 어렵다.

나 또한 그래서 이 공부가 어려웠고, 이것을 찾기까지 오랜 세월을 돌고 돌았다. 어느 순간 모든 것을 다 내려놓고, 내가 해왔던 모든 공부를 다 내려놓고, 지금까지의 공부가 틀렸을지도 모른다는 사실을 받아들인 채 처음부터 다시 시작해야만 했다. 공부인으로서 그것은 너무나도 힘든 일이다. 그동안의 내 공부가 송두리째 부정당하는 것이기 때문이다. 오래 공부한 사람이라면 꼭 한 번은 이런 좌절, 절망, 혹은 내가 무너지는 순간을 겪어야 한다. 그래야만 결국에 내가 사라지는 '즐거움'이 깃들 수 있기 때문이다.

불교 공부는 그렇게 어렵고 힘든 것이 아니다. 앞에서 설명한 것처럼, 석가모니 부처님도 출가 이후 깊은 선정(禪定)을 닦아 보았지만, 이것이 완전한 깨달음이 아님을 알고 수정주의(修正主義)를 버렸다. 그 후 6년간 뼈를 깎는 고행을 했지만, 그 또한 참된 공부가 아님을 알고 고행주의(苦行主義)를 배격했다.

1. 괴로움에서 벗어나는 길

부처님과 모든 선사(禪師) 스님이 한결같이 한 말씀이 이 공부는 무위법(無爲法), 무위행, 무위자연이라는 것이다. 애쓰지 않는 공부라는 것이다. 애쓰고 노력하고 조작해서 얻는 것은 참된 진리일 수 없다. 진리는 그렇게 초월적이거나 신비적이거나 비일상적인 무언가가 아니다. '평상심이 곧 도(道)'라고 했던 마조 스님이나 남전 스님의 말처럼, 바로 지금 우리가 이렇게 늘 쓰고 있는 이 평상의 마음이 바로 도다.

물론 이 말뜻을 아직 이해하지 못해도 좋다. 우선은 깨달음이 그렇게 어려운 것이 아니라는 점, 엄청난 고행이나 노력을 동반하는 것이 아니라는 점, 누구에게나 가능한 현실이라는 점만 받아들이고 넘어가자.

이제 마음공부, 깨달음, 선 공부에 본격적으로 뛰어들어 보자. 『수심결』에서는 애써 뜸 들일 것 없이 첫 문장에서부터 곧바로 법을 가리켜 보인다. 부처를 구하고자 하면 어떻게 하면 될까? 괴로움에서 벗어나고자 한다면, 불타는 집에서 나오려면 어떻게 해야 할까? 『수심결』은 말한다.

"윤회를 벗어나고자 한다년 부처를 구하는 것이 제일이다. 만약 부처를 구하고자 한다면, 부처는 곧 이 마음일 뿐인데, 어찌 이 마음을 먼 곳에서 찾고자 하는가?"

무엇이 부처인가? 무엇이 깨달음일까? 부처는 곧 각자 자신이 이미 언제부터인지 모를 옛적부터 늘 써 오던 이 마음일 뿐이다!

　'뭐라고? 부처가 내가 늘 쓰던 이 마음이라고?'

　우리는 깨달음을 먼 곳에서 찾고자 애써 왔다. 깨달음을 얻고
자 하는 수행자라면, 아무리 먼 길이라도 마다하지 않고 떠나 스승
을 찾아 헤매야 했다. 그렇게 먼 길을 가서 인도나 히말라야 등지
에 있는 스승을 찾더라도, 그들이 말하는 수행법을 또 갈고닦아야
했다. 그러나 아무리 열심히 수행하더라도 쉽게 깨달음에 이를 수
없다고 배워 왔다. 출가한 스님이 선방에서 몇십 년 동안 눕지 않
고 좌선을 하더라도 깨닫지 못한다고 들어 왔다. 그런데 뭐라고?
'부처는 곧 이 마음일 뿐'이라고? 좋다! 옛 스님들의 말이니 그럴
수 있다고 치자. 그렇다면 도대체 그 '마음'이 뭐란 말인가? 무엇이
'마음이 곧 부처'인 도리일까? 여기에 대한 답변이 바로 『수심결』
의 본문이다. 『수심결』에서는 끊임없이 이 마음이 무엇인지를 가
리켜 보인다. 『수심결』이 가리켜 보이는 '직지인심' 속으로 뛰어들
어 보자.

　　　　　　　　　　　　　　　1. 괴로움에서 벗어나는 길

2

참마음이 온 세상의 바탕

마음은 이 몸을 떠나 따로 있지 않다. 색신(色身)은 거짓된
것이어서 태어남도 있고 죽는 것도 있지만, 이 참된 마음
은 허공과 같아 끊어짐도 없고 변함도 없다. 그래서 이르
기를 "사람이 죽으면 백 마디의 뼈는 부서지고 흩어져 불
로 돌아가고 바람으로 돌아가지만, 이 한 물건(一物)은 영
원토록 신령스러워 하늘을 뒤덮고 땅을 뒤덮는다"라고
하였다.

不離身中 色身是假 有生有滅 眞心如空 不斷不變 故
云百骸潰散 歸火歸風 一物長靈 蓋天蓋地

여기에서 '마음'은 곧 법(法), 진리, 도(道), 깨달음, 본래면목, 자성(自性)을 말한다. 마음은 이 몸을 떠나 따로 있지 않다. 왜 그럴까?

　석가모니 부처님은 중도(中道)를 설했다. 중도란 불이중도(不二中道)라는 말에서도 알 수 있듯이 둘이 아닌 법이다. 둘이 아니란 말은, 곧 진리는 둘로 나뉠 수 없다는 뜻이다. 즉 일체 삼라만상 전부가 진리에서 보면 둘로 나뉘지 않는 참된 실상이다. 진리는, 여기에는 있지만 저기에는 없는 그런 것일 수 없다. 온 천지, 일체시(一切時) 일체처(一切處)에 진리 아닌 것이 없다. 그것이 바로 불이법(不二法)이다. 둘로 나뉘는 것은 진리일 수 없다.

　우리의 생각, 분별, 의식, 망상을 불교 교리에서는 식(識)이라고 부른다. 이 식은 둘로 나누어서 분별하여 아는 마음이다. 우리의 생각, 의식의 특징이 바로 둘로 나누어 분별해서 인식하는 것이다.

　예를 들어보자. 막대기 하나가 있는데, 그것이 긴 것인지 짧은 것인지 어떻게 인식할까? 그 막대기 하나만 있다면 긴지 짧은지 알 수 없다. 옆에 어떤 것이 인연으로 오느냐에 따라, 볼펜 옆에서

　　　　　　　　　　　　2. 참마음이 온 세상의 바탕

는 긴 막대기라고 인식되고, 전봇대 옆에서는 짧은 막대기라고 상대적으로 인식될 뿐이다.

아이가 성적표를 80점을 받아왔을 때 그 성적만 보고 엄마는 아이가 잘했는지 못했는지 알 수 없다. 전체 평균이 얼마인지, 다른 친구는 몇 점을 받았는지 등을 알고 나서야 비로소 아이가 성적이 좋은지 나쁜지 인식하게 된다. 이처럼 우리의 모든 인식은 다른 것과 비교 분별 속에서 일어나는 상대적일 뿐이다.

여기 한 사람이 있다. 이 사람은 키가 클까 작을까? 능력이 있을까 없을까? 잘생겼을까 못생겼을까? 남자일까 여자일까? 혼자서는 알 수 없다. 다른 사람과의 비교를 통해서만 그 사람이 큰지 작은지, 능력이 있는지 없는지, 잘났는지 못났는지를 인식할 수 있다. 이처럼 우리의 모든 인식은 둘로 나누어 놓고 서로 비교해 대상을 파악하는 마음이다. 둘로 나누어 놓고 비교를 통해서 대상을 파악해 안다고 여기는 마음을 식(識), 분별심(分別心), 분별 망상이라고 부른다. 이것이 우리가 '마음'이라고 여기는 중생심의 실체이다.

불교에서 보통 '마음'이라고 하면 두 가지로 해석한다. 첫째는 중생심(衆生心)이고, 둘째는 진여심(眞如心)이다. 중생심은 식(識), 분별하는 마음, 분별심을 말한다. 진여심은 『수심결』에서 설명하는 참마음, 본래면목, 자성, 불성이라고 부르는 본래의 마음, 즉 무분별심(無分別心)을 말한다.

우리는 지금까지 중생심, 분별심만을 쓰고 살아왔다. 중생의 분별심은 대상을 둘로 나누고 비교 분별하여 인식하는 마음이기 때문에 진실하지 못하다. 한 사람이 크다거나 작다고 하는 것은, 그 사람을 있는 그대로 진실로 표현한 인식일 수 없다. 더 큰 사람보다는 작고, 더 작은 사람보다는 크기 때문이다. '크다'라거나 '작다'라는 인식은 진실하지 못하고, 실체적 진실이 아니다. 임시방편으로 '크다', '작다'라고 말할 수는 있을지언정 그것은 말이고 방편일 뿐 진실은 아니다.

이처럼 중생의 분별심은 진실하지 않고, 실재가 아니다. 우리는 지금까지 늘 써 오던 이 중생의 분별심 이전에 있는 무분별심이라는 진실한 마음을 확인할 수 있다. 그러나 일체 모든 대상, 삼라만상, 모든 것은 분별해서 보면 그것을 있는 그대로 바로 볼 수 없다. 내 식대로 분별하고 비교해서 본 것이기 때문이다.

우리에게는 대상을 보자마자 '아는 마음'이 있다. '분별해서 아는 마음' 이전에, 순수하게 있는 그대로 분별없이 '아는 마음'이 먼저 있다. 어떤 소리가 들리면 그 소리가 새소리인지 사람 목소리인지, 누구의 목소리인지 분별해서 아는 마음 이전에 '소리' 자체를 아는 마음이 있다.

갓 태어난 아기나 고양이는 소리를 분별해서 아는 능력이 없음에도, 어떤 소리가 들리면 '듣자마자 곧장 아는 마음'이 있다. 소리 자체를 듣고 그냥 안다. 이 순수한 앎이 있고 나서 분별이 시작

2. 참마음이 온 세상의 바탕

된다.

이 분별없이 아는 마음을 '첫 번째 자리의 마음', '무분별심'이라고 하고, 그 아는 마음 이후에 비교하고 분별해서 아는 의식적인 마음을 '두 번째 자리의 마음', '분별심'이라고 불러보자. 이 첫 번째 자리가 바로 진여심, 자성, 본래면목이고, 두 번째 자리가 중생심, 의식, 분별심, 분별 망상심이다.

우리는 지금까지 두 번째 자리에 떨어진 분별의 마음만을 알고 살아왔다. 그러나 사실 이 첫 번째 자리의 마음, 무분별심, 대상을 보자마자 있는 그대로 아는 마음이 먼저 있지 않으면 두 번째 자리의 분별이 일어날 수 없다. 첫 번째 자리의 마음이 있으므로, 그 위에서 두 번째 자리의 분별하는 마음이 일어나고 사라질 수 있는 것이다.

이 첫 번째 자리의 마음, 즉 무분별심은 마치 모든 분별의 배경과도 같고 바탕과도 같아서 텅 비어 보이지 않지만 모든 분별심이 일어나고 사라지도록 늘 바탕 자리에 여여하게 있다.

그래서 불교 경전에서는 이 첫 번째 자리를 '바다'에 비유하고, 두 번째 자리를 '파도'에 비유하곤 한다. 바다 위에서 파도가 일어나고 사라지듯, 모든 파도는 결국 바다와 둘이 아니다.

첫 번째 자리의 마음은 있는 듯 없는 듯하다. 보이지 않고, 들리지 않고, 모양도 없고, 색깔도 없고, 크기도 없고, 생겨나거나 사라지는 것도 아니다. '마음'이라고 이름 붙여 부를 만한 그 어떤 것

도 없다. 그래서 6조 혜능 스님은 이를 본래무일물(本來無一物)이라
고 했다. 이 본래마음, 자성, 바다라는 존재의 근본 바탕이 있어야
만 그 위에서 온갖 사물들이 생겨나고 사라질 수 있다. 첫 번째 자
리의 마음이 모든 것의 바탕이 되기 때문이다. 이 첫 번째 자리에
서 일체 모든 것은 둘이 아니다. 아무리 많은 파도가 치더라도 결
국 모든 파도는 전부 하나의 바다일 뿐이듯. 그래서 불이법이라고
부른다. 첫 번째 바탕 자리에서 일체 모든 존재는 둘이 아니라는
뜻이다. 이런 불이법의 안목을 불이중도, 혹은 중도라고 부르고,
이렇게 보는 견해를 팔정도(八正道)의 정견(正見)이라고 부른다. 불
이중도, 정견은 곧 둘로 나누어 보지 않는 무분별의 지혜다. 이것
을 대승불교의 『반야심경(般若心經)』에서는 '반야(般若) 지혜'라고
부른다.

이 첫 번째 자리의 마음, 무분별심, 본래마음은 이 몸을 떠나
따로 있을 수 없다. 그러니 자성, 본래면목, 진리, 법이라고 부르는
이 참된 진여의 마음을 찾기 위해 다른 곳으로 찾아 나설 필요가
없다. 몸이 있는 여기에 본래마음도 함께 있기 때문이다. 선에서는
이 본래마음을 '마음'이라고 부른다.

이 마음은 이 몸을 떠나 따로 있지 않다. 색신(色身), 즉 이 몸
은 태어나고 죽는다. 인연 따라 생겨나기도 하고 죽기도 한다. 이
세상 만물 모든 것은 인연이 화합하면 생겨나고, 인연이 소멸하면
사라진다. 인연생(因緣生) 인연멸(因緣滅)로 생겨나고 사라지는 모

2. 참마음이 온 세상의 바탕

든 것을 생멸법(生滅法), 생사법(生死法)이라고 부른다. 여기에서 법(法)은 '존재'를 뜻한다. '생겨나고 사라지는 존재', '생멸하는 것들'이라는 뜻이다. 인연 따라 생겨나고 사라지는 것들은 전부 분별심처럼 바다 위에서 인연 따라 치는 파도와 같다.

이 몸은 어디에서 와서 어디로 가는 것일까? 성냥에 불이 붙는 이치를 비유로 들어보자. 성냥의 머리 부분에는 붉은색 황이 붙어 있는데, 이 부분을 성냥갑의 인이 칠해져 있는 곳에 대고 마찰시키면 불이 생겨난다. 성냥개비에도, 황에도, 성냥갑의 인에도, 사람 손에도, 공기 중에도, 사실 어디에도 불은 없다. 이 모든 것을 조화롭게 인연 화합시켜 주면 불이 생겨난다. 공기가 없으면, 마찰시켜 줄 사람이 없으면, 황이나 인이 없으면, 혹은 황이 물에 젖기만 해도 불은 생겨나지 않는다. 이 모든 인연이 적절하게 화합될 때만 불이 생긴다.

이처럼 본래 어디에도 없던 것들이 인연을 화합시켜 주면 생겨나고, 인연이 다하면 사라진다. 이것이 인연화합의 법칙, 연기(緣起)의 법칙이다. 그런데 이렇게 생겨난 불은 인연 따라 생겨난 것이기에 인연이 다하면 사라진다. 이처럼 인연생 인연멸 하는 모든 것을 비실체성이라고 부른다. 그것 자체의 실체가 있어서 생겨난 것이 아니라, 다만 인연을 화합시켜 주었을 때만 임시로 나타나는 것이기 때문이다. 그것 자체의 체성(體性), 자성이 없다는 것이다.

인연생 인연멸 하는 세상 모든 것은 인연 따라 생멸할 뿐, 그것 자체의 성품이 없어 진실하지 못하다. 우리의 육신, 몸도 마찬가지다. 이 몸 또한 어머니와 아버지, 그리고 수많은 다양한 인연이 모여 화합된 인연생 인연멸의 허망한 몸일 뿐이다. 그래서『수심결』에서는 "색신(色身)은 거짓된 것이어서 태어남도 있고 죽는 것도 있다"고 했다. 생멸하는 것은 실체가 아니다. 그 모든 생멸 뒤에는 생멸하지 않는 한결같은 바탕, 배경이 있다. 있고 없음을 넘어서 있다. 그림을 그리려면 스케치북이나 모니터, 땅 같은 무언가 그릴 수 있는 바탕이 있어야 한다. 영화를 한 편 보려고 해도 스크린이 필요하다. 이처럼 무언가가 있으려면 그 이전에 그것을 있게 해 주는 바탕, 배경 같은 무언가가 있어야 한다. 그 있는 것을 알아차릴 무언가가 있어야 한다.

참된 마음이 바로 그것이다. 이 참된 마음은 허공과 같아 끊어짐도 없고 변함도 없다. 세상의 모든 것이 생겨나고 사라지더라도, 그 모든 생겨나고 사라지는 것을 생겨나게 하고 사라지게 하는 원천인 이 참된 마음이라는 바탕은 생겨나지도 사라지지도 않는다. 끊어짐도 없고 변함도 없다. 파도가 날씨에 따라 거세게 치기도 하고 잔잔해지기도 하지만, 무수히 많은 파도의 생멸과 변화에도 불구하고 바다는 언제나 그대로다. 언제나 그대로인 이 바탕의 성품을 늘 한결같아 변치 않는다고 하여 여여(如如), 혹은 진여(眞如)라고 부른다.

사람의 몸은 죽으면 백 마디의 뼈가 부서지고 흩어져 왔던 곳으로 다시 돌아간다. 지수화풍(地水火風)이 모여 육신을 이루었다가 인연이 다하면 다시 지수화풍으로 돌아간다. 그러나 이 몸의 생멸을 있게 한 생멸법의 바탕인 이 마음, 본래면목, 한 물건은 영원토록 신령스러워 하늘을 뒤덮고 땅을 뒤덮는다. 하늘과 땅의 일체 모든 것을 전부 섭수(攝受)한다. 하늘과 땅의 일체 모든 삼라만상이 바로 여기에서 나왔기 때문이다. 이 본래마음이라는 바다 위에 생겨난 파도처럼, 일체 모든 삼라만상이 인연 따라 생기고 사라지기를 반복한다. 아무리 많은 생멸법이 오고 갈지라도, 그 모든 것이 오고 가는 바탕은 한 치도 흔들림이 없고 여여(如如)하다. 이를 마조 스님은 이렇게 설했다.

"삼계(三界)는 오직 마음이며, 삼라만상은 이 한마음의 흔적이다. 색(色)을 보는 것은 곧 마음을 보는 것이다. 마음은 저 홀로 마음인 것이 아니라, 색으로 말미암아 마음이 있는 것이다."

이 세상, 즉 삼계가 그대로 마음이며 바다이다. 이 세상 위에 드러난 생멸법인 삼라만상의 모든 것은 그 마음의 흔적이며 파도이다. 눈으로 생겨난 삼라만상의 모양을 보는 것이 곧 마음을 보는 것이다. 방편으로 설명해 본다면, 보이는 대상은 계속 바뀌지만 변화되는 대상을 '보는 놈'인 '이것'은 늘 여여하지 않은가. 이처럼 이 '마음'은 눈앞에 드러나 있는 삼라만상이라는 모양으로 말미암아 드러나는 것이다.

그러나 우리는 이 모든 것이 생겨나고 사라지는 바탕, 배경,

본래면목, 본래마음에 단 한 번도 귀 기울여 본 적이 없다. 우리 중생은 언제나 '생겨나고 사라지는 것들'에만 관심이 있다. 이 몸이 생겨나고, 성장하고, 성공하고, 돈 벌고, 옷 입고, 집 사고, 차 사고, 남에게 인정받고, 늙고, 병들고, 죽어가는 것만이 우리의 유일한 관심사가 아닌가? '나'라는 존재, 이 육신을 가진 내가 어떻게 하면 성공할까? 인정받을까? 건강할 수 있을까? 이런 것에만 관심을 가진다. 이 '나'라는 존재는 생겨나고 사라지는 허망한 것이기에 진실하지 않음을 모른다. 단 한 번도 그런 식으로 생각해 본 적이 없다. '나'는 마치 신앙과도 같다.

이런 중생들의 보편적인 삶의 방식에 관해 『수심결』은 첫 장에서부터 파문을 일으킨다. 생겨나고 사라지는 이 몸에 신경 쓰면서 살아가느라 단 한 번도 사유해 보지 못했던 몸의 근원, 나의 근원, 나의 참된 마음을 확인할 것을 주문하고 있다. 이것이야말로 내가 죽더라도 죽지 않고 영원토록 신령스러워 하늘과 땅을 뒤덮는 존재의 진실이기 때문이다. 요즘 말로 이것이야말로 진정한 '참나'이기 때문이다. 인연 따라 생멸하는 것들에 집착하고 그것을 실체화하면, 평생 거기에만 사로잡혀 진실한 삶을 살아갈 수 없다. 자유로운 삶의 가능성이 사라진다.

이 본마음은 모든 것의 배경에서 그 모든 것이 일어나고 사라지도록 땅이 되어 주기에 마음 땅, 즉 심지(心地)라고 한다. 땅 위에서 일체 모든 존재가 생겨나고 사라지지만, 땅은 그 모든 것의 바탕으로 늘 여여하게 있는 것처럼 본마음은 그렇게 있다. 이 본래마음, 내가 나온 자리, 돌아갈 자리, 이 본바탕을 설하는 법문을 심지법문(心地法門)이라고 한다.『수심결』이 바로 심지법문이다.

3

자기 마음이 참 부처

슬프구나, 요즘 사람들은 미혹한 지가 오래되어 자기 마음이 참 부처인 줄 알지 못하고, 자기의 본성이 참 진리 [法]라는 것을 알지 못한다. 진리를 구하고자 하면서 멀리 있는 성인들만 추앙하고, 부처를 구하고자 하면서 자기의 마음을 관(觀)하지는 않는다.

嗟夫今之人 迷來久矣 不識自心是眞佛 不識自性是眞
法 欲求法而遠推諸聖 欲求佛而不觀己心

요즘 사람들은 미혹(迷惑)한 지 너무 오래되었다. 어리석은 무명(無明)에 빠져 산 지가 너무 오래되었다. 무엇이 진실인지, 무엇이 거짓인지 모르고 살아온 지 너무 오래되었다. 이 마음 가운데 분별심만 쓰고 살아온 지 너무 오래되어서 무분별심이라는 참마음이 본래부터 있었다는 사실을 까맣게 잊고 살아왔다.

보통 우리는 '마음'이라고 하면, 당연히 분별하여 아는 마음을 '마음'이라고 여긴다. 이런 마음을 주인이라 여기고 나의 실체라 여긴다. 이 마음이 자기 멋대로 세상을 판단하고, 세상을 인식하고, 대상을 분별하고, 어떤 것은 좋아하고 어떤 것은 싫어하는 것을 진짜인 줄 착각하는 것이다.

이 마음에는 둘로 나누는 습관, 자기 마음에 드는 것은 애착하고 그렇지 않은 것은 거부하는 습관이 있다. 좋아하는 것에 집착해서 내 것으로 만들려고 하고, 싫어하는 것은 거부하고 미워하면서 곁에서 떠나가게 하려고 애쓴다. 분별심이 세상을 둘로 나눈 뒤 그 분별을 실체화해 놓고, 그것을 현실로 구현하고자 취사간택심(取捨揀擇心)을 일으킨다. 그러고는 이 분별심의 노예처럼 분별이 시키는 대로 산다. 분별심이 이것은 좋고 저것은 싫다고 하면, 이것에 집착하기 위해 노력하고, 저것을 멀리하기 위해 애쓴다. 좋아하는 것을 갖지 못할 때 괴로움이 생겨나고, 싫어하는 것이 자꾸만 나타날 때도 괴롭다. 취사간택심에서 괴로움이 생겨나는 것이다. 이처럼 분별심이라는 거짓 마음은 우리를 괴로움으로 몰고 간다. 분별심이야말로 괴로움의 원인이다. 끊임없이 괴로움을 만들어 내는 분별심을 나의 주인이라 여기고, 주인의 말대로만 움직이며 살아온 날들이 너무 오래되었다.

우리의 하루하루 삶을 돌이켜보라. 전부가 이 분별심이라는 마음이 시키는 대로 움직이고 있지 않은가? 어떤 것을 갖고 싶을 때 그것을 갖기 위해 끊임없이 노력하고 애쓴다. 학생은 대학에 가기 위해 노력하고, 직장인은 더 높은 자리에 오르기 위해 움직이며, 사업가는 더 많은 돈을 벌기 위해 애쓴다. 그것을 갖기 위해 소요되는 에너지가 우리 삶의 원동력이다.

우리가 살아온 지난날이 전부 대상을 향한 취사간택심의 날들이 아니었던가? 무언가를 더 취하기 위해 애쓴 날들이거나, 싫어하는 어떤 것을 멀리하기 위해 애써 온 날들이다. 우리는 원하는 것을 취하는 데 성공할 때 행복해하고, 성공하지 못할 때 괴로워한다. 내가 싫어하는 가난, 질병, 싫은 사람 등을 없애기 위해 애쓰고 노력한다. 질병이 생기지 않게 하려고 끊임없이 운동하고, 먹기 싫은 음식도 먹으면서 움직인다. 이렇듯 단순하게 좋은 것에 집착하

　　　　　　　　　　　　3. 자기 마음이 참 부처

고, 싫은 것을 거부하기 위해 노력하는 것이 바로 우리의 삶이다. 그러나 이런 분별과 취사간택심은 반드시 괴로움을 가져온다. 언제까지나 성공만 할 수 있는 사람은 없기 때문이다. 언제까지 젊기만 하고 아프지 않을 수 있는 사람 또한 없기 때문이다.

우리는 우리 삶이 분별심이라는 '내 생각'대로 되게 하려고 애쓴다. 그러나 삶은 '내 뜻', '내 분별심'대로 되는 것이 아니라 언제나 삶의 뜻대로 된다. 삶에서, 태어난 모든 것은 늙고 병들고 죽는 법칙을 따른다. 그러나 '내 생각'은 그것이 싫다. 더 젊고 건강하고 오래 살고 싶다. 실제로 인생에서, 젊고 건강한 날이 지속되는 동안에는 삶이 마치 내 뜻대로 되는 것처럼 보이기도 한다. 노력하면 더 예뻐지고, 더 건강해지고, 더 부자가 되기도 하고, 성적도 더 오르고, 좋은 회사에 취직이 되기도 한다. 그러나 100년도 안 되어, 아니 50년도 안 되어 젊은 피부에 주름이 생기고, 잘 나가던 직장에서 퇴출당하고, 몸이 여기저기 아프고, 나이가 들어 죽음을 향해 가게 된다. '내 뜻'대로 살기 위해 애쓰고 노력하면 되는 줄 알았는데, 세월은 저절로 우리를 깨닫게 한다.

'아, 이런! 내 뜻대로 되는 것이 아니었어! 삶의 뜻대로 가고 있었구나!'

내 뜻대로 생각하고, 집착하고, 만들어 내고, 취사간택하고, 창조하는 삶이 바로 유위조작의 삶이다. 이렇게 허망한 분별심에 집착하면, 자연스럽지 않은 방식으로 대상에 과도하게 집착하거나 대상을 과도하게 거부하게 된다. 무위자연이 되지 못하고 유위조작이 된다. 자연스럽게 사는 삶에는 괴로운 것이 없지만, 유위조작 해서 내 뜻대로 만들어 내려는 삶에는 괴로움이 뒤따른다. 분별과 취사간택이라는 미혹(惑), 그로 인한 집착과 거부하는 유위조작의 행위인 업(業), 업에 따른 과보인 고(苦), 이 혹업고(惑業苦)의 끊임없는 반복인 윤회고(輪廻苦)가 펼쳐진다. 『수심결』의 말처럼, 요즘 사람들은 미혹한 지가 너무 오래되었다. 혹업고의 끊임없는 윤회 속에서 좀처럼 빠져나올 줄 모른다.

인류의 지혜로운 성자들의 삶을 보라. 혹업고의 미혹한 윤회의 고통을 끝낸 이들의 삶을 보라. 그들은 내 뜻대로가 아닌, 있는 그대로의 자연 그 자체에 내맡기고 산다. 유위조작이 아닌, 자연스러움이 삶의 흐름이 된다. 내 뜻대로 안 될까 봐 긴장하거나 집착하지 않고, 내 뜻대로 안 될 때 화를 내는 일이 없다. 그것이 곧 탐진치(貪瞋癡) 삼독심(三毒心)이 없는 마음이다.

모든 것이 자연스럽게 있는 그대로 흘러간다. 그 흐름에 내맡기는 삶은 억지스럽지 않고 완전히 이완되어 있다. 이것은 자기의 분별심을 믿고, 분별을 실체화하며, 분별에 집착한 채 분별심의 노예처럼 사는 삶이 아니다.

분별심이 주인이라고 믿을 때는 분별이 시키는 대로 좋은 것에 집착하면서 그것을 갖지 못해 괴로워한다. 또 싫은 것을 거부하면서 그것을 없애지 못해 괴로워한다. 그러나 분별심을 놓아 버리

3. 자기 마음이 참 부처

면 '내 생각'대로 대상이 좋다거나 나쁘다고 분별하지 않게 되고, 세상 모든 것을 있는 그대로 인정하고 바라보고 허용하게 된다. 세상 모든 것을 내 분별심의 잣대로 판단하고 규정하고 평가하지 않는다. 존재하는 모든 것을 있는 그대로 바라본다. 분별심으로 바라보면 좋거나 나쁜, 옳거나 그른, 더 있어야 하거나 없어져야 할 존재가 있는 그대로의 시선, 즉 무분별심으로 보면 그저 있는 그대로일 뿐이다. 그 어떤 분별로도 규정될 수 없는, 있는 그대로의 법(法)이다.

이처럼 무분별심이라는 참된 지혜의 마음, 참 부처인 마음, 본성, 법으로써 세상을 바라보면 세상은 지금 이대로일 뿐이다. 있는 그대로 완전하다. 나의 판단, 평가, 분별로 규정지을 수 없다. 그러니 삶을 있는 그대로 허용한 채 무엇이든 받아들이게 된다. 삶을 내 식대로 분별하지 않은 채 불이법으로 삶과 완전히 하나가 되는 것이다. 삶 속으로 완전히 뛰어들어 그 속에 용해된다. 무엇이 오든 그것을 마땅히 직면하며, 그것이 되어 준다. 삶의 놀라운 연금술은 이렇게 시작된다. 삶과 다투지 않고, 삶을 완전히 허용하고 직면하며 분별없이 바라볼 때, 모든 분별과 업장과 고통의 씨앗이 대 수용신(受用身)인 법신(法身)의 용광로 속으로 녹아내린다.

그리스·로마 신화를 보면 '프로크루스테스의 침대'라는 유명한 이야기가 있다. 프로크루스테스(Procrustes)는 그리스 아티카의 강도로 아테네 교외 언덕에 살면서 강도질했다. 그의 집에는 철로 만든 침대가 있었다. 그는 행인을 붙잡아 자신의 침대에 누이고는 그의 키가 침대보다 크면 그만큼 잘라내고, 행인의 키가 작으면 역시로 침대 길이에 맞추어 늘려서 죽였다고 한다. 그의 침대에는 침대의 길이를 조절하는 보이지 않는 장치가 있어서 그 누구도 침대에 딱 들어맞는 사람이 없었다고 한다.

'프로크루스테스의 침대'라는 말은 바로 자기 분별심, 자기 생각에 맞추어 남의 생각을 뜯어고치려는 행위를 의미한다. 심지어 남에게 해를 끼쳐 죽게 만들면서까지도 자신의 주장, 견해, 분별심을 굽히지 않는 어리석은 이를 말한다. 이것이 바로 분별심에 기댄 우리의 허망하고 어리석은 마음이다. 스스로 인정하고 싶지 않겠지만, 우리는 모두 이렇게 살아왔다. 자기 생각대로 남을 규정하고 판단하면서 그들이 내 뜻대로 따르기를 바란다. 심지어 세상도 내 뜻대로 되기를 바라고, 내 건강, 젊음, 살아 있음도 내 뜻대로 되기를 바란다.

프로크루스테스의 어리석은 악행은 아테네의 영웅 테세우스(Theseus)에 의해 끝나게 된다. 테세우스는 프로크루스테스를 잡아서 그의 침대에 누이고는 똑같은 방법으로 머리와 다리를 잘라 죽인다. 분별심과 취사간택심대로 살아가는 삶은 이렇게 자기 자신을 죽인다. 남도 괴롭히지만, 결국에는 자기 자신을 죽게 만든다. 자신이 만든 침대에서 죽음을 맞이한 프로크루스테스처럼, 우리 스스로 만들어 놓은 견고한 분별심과 집착심, 취사간택심은 결국

3. 자기 마음이 참 부처

우리 자신을 괴로움으로 몰아간다.

이런 미혹한 삶이 너무나도 오래되었다. 그러다 보니 이런 삶 이외에는 살아 본 적이 없다. 다른 가능성에 대해 단 한 번도 생각해 본 적이 없다. 그런 사람들에게 『수심결』이 답을 보여 준다.

"슬프구나, 요즘 사람들은 미혹한 지가 오래되어 자기 마음이 참 부처인 줄 알지 못하고, 자기의 본성이 참 진리라는 것을 알지 못한다."

요즘 사람들은 분별심을 주인으로 오해하여 어리석고 미혹하게 산 지 너무 오래되었다. 그래서 그동안 주인으로 삼아 온 분별심 이전에 무분별심이라는 본래의 마음, 본성, 자성, 참마음, 참 부처가 있다는 사실조차 모른다.

이때 '자기 마음이 참 부처'라는 말은 나의 분별심이 참된 부처라는 말이 아니다. 무분별심이 바로 참된 부처라는 것이다. 무분별심이 바로 참 본성이고, 참 진리다.

이 나의 참 본성, 참 진리, 참 부처, 무분별심을 찾으려면 어떻게 해야 할까? 수많은 사람이 참 부처를 찾기 위해, 깨달음을 얻기 위해 길을 나선다. 그것이 어디 있는지도 모르고, 어떻게 찾아야 하는지도 모르고, 그저 어딘가 있겠지 하는 막연한 희망을 품고 찾아 나선다.

석가모니 부처님 또한 왕자의 삶을 살다가 삶의 허망함, 분별심의 허망한 실상, 생로병사라는 존재의 허무함을 깨닫고는 진정한 내가 누구인지, 진리가 무엇인지 깨닫기 위해 길을 나섰다. 카필라국을 떠나 먼 마가다국을 찾았고, 당시 위대한 스승을 찾았다. 진리를 구하고자 하면서, 부처를 구하고자 하면서, 멀리 있는 성인들만 추앙하고 정작 바로 여기에 이미 있는 참 부처를 보려고 하지 않았다.

온갖 수행법을 전전하던 끝에, 마침내 석가모니 부처님은 바깥에 진리가 있지 않음을 깨달았다. 멀리 갈 필요 없이, 누군가에 의지할 필요 없이, 당시에 유행하던 그 모든 수행법을 다 포기한 채 보리수나무 아래에 앉아 자기의 마음을 관(觀)하여 깨달은 것이다. 깨달음은 내 바깥에 있는 것이 아니었다. 성인들 속에 있는 것도 아니었고, 수행법을 갈고닦아야만 깨달을 수 있는 것도 아니었다. 아주 가까운 곳에, 바로 자기의 참마음을 보면 그것이 곧 참 부처였다.

본래 부처, 자성(自性), 불성(佛性), 본래면목, 해탈, 열반, 진리, 법(法)은 바로 자기에게 있다. 자기 마음이야말로 참 부처다. 물론 분별심이 아닌 무분별심이다. 무분별심, 진여심(眞如心), 불심(佛心)은 바로 여기에 있다. 멀리 있는 게 아니다. 우리는 늘 이 무분별심이라는 부처의 마음을 쓰며 살아왔고, 단 한 번도 이 불심에서 멀어진 적이 없다. 그래서 선에서는 이것을 '마음'이라고 부른다. 그만큼 가깝다는 뜻이다. 아니, 가깝다는 말도 너무 멀게 느껴진다. 즉(卽)해 있다. 즉이라는 말은 '다른 것이 아니라 곧', '곧바로', '바로 그것'을 뜻하며, 둘로 나뉘어 있지 않은 불이법, 불이중도의 실

3. 자기 마음이 참 부처

상을 이른다. '이것'이 바로 '그것'이라는 것이다. 내가 바로 부처
요, 번뇌가 곧 보리(菩提: 깨달음)이고[煩惱卽菩提], 생사가 곧 열반[生
死卽涅槃]인 것이다.

내가 이미 곧장 부처이기 때문에 우리가 깨닫는 것이 가능하
다. 아니 너무 쉽다. 나에게 없는 것이라면 어렵게 만들어 내야 하
겠지만, 이미 있는 것을 다만 확인하기만 하면 되기 때문이다. 우
리의 시선은 지금까지 너무 오랫동안 미혹에 빠져 분별심의 마음
만 보고 살아왔다. 그러나 선의 법문을 듣고, 무분별심이라는 나의
'이 마음'인 진리를 그저 확인하기만 하면 된다. 다만 너무 오랫동
안 분별에 빠져 있었기에 우리의 생각, 분별심이 관성과 습관에 빠
져 있을 뿐이다. 분별하는 습관, 분별하는 관성 때문에 무분별심인
자기의 본마음은 가리켜 보여주더라도 좀처럼 쉽게 보지 못한다.

마음공부는 '분별심'만 보고 살던 사람이 스승의 법문을 듣고
문득 '무분별심'이라는 이미 있는 참마음을 깨닫는 공부이다. 그런
데 오랜 분별의 습관, 관성 탓에 이 쉬운 공부가 어렵게 느껴진다.
한 번도 가 보지 않은 길이기 때문이다. 마음으로 분별만 해 보았
지, 분별없는 분별 이전의 본마음은 한 번도 본 적이 없어서다.

우주선이 대기권을 빠져나가려면 연료를 최대치로 동원해 얻
은 엄청난 추진력을 한 번에 큰 힘으로 쏟아부어야 한다. 중력이 당
기는 힘보다 더 큰 힘이 필요하다. 그렇게 대기권을 빠져나가면 더
는 큰 연료 소모 없이 자연스럽게 저절로 나아간다. 이 공부도 비슷

해서 분별의 습관에 빠져 있던 오랜 습성을 제거하고, 무분별이라는 낯선 세계로 나가기 위해 한 번 마음을 크게 내어 추진력을 쏟아부을 필요가 있다. 이것을 수행이라고 하고 발심(發心)이라고 한다.

발심(發心)은 발보리심(發菩提心)의 준말로 보리(菩提)는 깨달음을 뜻한다. 깨달음을 얻겠노라는 간절한 마음이 곧 발심이다. 이를 『금강경』에서는 발아뇩다라삼먁삼보리심(發阿耨多羅三藐三菩提心)이라고 하며 무상정등정각(無上正等正覺), 즉 위없는 바른 깨달음을 얻고자 하는 마음이라고 부른다. 오랜 분별의 습관에서 빠져나가기 위해 꼭 필요한 것이 이 발심이다. 발심한 사람을 수행자라고 부른다. 불교에서 말하는 '스님'의 근본 뜻은 머리 깎고 승복 입은 사람이 아니라, 내 인생 전체를 바쳐 이 분별의 습관을 떨치고 일어나 무분별지를 깨닫겠노라 발심한 사람을 말한다. 발심한 사람이 곧 스님이고 승보(僧寶)이지, 겉모습에 스님이 있는 것은 아니다.

『수심결』 공부는 곧 발심의 공부이다. 『수심결』은 분별심의 습관을 넘어 무분별심이라는 본래 있던 자기 마음을 확인해 주는 가르침이다. 이 공부를 통해 조금씩 서두름 없이 무분별심, 자성, 본래면목, 불성이 무엇인지 확인해 보자. 분명 가능한 공부다. 너무 가깝기 때문이다. 이미 갖추고 있기 때문이다. 이 책의 목적은 책을 읽는 사람이 자기의 본래 마음을 확인하도록 이끌어 주기 위함이다. 한번 해보자.

3. 자기 마음이 참 부처

4

부처를 저절로 얻는다

만약 마음 밖에 부처가 있고 본성 밖에 진리가 있다고 말하면서, 이런 생각에 굳게 집착한 채 부처의 길을 구하는 자가 있다면, 그는 무량겁(劫)의 오랜 세월 동안 소신(燒身)공양*하고 연비(燃臂)**하며, 뼈를 부수고 골수를 뽑아내며, 피를 내어 경전을 쓰고, 장좌불와(長坐不臥)***하며,

---

● 소신공양(燒身供養) : 부처님께 공양하기 위해 자신의 몸을 불사르는 것.

●● 연비(燃臂) : 출가하여 스님이 되기 위해 행하는 의식으로, 팔에 향을 올려 태우는 것.

●●● 장좌불와(長坐不臥) : 눕지 않고 늘 좌선함.

하루에 아침 한 끼만 먹으며, 나아가 대장경을 전부 다 읽고, 온갖 고행을 다 닦는다고 하더라도 이는 모래를 쪄서 밥을 짓는 것과 같아서 스스로 괴로움만 더할 뿐이다. 단지 자기의 마음을 깨닫기만 하면, 갠지스강의 모래알처럼 많은 법문과 헤아릴 수 없는 신묘한 뜻을 구하지 않더라도 저절로 얻게 된다.

若言心外有佛 性外有法 堅執此情 欲求佛道者 縱經塵劫 燒身燃臂 敲骨出髓 刺血寫經 長坐不臥 一食卯齋 乃至轉讀一大藏教 修種種苦行 如蒸沙作飯 只益自勞爾 但識自心 恒沙法門 無量妙義 不求而得

진리를 깨닫기는 너무나도 쉽다. 진리는 나를 떠난 적이 없기 때문이다. 없던 것을 생겨나게 하는 것이 아니라, 이미 있고 늘 쓰고 있던 것을 다만 확인하는 것이기 때문이다. 즉 이 마음이 바로 부처요 본성이며, 진리이기 때문이다. 그러나 이를 모르고, 마음 밖에 부처가 있고 내 본성 바깥에 따로 진리가 있다고 여기면서 나에게 없는 부처와 진리를 찾아 나서는 사람은 그 어떤 난행(難行), 고행(苦行), 수행(修行)을 아무리 혹독하게 한다고 할지라도 깨달음과는 점점 더 멀어질 뿐이다. 모래를 쪄서 밥을 짓는 것과 같아 스스로 괴로움만 더해 갈 뿐이다.

여기에 이미 있는 것은 안 보고 바깥으로 찾아 나서니, 바깥으로 찾기를 힘써 멀리 가면 갈수록 점점 더 멀어질 뿐이다. 봄을 찾아 힘들게 고생하며 온 산하, 온 나라를 헤매고 다녔는데, 결국 봄을 찾지 못하고 힘이 다 빠진 채 집에 돌아와 보니 집 앞뜰에 봄꽃이 만발해 있었다는 이야기가 있다. 깨달음을 찾는 것도 그러하다. 집에서 봄을 찾은 것이다. 그러나 사실 집에서도 봄을 직접 본 것은 아니다. 봄꽃이 피어난 것을 보고, 이것이 봄이구나 하고 알아차린 것일 뿐이다. 이처럼 '봄', 즉 깨달음은 눈으로 직접 볼 수 있는 것이 아니다. 귀로 들을 수 있는 것도 아니고, 손으로 만져 볼 수 있는 것도 아니며, 더욱이 생각으로 헤아려서는 알 수 없다. 마치 '눈이 눈을 보는 것'과 같다. 눈은 자기 눈을 직접 볼 수 없다. 눈이 다른 것을 보는 행위를 통해 여기에 보는 눈이 있다는 사실을 확인할 수 있을 뿐이다. 자기의 참마음을 확인하는 것도 이와 같다. 참마음은 눈으로 볼 수 없고, 귀로 들을 수도 없고, 코로 냄새를 맡을 수도, 혀로 맛볼 수도, 몸으로 만져 볼 수도 없으며, 뜻으로 헤아려 알 수도 없다.

우리는 대상을 파악해서 알 때 여섯 가지 감각기관을 사용한다. 시각, 청각, 후각, 미각, 촉각이라는 오감과 뜻이라는 생각을 통해 대상을 파악할 수밖에 없다. 그러나 깨달음, 참마음, 법, 진리는 이 여섯 가지 감각, 즉 육근(六根)의 대상이 아니다. 경계(境界)가 아니다. 감각의 대상이거나 분별의 대상이 아니다.

앞에서 불법은 불이법(不二法)이라고 했다. 둘로 나눌 수 없는 것이 참된 진리다. 주관적인 감각이 객관의 대상을 파악해 아는 것은 주객을 둘로 나누는 것이다. 주관과 객관을 둘로 나누는 것은 분별일 뿐이다. 실제 주관과 객관은 따로 있는 것이 아니라, 연기적으로 상의상관 해 존재할 뿐이다. 주관을 뺀 객관이 없고, 객관을 뺀 주관이 따로 없다. 말 그대로 불이(不二)요 주객합일(主客合一)이다. 눈이 없으면 대상을 볼 수 없고, 대상이 없고 눈만 있어도

　　　　　　　　　　　　　4. 부처를 저절로 얻는다

그것을 볼 수 없다. 눈과 대상이 상의상관적으로 함께 연기해 있을 때만 그것을 보는 것이 가능해진다. '눈이 없으면 대상이 없고, 대상이 없으면 눈이 없고, 눈이 사라지면 대상도 사라지고, 대상이 사라지면 눈도 사라진다'는 것이 연기의 법칙이다.

이러한 연기법 아래서 모든 존재는 저 홀로 독자적으로 '존재'할 수 있는 것이 아니라, 상의상관적으로만 생겨날 수 있다. 인연생 인연멸이다. 생겨나고 사라지는 모든 것, 즉 모든 생사법(生死法)이 전부 실체가 아니다. 무아(無我)다. '이것'을 통해서만 '저것'일 수 있고, '저것'을 통해서만 '이것'일 수 있는 상의상관적이고 연기적인 인연가합의 존재일 뿐이다. 가합(假合)이란 거짓으로 화합해서 실제 있는 것처럼 여겨질 뿐이란 뜻이다. 또한 '이것'과 '저것'이 연기적이라는 뜻은, 그 둘이 연결된 것임을 말한다. '이것'과 '저것'은 서로 다른 것이 아니다. 둘은 둘이 아니라 '한 몸'인 것이다. 동체(同體)다. 이러한 동체를 자각할 때 '나'와 '너'는 둘이 아님을 깨닫기에 상대를 나와 둘이 아니게 바라보는 진정한 자비심이 생겨난다. 이를 동체대비(同體大悲)라고 부른다. 즉 연기와 자비, 무아와 불이는 같은 진리를 표현하는 다른 방식이다. 설명이 좀 길어졌는데, 이해가 안 되더라도 차차 공부하기로 하고 넘어가 보자.

이처럼 '이것'과 '저것'이 둘이 아닌 불이법의 관계이며 연기의 관계임을 통찰하면, 그동안 우리가 바라본 세상의 문제점이 무엇이었는지 드러나게 된다. 그동안 우리는 나는 나이고 너는 너일 뿐, 나와 네가 둘이 아닌 하나의 동체대비 관계라는 것을 통찰하지 못하고 살아왔다. 그러다 보니 나의 성공을 위해 상대를 희생시키거나, 나를 위해 남을 괴롭히는 일이 생겨났다. 그러나 참된 진리의 관점에서 본다면, 연기법과 불이법과 무아의 관점에서 본다면, 이 세상 모든 존재는 둘이 아닌 하나이다. 서로 연결되어 있고, 그 어떤 것도 독자적인 실체성이 없다.

다시 앞으로 돌아가 보자. 앞에서 "참마음은 눈으로 볼 수 없고, 귀로 들을 수도 없고, 코로 냄새 맡을 수도, 혀로 맛볼 수도, 몸으로 만져 볼 수도 없으며, 뜻으로 헤아려 알 수도 없다"라고 했다. 참마음은 진리, 진실, 마음, 법을 의미한다. 참된 진리는 왜 눈으로 볼 수 없고, 뜻으로 헤아려 알 수도 없다고 했을까? 참된 진리는 불이법, 연기법이기 때문이다. 주관과 객관은 둘이 아니다. 보는 눈과 보이는 대상은 둘이 아니다. 생각하는 나와 생각하는 것은 둘이 아니다. '이것'이 있어야 '저것'이 있는 연기적인 관계일 뿐, 그 둘은 둘이 아닌 하나로 연결되어 있다. 한 몸이다.

그동안 우리는 '내 눈'이 '저 나무'를 본다고 여겨 왔다. 주관과 객관을 습관적으로 둘로 나누는 것이 분별심의 작용이기 때문이다. 중생의 분별심은 늘 주관과 객관을 둘로 나눈다. 그러나 이런 태도는 어리석은 분별심일 뿐이다. 너무 오랫동안 이런 분별심만을 써 왔기에 지금 이런 설명이 낯설게 느껴질 뿐이다.

생각을 작용시키지 말고, 분별하지 말고, 이 말을 들어보라.

4. 부처를 저절로 얻는다

생각 없이 가만히 있으면 어디선가 풀벌레 소리, 매미 소리가 들려온다. 저절로 들린다. 아니 저절로 들려진다. 이것이 정말 '내가' '듣는 것'이 맞는가? 내가 들으려고 하지 않더라도 저절로 들려오고 있었던 것은 아닌가? 애쓸 필요가 전혀 없다. 그냥 저절로 들릴 뿐이니까. 이것을 분별심이 습관적으로 '내 귀'가 저 바깥에 있는 '매미 소리'를 듣는다고 둘로 나누어 생각했던 것일 뿐이다. 실상은 그저 '들림' 그 자체뿐이다. 들리고 있음이 저절로 알아차려지는 이 알아차림이 전부다. 이 알아차림에는 주객이 둘로 나뉘지 않는다. 나눌 수 없는 하나의 진실이 있을 뿐이다.

우리는 종종 이런 주객이 없는 텅 빈 알아차림의 순간을 직접 체험하기도 한다. 새벽 2시 단풍 짙은 설악산 오색온천 쪽 입구로 산을 올라 정상에 도착해 속초 바다 위로 떠 오르는 일출을 맞이한다. 그때 문득 모든 생각이 떨어져 나가고 '아!' 하는 탄성과 함께 잠시 몸도 생각도 멈춘다. 그저 '바라봄' 자체뿐인 그 순간이 바로 그런 때다. 멋진 풍광을 대할 때 우리는 '나'라는 것을 잊고, 그것과 하나가 된다. 이런 상태를 옛사람들은 물아일체(物我一體)라고 불렀다. 장자 또한 이렇게 자연과 내가 하나 되는 것을 설하곤 했다. 이때 '나'라는 생각이 사라지기 때문에 무아지경(無我之境)이라고 표현하기도 한다.

분별심이 잠시 멈출 때, 주객이 나뉘고 분별이 일어나기 이전 자리에서 순수하게 알아차리기만 하는 그런 깨어 있는 알아차림의 순간이 온다. 그것이 바로 분별심 이전의 텅 빈 순수한 무분별심, 주객 없이 알아차리는 깨어 있음의 순간이다. 우리가 참 본성, 참마음이라고 부르는 진리의 언저리를 얼핏 보는 순간이라고도 할 수 있을 것이다. 그런데 보통 사람에게 이런 순간은 지극히 드물고, 문득 생각이 끊어질 때 언뜻 우연히 경험할 뿐 지속적이지 않다. 예를 들면 말문이 막힐 만큼 너무도 아름다운 상황에 갑자기 놓일 때, 몸이 극도로 힘들거나 지치거나 피곤해져 있을 때, 혹은 극한 위기 상황에 부닥쳤을 때도 이렇듯 생각과 말을 잊는 순간을 겪기도 한다.

누구에게나 종종 이런 일이 있다. 『마음을 비우면 얻어지는 것들』이라는 책에 관련된 일화가 등장한다. 세계 최고의 카레이서 아일톤 세나(Ayrton Senna)가 우승했을 때의 인터뷰를 보자.

"경기 도중 갑자기 남들을 앞서 나가기 시작했어요. 그러면서 제가 아닌 무아지경의 상태로 운전하고 있음을 느꼈습니다. 그건 완전히 다른 차원의 세계였어요. 전 분명히 제 한계를 넘어섰는데도 전혀 힘이 들지 않은 상태로 자꾸만 앞서가고 있었지요."

또 축구황제 펠레(Pele)는 이렇게 말했다.

"온몸이 이상하리만치 고요하게 변하는 것을 느꼈습니다. 텅비어 버린 황홀경이랄까. 그 상태에서는 온종일 뛰어도 전혀 피곤하지 않을 것 같았습니다."

또 1마일(1.6km) 육상 경기에서 세계 최초로 4분 벽을 깬 영국의 로저 배니스터(Roger Bannister)는 말했다.

"뛰면서 자연과 완전한 일체감을 느꼈습니다. 제 몸과 자연의 경계가 완전히 사라져 저 자신은 텅 비어 버렸다는 생각이 들었고, 그때부터 피곤함은 느낄 수 없었지요."

이들이 말한 텅 빈 상태, 무아지경의 상태, 자연과 나의 경계가 완전히 사라진 상태가 바로 무분별심과 가까운 진리의 상태라고 표현할 수 있다.

마라톤 관련 용어 가운데 러너스 하이(Runner's High)라는 게 있는데, 달리는 사람이 육체적 한계에 도달해 문득 무아지경에 들어 '하늘을 나는 것과 같다'라거나, '꽃밭을 걷는 기분'과 같은 지복감, 도취감을 느끼는 상태를 말한다. 마라톤뿐만 아니라 수영, 사이클, 야구, 럭비, 축구, 스키 등 장시간 지속하는 운동을 하는 사람이라면 누구든 러너스 하이를 느낄 수 있다고 한다. 중요한 점은 지나치게 긴장하거나 스트레스를 받을 때는 러너스 하이가 잘 오지 않으며, 그 어떤 생각도 일어나지 않는 상황에서 찾아온다고 한다.

이처럼 우리는 누구나 문득 자기를 잊는 상태를 체험하곤 한다. 그렇다! 누구나! 이런 순간을 아인슈타인, 파인먼, 막스 플랑크 등은 '창조의 공간'이라고 불렀다. 이런 상태에 있는 사람의 뇌 주파수를 보았더니 7.8Hz다고 한다. 신유가(神癒家)들이 불치병을 치유하는 순간의 주파수, 지구의 평균 주파수, 지구와 같이 호흡하는 우주의 평균 주파수 또한 7.8Hz라고 한다. 물리학자 밥 백 박사는

골절된 뼈나 상처에 7.8Hz의 에너지를 접속시키기만 해도 감쪽같이 나아 버리는 신기한 현상을 발견하기도 했다.

또 브래드 해트필드 교수에 의하면, 사격수 머리에 작은 전극을 붙이고 전기적 활동을 연구했더니, 명중 직전에 예외 없이 두뇌가 '번쩍'했다고 한다. 이때 뇌의 주파수가 알파파로 변했다고 한다. 알파파는 긴장과 불안, 분별심이 사라진 텅 빈 무아의 경지, 텅 빈 마음이다. 음악가나 의사, 조종사나 심지어 경영자들 또한 자신이 발휘할 수 있는 최고의 능력을 발휘하기 직전에 이런 텅 빈 마음이 된다고 한다. 또 노벨상 수상자의 90%가 꿈꾸거나 명상을 하던 중, 즉 이런 알파파의 상태에서 획기적인 영감이나 창조적 힌트를 얻었다고 말한다.

이처럼 종교뿐 아니라 현대과학에서도 무분별의 순간, 참마음의 순간에 조금씩 관심을 가지기 시작했다. 특히 양자물리학에서는 이런 진리에 더 많은 접근을 시도했다. 그러다 보니 양자물리학자 중에 수행자가 되거나 구도자가 되어 삶의 진리를 탐구하는 쪽으로 아예 진로를 바꾼 사람도 생겨나고 있다.

물론 과학자들의 연구가 이 참마음과 같다거나, 서로 간의 연결성을 논하자는 것은 아니다. 우리가 평소 분별심과 생각에 빠져 있느라 단 한 번도 생각해 보지 못하던 이 자리, 그것을 무아지경이라 부르든, 물아일체나 주객합일이라 부르든, 불교의 무아·연기·불이법이라 부르든, 알파파라 부르든, 텅 빈 마음이라 부르든,

그 이름이나 용어는 중요하지 않다. 다만 그 무언가에 대한 주의를 한 번 환기해 보고자 하는 것이다.

노벨상 수상자들이 말하듯 '이 자리'를 언뜻 보는 것만으로도 획기적인 영감이나 창조적 힌트를 얻는다면, 이 자리를 온전히 확인하고, 늘 이 자리에 있으며, 이 자리에 익숙해지게 된다면 어떨까? 그동안 우리가 쓰고 살던 중생심, 즉 분별심 속에서만 살던 삶을 돌이켜 진여심, 무분별심이라는 놀라운 창조의 공간, 진리의 자리에서 삶을 살아가게 된다면 어떤 일이 벌어지게 될까?

일단 삶의 진실에 눈뜨게 된다. 내가 누구인지, 어디에서 와서 어디로 돌아가는지 확실하게 깨닫게 된다. 그동안 중요하게 여겼던 모든 것에 대한 실체를 여실하게 깨달았기 때문에 자연스럽게 탐진치 삼독심, 즉 욕심내고 화내고 어리석은 마음이 잦아든다. 분별심으로 괴로움을 끊임없이 만들어 내던 질주를 멈추게 된다. 괴로움이 점차 사라져 가고, 나를 묶었던 그 모든 것으로부터 점차 벗어나게 된다. 이를 해탈이라고 부른다.

이 말에서 눈치챈 사람도 있겠지만, 현실적인 괴로움은 한 방에 확 사라지는 것이 아니라 점차 사라진다. 한꺼번에 사라지는 게 아니라 점차 사라진다니, 의아해하는 이들도 있을 것이다. 사람들은 '깨달음'이 어떤 로또 같은 것인 줄 착각한다. 깨닫고 나면 삶이 완전히 바뀌고, 괴로움이 한 방에 끝나 버리고, 남들과는 다른, 예전과는 다른 초월적인 힘도 생기는 등 눈부신 인생 역전이 기다리고 있을 것이라 기대한다. 그러나 우리의 기대와는 달리 깨닫는다고 해서 한 방에 모든 문제가 다 끝나 버리는 것은 아니다. 사실은 깨달음 이후에 진정으로 수행이 시작된다. 수행해서 깨닫는 것이 아니라, 먼저 깨닫고 나서 수행이 시작되는 것이다.

선불교에서는 '이 자리'를 체험적으로 확인하는 것을 돈오(頓悟), 견성(見性), 일별(一瞥), 해오(解悟), 깨달음 등으로 설명한다. 물론 '이 자리'를 확인한다고 해서 완전히 진리와 하나가 되어 부처님 같은 진리의 삶이 곧장 구현되는 것은 아니다. 근원에서 보면 부처가 된 것이지만 오랜 업습(業習), 분별의 습관 탓에 '이 자리'를 확인하고 나서도 한동안은 업습에 이끌리게 마련이다. 그렇기에 깨달음 이후에도 공부가 필요하다. 그것을 보임(保任)이라고 한다. 즉 깨달음을 잘 보호하고 지키는 수행이다.

이것을 지눌 스님은 돈오(頓悟) 후 점수(漸修)라고 부른다. 서구 명상 지도자의 스승 격인 잭 콘필드는 이것을 '깨달음 이후의 빨랫감'이라고 불렀고, 서구 영성계 차세대 지도자 아디야샨티는 『깨어남에서 깨달음까지』라는 책에서 다음과 같이 설명한다.

"많은 이들이 '깨어남'을 경험하고 있다. 그러나 그렇다고 해서 단번에 에고가 녹아 없어지지는 않는다. 오히려 우리는 우월감에 취하거나, 일상으로부터 도피하거나, 허무주의에 파묻히는 등 에고에게 더욱 거세게 휘둘리게 될지도 모른다. 황홀경 속에서 마냥 행복하리라는 순진한 기대와는 달리 '깨어남' 이후의 삶이 얼마

4. 부처를 저절로 얻는다

간은 꽤 혼란스러울 수도 있는 것이다."

또한 선에서 깨달음을 소에 비유해 깨달음의 단계를 설한 십우도(十牛圖)를 보면, 자기의 참마음을 보는 견우(見牛)와 확실히 참마음을 확인하는 득우(得牛) 이후에 목우(牧牛)라고 하여 소를 잘 길들이는 보임의 시기가 필요함을 설하고 있다.

다시 본문으로 돌아오자. 마음 밖에는 부처가 없고, 본성 밖에 따로 진리가 없다. 마음 바깥에 부처가 있다고 여기고 마음 밖으로 부처를 찾으러 나갈 때, '부처를 찾는' 그것이 바로 참마음이다. 무엇을 가지고 부처를 찾을 것인가? 부처를 찾았다 한들 무엇으로 그 부처를 확인할 것인가? 진리를 찾아 바깥을 뒤지고 있지만, 진리를 찾고 있는 그것이 바로 진리였음을 돌이켜 보지 않는다.

눈이 눈을 찾아 바깥으로 찾아 나서도 눈을 찾을 수 없다. 문득 눈이 다른 모든 것을 보는 작용을 돌이켜 봄으로써 '눈을 찾고 있는 이것이 바로 눈이구나' 하고 알아차릴 뿐이다. 마찬가지로 마음 바깥에서 부처를 구하려는 생각을 돌이켜, 부처를 구하려는 그것이 바로 참마음인지 회광반조(廻光返照)해 볼 수 있어야 한다. '무엇이 부처일까?' 하는 그것이 바로 부처다. '진리가 뭐지?' 하고 찾을 때, 그 찾는 것이 무엇인지는 제쳐두고 찾고 있는 '이것'이 무엇인지를 돌이켜보라.

앞에서 불법은 불이법이라고 하지 않았는가? 둘이 아닌 것이 참 불법이다. 진리를 찾을 때, 찾는 주관이 찾아지는 대상을 찾고

자 하는 둘로 나뉜 그 마음으로는 죽었다 깨어나도 진리를 찾을 수 없다. 바깥으로 대상화하여 찾으면 찾을수록 점점 더 멀어질 뿐이다. 둘로 나누지 않으면, '찾고 있는' 이 마음이 곧 '찾는' 그 마음이다. '찾는 것'과 '찾아지는 것'이 둘이 아니다. 찾고 있는 진리는 내려놓아라. 지금 무엇을 가지고 그 진리를 찾아 나서는가? 진리를 찾고 있는 그놈은 누구인가? 무엇이 진리를 그토록 찾아 헤매고 있는가?

이처럼 불법이 불이법인 줄 모르고, 주와 객을 둘로 나누어 놓은 뒤에 '진리를 찾는 나'가 '내가 찾아야 할 진리'라는 대상을 찾아 바깥으로 뛰어다닌다면, 그것은 찾으면 찾을수록 더욱더 둘로 나누는 분별만을 크게 할 뿐이지 않은가? 찾으면 찾을수록 멀어질 뿐이다. 그런데도 수많은 수행자가 바깥에 진리가 있다고 여기면서 진리를 찾아 헤맨다. 그냥 찾아 헤매는 정도가 아니라, 진리를 찾아가는 여정을 수행(修行)이라고 이름 붙인 뒤 엄청난 수행과 고행을 하면서 진리를 찾아 나선다. 대부분 수행자가 상상할 수조차 없는 엄청난 노력과 고행, 수행을 거치는 사람만이 깨달음을 얻을 수 있다고 여긴다.

누가 더 힘든 고행을 잘 이겨 내는지 내기라도 하듯 몇 년 동안 눕지 않고 앉아서 좌선하거나, 일어나지 않고 앉아서 오랜 시간을 버티거나, 좌선하다가 생겨난 선정에 누가 더 오래 머무는지, 누가 더 높은 선정에 빨리 도달하는지 등에 천착한다. 그래도 깨달음이 요원하다 보니 다른 수행법을 찾아 나선다. 근기가 약한 사람을 위한 새로운 수행법이 역사 속에서 무수히 쏟아져 나왔다. 부처님 명호를 오랫동안 외면 깨닫는다거나, 알지도 못하는 주문을 수십만 번 외우면 깨닫는다거나, 햇볕도 잘 들지 않는 동굴이나 문이 없는 무문관(無門關)에 들어가 몇 년을 채우고 나면 깨달을 수 있다거나, 선방에서 3개월씩 안거에 들기를 수십 번 이상 하다 보면 깨달을 수 있다거나 하는 등의 수많은 고행주의적 수행법들이 불교 역사를 온통 이끌어 왔다.

그러나 결과는 처참했다. 아무리 열심히, 오래 남들보다 힘든 고행을 갈고닦아도, 아니 한평생을 하더라도 그 고행이 결실을 보여주지 못했다. 선방에 오래 다녔지만 깨닫지 못했다거나, 지도해 줄 스승이 없다거나 하는 말은 흔하게 듣는 말이다. 나 자신 또한 오랜 시간 불교 안에서 혹은 영성의 문화 안에서 행해지는 무수히 많은 수행법을 실천해 보고, 심지어 전 세계적인 영성 단체나 스승들의 수많은 수행을 찾아다녀 보기도 했다. 어쩌면 나를 비롯한 요즘 수행자들만 그랬던 것은 아닌가 보다. 지눌 스님이 살아 있던 때부터 지금까지, 뼈를 깎는 엄청난 난행과 고행의 수행 풍토는 여전히 진행 중인 듯하다.

만약 마음 밖에 부처가 있고 본성 밖에 진리가 있다고 말하면서,
이런 생각을 굳게 집착한 채 부처의 길을 구하는 자가 있다면, 그

는 무량겁(劫)의 오랜 세월 동안 소신(燒身)공양하고 연비(燃臂)하며, 뼈를 부수고 골수를 뽑아내며, 피를 내어 경전을 쓰고, 장좌불와(長坐不臥)하며, 하루에 아침 한 끼만 먹으며, 나아가 대장경을 전부 다 읽고, 온갖 고행을 다 닦는다고 하더라도 이는 모래를 쪄서 밥을 짓는 것과 같아서 스스로 괴로움만 더할 뿐이다. 단지 자기의 마음을 깨닫기만 하면, 갠지스강의 모래알처럼 많은 법문과 헤아릴 수 없는 신묘한 뜻을 구하지 않더라도 저절로 얻게 된다.

오늘날에도 소신공양으로 몸을 불로 태우거나 팔을 불태우는 수행자가 있는데, 당시에도 그런 수행자들이 있었나 보다. 깨달음을 향한 열망과 발심이 너무나도 강렬해서, 그러나 아무리 해도 해도 안 되어서, 몸과 팔을 태워 가면서까지 답답한 마음으로 '나를 죽이기' 위한 수행을 하지 않았을까?

그뿐 아니다. 심지어 뼈를 부수고 골수를 뽑아내 피를 내어 경전을 쓰는 심정으로 행할 만큼 깨달음을 향한 수행자들의 열정은 뜨겁다. 좌선 수행만이 나를 깨닫게 해 주리라는 생각으로, 눕지 않고 장좌불와 좌선 수행을 오래도록 실천하기도 한다. 혹은 철저한 계행(戒行)이나 철저한 두타행(頭陀行)을 실천하며 하루에 아침 한 끼만 먹고 수행에 매진한다. 교학을 연구하는 교종(敎宗)의 스님들은 깨닫기 위해 부처님의 가르침인 경전과 어록 등 대장경을 전부 읽고 탐독한다. 이뿐 아니라 깨달을 수만 있다면 그 어떤 난행과 고행도 마다하지 않으며 진리를 찾아 나선다.

그러나 아뿔싸! 지눌 스님의 말에 의하면, 그 모든 노력으로 온갖 고행을 다 닦는다고 하더라도 이는 모래를 쪄서 밥을 짓는 것과 같아서 전혀 결실이 없고 성과가 없다. 모래로는 한평생을 찌고 찌더라도 밥을 만들 수 없다. 이것이 진실이다. 아무리 난행과 고행을 하며 스스로 대단한 수행자라 여겨도, 남보다 더 애쓰고 더 노력하고 더 고행하며 더 갈고닦는 수행을 할지라도 스스로 괴로움만 더할 뿐이다.

깨달음이 이처럼 고행과 난행 수행을 잘하는 사람에게 오는 것이라면, 이것은 원인을 제공하여 결과를 얻는 인과법(因果法)이다. 그렇다면 이것은 세속의 학문과 다를 게 무엇인가? 세속에서는 몇 년이고 공부를 많이 한 사람, 머리가 특별히 좋은 사람이 합격의 영광을 안는다. 이런 것이 깨달음이라면, 깨달음 또한 고행, 난행, 수행을 잘하는 사람만 얻을 수 있을 것이다.

그러나 다행히도 깨달음은 모든 세간의 학문과 다르다. 이것은 머리가 좋은 사람, 뛰어난 사람, 타고난 사람, 수행을 잘하는 사람, 잘 참는 사람, 열심히 좌선하는 사람만 읻는 것이 아니다. 깨달음은 누구에게나 본래부터 주어져 있고, 늘 쓰며 사는 우리의 본래 면목이고, 자기 살림살이이기 때문이다. 없던 것을 새롭게 얻으려면 노력이 필요하지만, 이 공부는 이미 있는 것을 다만 확인하기만 하면 될 뿐이다. 그렇게 어려운 공부가 아니다. 또한 특별한 수행의 달인만이 얻을 수 있는 것도 아니다. 깨달음은 인과(因果)가 아닌 비인비과(非因非果)이기 때문이다. 수행이라는 특별한 원인을 제공해야만 깨닫는 것이 아니다.

얼마나 다행스러운가. 그렇기에 누구나 가능하다. 타고난 재주도 필요 없고, 특별한 사람만 깨닫는 것도 아니며, 방석 위에 오래 잘 앉아 있는 사람이 더 빨리 깨닫는 것도 아니다. 이 공부는 출세간의 공부라, 지금까지 세간에서 우리가 해온 공부와는 완전히 다른 공부다. 바보 천치도 깨닫는다. 출가한 스님만 더 빨리 깨닫는 것이 아니다. 재가(在家)에서 직장 생활하며 자녀를 양육하고 자기 할 일을 다 하면서도 마음만은 늘 이 법에 목말라 있다면, 심출가(心出家) 수행자라면, 누구라도 깨달을 가능성이 100% 갖추어져 있다. 세상일에는 타고난 능력과 기질이 있어야 하겠지만, 이 공부만은 그런 것이 다 필요 없다. 간절한 마음만 있다면, 바로 당신, 그토록 평범하던 당신도 깨달을 수 있다! 걱정하지 말라.

이런 사실을 모르고, 그동안 불교는 난행과 고행만을 수행이라고 착각하며 역사 속에서 생겨난 무수히 많은 방편을 갈고닦는 데 사로잡혀 있었다. 그 엄청난 노력과 고행이 결실을 가져다주기는커녕 할 필요도 없는 고행을 스스로 만들어서 행하느라 자신의 괴로움만 더했을 뿐이라니! 그동안 깨닫기 위해 애쓰고, 노력하고, 유위조작하고, 수행하고, 갈고닦고, 눕지 않고 좌선해 왔던 수행자로서는 하늘이 무너지는 심정이다. 그러나 어쩌겠는가? 한국

4. 부처를 저절로 얻는다

불교가 그토록 좋아하는 지눌 큰스님의 말인 것을! 정말로 그렇다. 모래를 쪄서는 결코 밥을 지을 수 없다. 고행으로는 깨달을 수 없다. 바깥으로 부처를 찾아서는 결코 깨닫지 못한다.

초기의 선불교를 조사선, 혹은 반조선(返照禪)이라고 부른다. 조사선이야말로 선의 원류다. 당(唐)나라를 풍미했던 조사선의 시대가 가고 이후 송대(宋代)에 이르면서 조사선을 구조화 시킨 선이 나왔으니 바로 간화선(看話禪)이다. 간화선 또한 그 근본정신은 조사선과 다르지 않다. 조사선을 반조선이라고 하는 이유는 회광반조(廻光返照)하는 선이기 때문이다.

바깥으로 부처를 찾아 구하고 찾아서 깨닫는 것이 아니라, 바깥으로 찾아 나서던 그 모든 마음을 돌이켜 찾고 있는 '이놈'을 돌이켜 보는 것이 선 공부다. 이것을 모른다면, 아무리 바깥으로 찾아 나서더라도 점점 더 불이법과 멀어질 뿐이다. 단지 회광반조해서 찾고 있던 자기의 마음을 문득 돌이켜 깨닫기만 하면, 갠지스강의 모래알처럼 많은 법문과 헤아릴 수 없는 신묘한 법이 저절로 깨달아진다.

올바르게 선에 참여하면 전혀 힘들이지 않고, 애쓰시 않고, 고행하지 않고, 문득 확인할 수 있는 것이 선 공부다. 그러나 바른 안목, 정견이 갖추어지지 않은 수행자는 헛되이 애를 쓰느라 한평생을 허비하고도 깨닫지 못한다. 그래서 바른 불지견(佛知見), 정견(正見), 바른 안목이 중요하다. 무조건 닥치고 수행만 하는 것이 중요한 것이 아니라, 바른 법문을 듣고 바른 견해를 세워 바르게 가야할 일이다. 무턱대고 빨리, 더 멀리, 더 열심히 수행만 한다고 해서되는 공부가 아니다.

그런 바른 안목을 심어 주기 위해 『수심결』을 비롯한 수많은 경전과 어록이 있는 것이다. 이 경전과 어록을 생각으로 이해하고, 머리 굴려 공부만 할 것이 아니다. 바른 안목을 밝힌, 참마음을 밝힌 선지식의 법문을 꾸준히 듣는 것이야말로 시간을 절약하고 공연한 애를 쓰지 않고도 아주 쉽게 깨닫는 길이다. 지눌 스님의 이 간절한 말씀을 결코 잊어서는 안 된다.

5

마음을 떠난 부처는 없다

그러므로 세존께서 "일체중생을 두루 관찰하니 모두 다
여래의 지혜와 덕상(德相)을 갖추고 있다"라고 하셨고, 또
말씀하시기를 "일체중생이 일으킨 수많은 허망한 생각과
환화(幻化)들이 모두 여래의 원각묘심(圓覺妙心)*에서 나
왔다"라고 하셨다. 그러므로 이 마음을 떠나서 따로 이룰
수 있는 부처는 없다는 것을 알아야 한다.

故世尊云 普觀一切衆生 具有如來 智慧德相 又云一切衆
生 種種幻化 皆生如來圓覺妙心 是知離 此心外 無佛可成

● 원각묘심(圓覺妙心) : 부처의 원만한 깨달음을 일컫는 말. 원만한 깨
  달음의 경지인 청정한 본심을 뜻함.

지금 이 모습 그대로, 중생의 모습, 어리석은 모습, 괴로워하는 모습, 끊임없이 번뇌 망상에 시달리는 모습, 바로 지금 이 모습 그대로 당신은 부처다! 물론 분별심으로 보면 괴로움 속에 허덕이는 중생의 모습밖에 보이지 않는다. 그러나 무분별심으로 반야 지혜의 안목으로 본다면, 일체중생이 사실은 부처님의 지혜와 덕스러운 모습을 완전히 갖추고 있다. 심지어 중생이 일으키는 허망한 생각, 거짓된 분별 망상이 전부 부처님의 원각묘심(圓覺妙心)에서 나왔다.

원각묘심이란 우리 모두가 갖추고 있는 참 성품, 불성, 신성, 자성, 본래면목을 뜻한다. 우리의 본래 성품이 곧 원각묘심, 즉 원만한 깨달음의 신묘한 참마음이다. 누구나 원만하게 깨달아 있으며, 신묘하게 이 참마음을 써서 삶을 살아가고 있다.

바다 위에서 파도가 치지만 모든 파도가 그대로 바다이듯, 참마음이란 원각묘심에서 온갖 번뇌 망상이 나왔지만, 그 번뇌 망상의 분별심이 그대로 원각묘심이다. 쉽게 말하면, 무분별심이라는 바탕 위에서 분별심이 나왔고, 진여심 위에서 중생심이 나왔다. 그

대의 본래면목이라는 참마음 속에서 어리석게 분별하는 중생심이
나왔다.

　이 소식을 『화엄경』에서는 일체유심조(一切唯心造)라고 했다.
일체 모든 것이 마음에서 나왔다는 것이다. 여기에서 마음은 진여
심, 무분별심, 참마음이다. 이 마음 위에서 일체중생의 번뇌 망상
도 나왔고, 삼라만상 모든 것이 나왔다.

　이것의 『화엄경』 사구게(四句偈) 전문은 '약인욕요지 삼세일
체불 응관법계성 일체유심조(若人慾了知 三世一切佛 應觀法界性 一切
唯心造)'이며, '누구든지 과거와 현재와 미래의 모든 부처님을 알고
싶거든 마땅히 법계의 성품을 비춰 관찰할지니 일체의 모든 것이
마음으로 이루어졌다'라는 뜻이다.

　진리를 알고자 하거든 법계(法界)의 성품을 관찰하면 된다. 법
계란 이 세상 삼라만상 일체 모든 것을 말한다. 이 세계를 법계라
고 한 이유는 중생의 눈으로 세상을 보면 그저 어리석은 중생이 사
는 세계이지만, 깨달은 이의 안목으로 밝게 보면 이 세상은 그대
로가 '진리의 세계'이기 때문이다. 이 법계의 성품, 즉 겉에 드러난
모양인 상(相)을 보는 것이 아니라, 그 이면의 바탕이자 근원인 성
(性), 성품을 관해 보면 일체 삼라만상 모든 것이 전부 참마음 위에
서 드러난 것이란 뜻이다. 우리 눈에 보이는 모든 것이 전부 다 법
계요, 진리의 드러남이다. 단 한 명도 부처 아닌 존재가 없다. 풀 한
포기, 나무 한 그루, 하늘 위에 떠가는 구름, 대자연, 사람, 우주, 별

등 모든 것이 전부 '마음' 하나가 드러난 것이다.

이런 말은 일반적인 중생심, 분별심으로는 도저히 이해되지 않는다. 진리 공부는 머리로 이해되지 않는 공부다. 이해, 알음알이, 의식, 인식, 분별심이라는 우리의 마음은 '분별심'이라는 단어에서 볼 수 있듯이 분별해야지만, 즉 둘로 나누어 놓아야지만 인식 가능한 마음이다. 이것이 식(識)의 특징이다.

대상이 무엇인지 알려면, '아는 나'와 '알려지는 대상'이 둘로 나누어져 있어야만 한다. 또한 대상을 파악해 인식하려면, 비교 대상이 있어야만 한다. 대상이 둘로 나누어져 있어야 그 대상이 무엇인지 인식할 수 있다. 예를 들면 이 세상에 사람이 단 한 명만 있다면 그를 크다거나 작다고 말할 수 없을 것이다. 남자라거나 여자라고도 말할 수 없다. 그런데 누군가 다른 한 사람이 나타나면, 그때야 비로소 그 사람과의 비교를 통해 크다거나 작다는 분별이 생겨난다. 남자라거나 여자라는 분별이 생겨난다.

아이가 시험을 보았는데 80점을 맞았다면, 부모는 그것만 가지고는 아이가 시험을 잘 본 것인지 못 본 것인지 파악할 수 없다. 전체 평균을 물어보거나, 다른 친한 친구들의 성적을 물어본 뒤에 잘했는지 못했는지 인식하게 된다. 이처럼 우리가 '안다'라고 여기는 마음은 '분별하여 아는 것', '비교하여 아는 것'이다. 이처럼 중생심, 분별심은 언제나 '둘로 나누어서' 알 수밖에 없다.

둘로 나누어지지 않은 것은 도저히 알 수가 없다. 그런데 자

5. 마음을 떠난 부처는 없다

성, 본래면목, 주인공, 불성, 신성, 참마음 이것은 나와 둘로 나누어진 것이 아니다. 우주 삼라만상 일체 모든 것과 둘로 나누어진 것이 아니다.

그렇기에 이 참마음은 우리의 인식으로, 분별심으로 분별해서 알 수 없다. 앎의 대상이 아니기 때문이다. 불이법, 즉 둘로 나뉘지 않는 것이기 때문이다. '아는 나'와 '아는 대상'이 둘이 아니다. '이것'이 '그것'이다. 내가 바로 부처요, 삼라만상이 그대로 진리다.

그러니 사실 내가 진리를 깨닫는 것은 불가능하다. '나'도 사라지고, '진리'도 사라지고, 불이법의 진실이 드러나 나와 진리의 간격이 사라져서, 나와 진리가 둘로 나누어지지 않았다는 진실에 눈뜨는 것이다.

내가 진리를 찾고자 애쓸 때, 진리를 찾고자 애쓰고 있는 이것이 곧 참마음이다. 마음을 가지고 마음을 찾으려는 것이다. 이 공부는 자기가 자기를 확인하는 공부다. 그러니 눈이 눈을 볼 수 없듯, 자기가 바깥으로 참나가 누구인지를 찾아 헤매는 동안에는 진실을 확인할 수 없다. 찾고 있는 이것이 바로 찾으려고 했던 그것이기 때문이다. 내가 나를 바깥으로 찾아 헤매니 어떻게 찾을 수 있겠는가? 또한 참마음은 둘로 나뉘지 않는 것이기에 대상화해서 찾을 수도 없고, 볼 수도 없고, 들을 수도 없고, 냄새 맡을 수도 없고, 맛볼 수도 없고, 만질 수도 없고, 생각할 수도 없다. 즉 육근(六根)의 대상이 아니다. 육경(六境)이 아니다.

그동안 중생이 대상을 알고 파악하고 인식하는 방법은 이 여섯 가지밖에 없었다. 육내입처(六內入處)와 육외입처(六外入處)를 합쳐 십이처(十二處)라고 하는데, 이 십이처가 바로 일체(一切)라고 했다. 중생이 파악할 수 있는 모든 것은 곧 십이처다. 즉 보고 듣고 냄새 맡고 맛보고 접촉하고 생각해서 알 수 있는 대상만이 중생이 인식할 수 있는 모든 것이다.

그러나 이 법은 십이처가 아니다. 십이처는 진실이 아니다. 『반야심경』에서도 '무안이비설신의 무색성향미촉법(無眼耳鼻舌身意 無色聲香味觸法)'이라고 했듯이, 육내입처와 육외입처는 중생의 분별심일 뿐이다. 둘로 나누어진 것이기 때문이다. 여기에 눈·귀·코·혀·몸·뜻이라는 주관이 있다고 생각하고, 바깥에 빛깔·소리·향기·맛·감촉·법이라는 대상이 별도로 있다고 여기는 마음이 바로 십이처다. 이처럼 십이처는 둘로 나뉘는 허망한 착각일 뿐, 불이법의 진실이 아니다.

중생은 이처럼 둘로 나누어 놓고, 내가 대상을 파악해서 아는 인식, 분별만을 사용해 왔다. 그러나 그 분별이 이처럼 허망한 것이었을 줄은 꿈에도 몰랐다. 여기에 내가 있고, 바깥에 세상이 있다는 착각, 그것이 아상(我相), 에고로서 모든 괴로움의 시작이다. 이 참마음이라는 진리는 불이법(不二法), 비이원성(非二原性, Advaitam), 중도실상(中道實相)이다. 둘로 나누어지는 것은 진실이 아니다. 일체 모든 것이 이 참마음 하나일 뿐이다. 일체중생이 일

5. 마음을 떠난 부처는 없다

으킨 허망한 생각도 모두 여래의 원각묘심이라는 이 한마음에서 나왔을 뿐이다. 일체중생은 온전한 진실로 관찰하면 모두 다 여래의 지혜와 덕상을 완벽하게 갖추고 있다. 원만 구족이다.

이런 말을 들을 때, 어떤가? 알겠는가? 알겠다고 여기거나, 어떻게든 알려고 머리를 굴리고, 불교 교리를 짜 맞추고, 경전의 문구를 들먹이면서 헤아려 본들, 그것은 분별심이 행하는 허망한 망상일 뿐이다. 이 공부는 그 모든 생각, 망상, 배운 것, 들은 것, 불교 교리, 편견, 선입견을 전부 다 내려놓고, 그저 진실을 확인하고자 하는 순수한 마음으로 들어야 한다. 머리로 헤아리는 것을 포기한 채 순수한 발심으로 들어야 한다.

그렇기에 과거에 어떤 사람이었는지, 죄가 큰지, 불교 공부를 많이 했는지, 수행을 많이 했는지, 머리가 똑똑한지, 그런 것과는 전혀 상관이 없다. 전제조건이 필요 없다.

다시 한번 강조하면, 세속의 모든 공부는 타고난 재능이 있어야 하고 노력도 있어야 한다. 열심히 해야 성취할 수 있고, 열심히 하더라도 타고난 재능이 없으면 안 되기도 하는 등 차별이 있다. 그러나 이 공부 하나만은 세상 모든 사람에게 완전히 공평하다. 이 마음공부를 통해 깨닫지 못하는 사람은 없다. 어떠어떠한 사람은 안 된다는 그런 정해진 것이 없다. '타고난 재능?', 깨달을 수 있는 타고난 재능은 모두에게 100% 완전하게 갖추어져 있다.

이 글이 잘 이해되든 그렇지 않든 상관없이, 지금 이 글을 읽고 있는 그것이 당신에게 타고난 재능이 있음을 인증해 주고 있다. 누구나 마음을 써서 이 글을 읽고 있다. 이 글을 읽고 있다는 단순한 사실이, 당신의 본래면목이 활발하게 작용하고 있음을 보여 주는 증거이다.

물론 아직은 이해가 안 되어도 상관없다. 누구에게나 가능하다고 말하고자 하는 것이니, 자신감을 가지면 된다. 지금 이 책을 통해 조금씩 조금씩 그 법의 자리로 가까이 갈 수 있도록 한 단계 한 단계 이끄는 중이다. 페이지가 넘어갈수록 자신이 스스로 갖추고 있는 원만 구족한 진실에 가 닿을 수 있기를 바란다.

6

밖에서 구하지 말라

과거의 모든 여래도 오직 이 마음을 밝히신 분들이며, 현재의 모든 성현도 역시 마음을 닦은 분들이니, 미래에 수행할 사람들도 마땅히 이 진리에 의지해야 한다. 바라건대 모든 수행하는 사람들은 절대로 밖에서 구하지 말라. 마음의 본성은 오염된 적이 없어 본래부터 스스로 원만하게 이루어져 있으니, 단지 허망한 생각을 떠나기만 하면 곧 여여(如如)한 부처이다.

過去諸如來 只是明心底人 現在諸賢聖 亦是修心底人 未來修學人 當依如是法 願諸修道之人 切莫外求 心性 無染 本自圓成 但離妄緣 即如如佛

역사에 등장했던 많은 성인, 깨달은 각자들, 과거의 모든 부처님, 성현들, 그리고 지금 이 순간 자신의 마음을 밝힌 모든 이들, 또한 미래에 올 그 누구라도, 그가 정말 마음을 밝힌 분이라면 이 마음이라는 진리에 의지해야 한다. 진리는 여러 가지가 따로 있는 것이 아니다. 그렇다면 그것은 진리가 아니다. 불교의 진리, 기독교의 진리, 이슬람의 진리, 노자의 진리, 소크라테스의 진리가 다 다른 진리라면, 그것은 진리일 수 없지 않은가?

'오직 예수!'라고 하듯이, 진리는 오직 하나일 뿐이다. 불이법, 비이원성, 둘이 아님이야말로 참된 진리의 법인(法印)이다. 부처님도 하나님도 알라도 모두 둘이 아닌 한 법을 가리킨다. 기독교인, 불교인은 둘이 아니다. 저마다의 생각에는 둘로 셋으로, 수많은 분별로 나누어 놓은 채 나의 종교만이 진리라고 고집하겠지만, 그것은 진리가 아니다.

타 종교인도, 불자도, 무종교인도 똑같이 참마음 이 하나에서 나왔다. 이 하나의 참마음을 쓰며 살고 있다. 이 참마음을 써서 목사님은 목회 활동을 하고, 이 한마음을 써서 신부님은 강론하고 있다. 이 신성을 써서 스님들은 절에서 법문을 한다.

이 '하나의 진실'을 가리키는 용어를 신성(神性)이라 하든, 불성이라 하든, 본래면목이라 하든, 신이라 하든, 부처라 하든 상관없다. '이것'은 결코 둘로 나뉘는 무엇이 아니다. 진리는 하나다. 모든 종교, 사상, 철학, 진리 등에서 나온 모든 성현, 성자들은 모두 자기의 마음을 밝힌 분들이다. 이 진리를 깨달은 분이다. 진리는 하나이기 때문이다.

그러니 깨닫고자 하는 모든 이는 결코 밖에서 구해서는 안 된다. 이 불이법의 진리에서는 안팎이 둘로 나뉘어 있지 않기 때문이다. 밖으로 구해 찾아 나서는 '이것'이 바로 내가 그토록 찾고 있던 '그것'이기 때문이다. 밖으로 구하는 것 자체가 안팎을 둘로 나누는 일이다. 깨닫지 못한 자와 깨달은 자를 둘로 나누는 이법(二法)이요, 분별 속에서 법을 찾는 것일 뿐이다. 근원에서 우리 마음은 단 한 번도 오염된 적이 없다. 본래부터 원만하게 갖추어져 있다. 만약 오염된 적이 있다고 한다면, 오염된 자와 오염에서 벗어난 자가 둘로 나누어져 있어야만 한다. 오염된 자는 그 오염을 없애기 위해 피나는 노력을 해야만 한다. 그러나 단 한 번도 오염된 적이 없다면, 그런 수행, 기도, 애씀 등의 유위조작 노력은 사라진다.

이 말을 다시 들어보자. 한 번도 오염된 적이 없다면, 오염을 없애기 위한 노력, 수행, 기도 등도 필요 없다! 물론 이 말을 하기에는 좀 이른 감이 있다. 이 말은 매우 위험한 발언이기 때문이다.

모든 종교에서 말하는 이상향으로 나아가기 위해 행하는 행법이 기도, 수행이다. 이 말은 자칫 불교를 포함한 모든 종교의 성스러운 행위인 기도와 수행을 부정하는 것처럼 보인다.

이 지점이 매우 중요하다. 평범한 일반 사람에게는 도저히 믿어지지 않을 뿐 아니라 미친 소리를 하고 있다며 비웃을 수밖에 없는 지점이다. 물론 욕하는 것은 독자의 자유다! 그러나 아직 책을 덮기에는 이르다.

마음공부는 평소에 내가 중생으로서 하는 모든 것에서 벗어날 때 가능해진다. 그래서 초월이니, 출세간이니 하는 말이 있지 않은가! 과거로부터 가지고 온 모든 편견, 선입견, 분별, 망상, 고정관념, 심지어 '나'라는 아상과 에고까지, 일체 모든 것이 무너지고 깨어지고 허물어질 때 비로소 그 견고한 자아 관념 너머의 참된 진실에 조금씩 다가설 수 있다.

기도와 수행이 필요 없다는 말은 어디까지나 근원에서 그렇다는 말이다. 부처님이나 하나님에게 기도와 수행이 필요할까? 삶 자체가 기도요, 수행인 분들에게는 따로 해야 할 기도나 수행이 없다. 삶이 그대로 기도이기 때문이다. 물론 방편으로 보자면 수행이 필요할 수도 있겠지만, 선은 일체 모든 방편을 타파하고 곧장 깨달음에 이르게 하는 가르침임을 잊지 말자. 선에서는 '수행해서 깨닫는 것'이 아니라, '먼저 깨닫고' 난 뒤에 비로소 참된 수행을 시작할 수 있다. 돈오점수가 그것이다.

'기도와 수행을 통해 진리에 이른다'라는 말은 깨닫지 못한 나와 깨달은 뒤의 나로 나누어 놓고, 기도 수행이라는 방법을 통해 깨달음이라는 목표에 도달한다는 분별의 구조가 아닌가? 그것은 분별심일 뿐 무분별심이 아니다.

언제나 방편은 분별을 사람들에게 알려준다. '임시방편'이라는 말이 있듯, 그 방편은 임시로만 필요한 것일 뿐이다. 결국 모든 방편은 깨뜨리기 위해 있는 것이다. 방편에 사로잡히면, 도리어 방편은 독약이 되고 만다. 경전 중에 최상승의 가르침을 담고 있는 경전이나 어록, 그리고 참된 스승은 언제나 중생이 붙잡고 있는 방편을 깨뜨려 참된 진리로 나아가게 이끈다. 분별의 가르침을 포기하도록 이끌어 무분별의 진실에 이르게 한다. 둘로 나뉘는 일체 모든 분별의 구조를 깨뜨려 둘이 아닌 하나의 진실로 이끈다.

'기도와 수행을 통해 진리에 이른다'는 구조야말로 대표적인 방편이다. 왜 방편일까? 이 말 자체가 수행해야 할 어리석은 '나'와 수행 후에 도착할 '깨달은 나'를 둘로 나누기 때문이다. 또 여기에서 저기로 가는 수단, 방법을 제시하기 때문이다. 둘로 나눌 때만 이런 방편이 성립할 수 있다.

여기에서 '밖으로 구하지 말라'는 말은 기도 수행법이라는 방편을 열심히 갈고닦아서, 저 어딘가에 있을지 모를 피안이나 깨달음으로 향하는 그런 유위의 노력을 하지 말라는 것이다. 방편을 거두고 직접 진리로 이르게 하기 위함이다. 곧바로 진리를 드러내 보여줌으로써 몰록 깨닫게 하고자 하는 것이다. 이것이 직지인심 견성성불(直指人心 見性成佛)이라는 돈오견성의 구조다. 이것이 바로 선불교의 특징이다.

선불교에서는 일체 모든 방법론, 기도, 수행법 등 '달을 가리키는 손가락', '뗏목'이라는 방편을 모두 타파하고 곧바로 법을 드러내 가리켜 보이는 직지인심을 설한다. 곧바로 진리를 가리켜 보임으로써 공부인으로 하여금 몰록, 단박에 자신의 본래면목을 확인하도록 이끈다. 여기에 거추장스러운 방편은 필요 없다. 이런 선불교의 수행법이 가능한 이유는 마음의 본성이 한 번도 오염된 적이 없기 때문이다. 자신이 중생심, 분별심에 허덕이는 동안에도 자신의 본래면목은 원만하게 갖추어져 오염되지 않기 때문이다. 다만 분별심이라는 허망한 생각만 떠나면 곧바로 여여한 부처이기 때문이다.

선불교는 허망한 분별심을 깨뜨려 줌으로써 본래 원만히 갖추고 있는 자신의 본래면목을 확인하게 만든다. 아주 단순한 구조다. 본래 완전하지만 스스로 한 생각 분별 망상을 일으켜 이 세상을 둘로 나누어 놓은 뒤 좋은 것에는 집착하고 싫은 것은 거부하는 분별과 취사간택심에 사로잡히는 것, 취사간택심에 사로잡혀 집착하는 것을 갖지 못해 괴로워하고 싫어하는 것이 자꾸 나타나 괴로워하는 것, 즉 분별심이 만든 헛된 괴로움에서 놓여나기만 하면 되는 것이다.

그러기 위해 수많은 세월 동안 쌓아놓은 온갖 허망한 분별 망상과 생각, 고정관념과 편견들을 하나하나 다 깨뜨릴 수 있을까? 그것이 가능하기나 할까? 우리의 분별 망상은 수미산을 넘을 정도로 많다고 한다. 뇌과학에서는 하루에 분별심이라는 생각이 5만~7만 가지 정도가 일어난다고 한다. 그 수많은 생각을 하나하나 없애가면서 싸워 이길 수 있을까? 그것은 불가능하다.

많은 명상 단체에서 망상 분별심이 괴로움의 원인이기 때문에 명상을 통해 번뇌 망상을 고요히 하고, 생각을 끊어 없애는 것을 통해 괴로움에서 벗어나도록 이끈다. 나 또한 그런 명상을 해보지 않은 것이 아니다. 과연 그것이 가능할까? 생각을 끊어 없애는 명상을 통해 정말 생각을 다 끊어 없앤 사람이 있을까? 없다. 그럴 수 없다. 죽기 전에 생각을 다 끊어 없애는 것은 불가능하다.

사실은 이 분별심을 끊어 없앨 필요가 없다. 분별심의 자성, 본성이 무엇인지, 그 실체가 무엇인지를 여실하게 확인하기만 하면 된다. 분별심의 근원, 분별심이 나온 자리인 본성, 자기의 본래 자리를 확인하게 되면 분별의 실체를 알기 때문에 필요에 따라 분별심을 써먹기는 할지언정 거기에 끌려다니거나 집착하거나 휘둘리지 않는다. 분별을 써먹으면서도 분별을 초월하게 된다. 이것이 『금강경』에서 말하는 "머무는 바 없이 마음을 낸다"라는 도리다.

이것이 바로 선불교의 특징이다. 분별의 실체를 깨닫기 위해 분별심을 일일이 다 끊어 없애는 것이 아니라, 분별의 실체인 분별의 근원 자리를 곧바로 가리켜 깨닫게 만든다. 분별의 근원을 확인함으로써 이 본성은 한 번도 오염된 적이 없고, 늘 원만 구족한 것임을 깨닫게 된다. 분별심을 다 쓰고 살면서도 분별 이전의 본래 자리에서 어긋나지 않게 된다. 허망한 생각을 다 쓰고 살면서도 허망한 생각에 휘둘리지 않는다. 이것이 바로 허망한 생각을 떠난 여여한 부처다.

7

나는 왜 부처를 보지 못할까?

묻는다.

"만약 불성이 지금 이 몸에도 있다면, 이미 이 몸에 있으므로 범부를 떠나지 않았을 것인데 어째서 저는 지금 불성을 보지 못할까요? 제가 깨달을 수 있도록 다시 한번 철저하게 설명해 주십시오."

답한다.

"그대의 몸 가운데 있는데도 그대 스스로 보지 못할 뿐이다. 그대가 하루의 모든 시간 가운데 배고픈 줄 알고 목마른 줄 알며, 춥고 더운 것을 알고, 혹은 화를 내거나 기뻐하기도 하는 이것이 도대체 어떤 물건인가? 이 몸은 지수화풍(地水火風)의 네 가지 인연이 모여 이루어진 것이어서, 그 성질이 무디고 둔해 아무 감정이 없는데, 어찌 능히 보고 듣고 느끼고 알 수 있겠는가? 능히 보고 듣고 느끼고 아는 것은 필시 그대의 불성인 것이다. 그러므로 임제 스님은 '사대(四大)로 이루어진 이 몸은 법을 설할 줄도 법을 들을 줄도 모른다. 허공도 법을 설하거나 들을 줄 모르고, 오로지 그대 눈앞[目前]에 역력히 홀로 밝은[歷歷孤明], 아무 형상 없는 이것이 법을 설할 줄도 알고, 법을 들을 줄도 안다'라고 하였다. 여기서 말하는 '형상 없는 이것'이 바로 모든 부처님의 법인(法印)이며, 또한 그대의 본래 마음이다. 그러므로 불성이란 곧 그대의 몸에 있는데 어찌 허망하게 밖에서 구하고자 하는가? 그래도 여전히 믿지 못하겠다면, 간략하게 옛 성인들이 도를 깨달은 인연[入道因緣]을 밝혀 그대의 의심을 풀어주고자 하니 그대는 잘 듣고 믿도록 하라."

問若佛性 現在此身 旣在身中 不離凡夫 因何我今 不見佛性 更爲消釋 悉令開悟 答在汝身中 汝自不見 汝於十二時中 知飢知渴 知寒知熱 或嗔或喜 竟是何物 且色身 是地水火風 四緣所集 其質頑而無情 豈能見聞覺知 能見聞覺知者 必是汝佛性 故臨濟云 四大不解說法聽法 虛空不解說法聽法 只汝目前 歷歷孤明 勿形段者 始解說法聽法 所爲勿形段者 是諸佛之法印 亦是汝本來心也 則佛性 現在汝身 何假外求 汝若不信 略擧古聖 入道因緣 令汝除疑 汝須諦信

이제 본격적으로 진리, 법, 마음, 본성, 자성, 본래면목이라고 부르는 '이것'에 대한 가르침이 나온다. 부디 생각으로 헤아리고, 판단 분별하면서 머리로 정리하며 듣지 말고, 난생처음 듣는 말인 것처럼 받아들이겠다는 열린 마음, 텅 빈 마음으로 들어보길 바란다.

불성이 지금 이 몸에 있다고 했는데, 그렇다고 불성이 이 몸 안에만 있다는 것은 아니다. 불성에는 안팎이 따로 없다. 다만 이 몸에도 있다는 말은 그만큼 가깝다는 것이고, 이 몸과 즉(卽)해 있다, 딱 붙어 있다, 둘이 아니라는 의미로 이해하면 된다. 혹시나 불성을 몸속에 들어 있어서 변치 않는 불변의 실체적인 무언가로 여기면, 그것은 힌두교의 아트만(ātman, 我) 사상과 다르지 않다. 그것은 무아(無我)가 아니지 않은가.

불성이 이 몸에도 있다면, 즉 불성이 나를 떠나 따로 있지 않은 불이법이라면, 내가 바로 부처라는 말이다. 그렇다면 우리는 왜 이 불성을 보지 못하는 것일까? 제자는 우리의 이러한 궁금함을 대변한다.

불이법이기에 지금 이대로 즉해 있는 것이 불성이라는 말을,

그대의 몸 가운데 있다고 표현하고 있다. 앞에서 설명했듯이 이 말은 조금 오해의 소지가 있을 수 있다. 물론 방편으로 그만큼 가깝다는 의도로 표현한 것이겠지만, 이 말을 말뜻 그대로 믿어서 몸 가운데에 있는 무언가로 이해해서는 안 된다. 바로 여기에 이미 이렇게 있음에도 그대 스스로가 보지 못할 뿐이다. 그렇다면 도대체 이 불성이 무엇이란 말인가?

불성(佛性)이 무엇인지 알아보기에 앞서, 앞으로 이 책에서는 불성이라는 말보다 '이것'이라는 말을 쓰고자 한다. 불성이나 참나라는 말은, 힌두교의 아트만 사상같이 거짓 나가 아닌 참나가 따로 있는 듯한 인상을 줄 수 있기 때문이다. 또 '마음'이라는 표현을 쓰자니, 중생심의 마음과 진여심의 마음을 둘 다 마음이라고 쓰기에 헷갈릴 수 있다.

'이것'은 말로 표현할 수 없다. 말로 표현하면 이미 그 말의 의미가 이미지로 그려지기 때문이다. '이것'은 머릿속 이미지로 그려지는 상(相)이 아니라 그것의 본질인 성(性)이기에 그려 볼 수 없고, 만져 볼 수 없고, 생각할 수 없다. 그런 특징 때문에 불성, 진여, 본성, 자성, 본래면목, 주인공, 한마음, 마음, 법이라는 말 보다 말 자체에 오해의 소지가 적은, 이미지를 그려 볼 소지가 최대한 적은 단어인 '이것'이라고 부르기로 하자. 옛 선사 스님들 또한 이 마음을 '이것'이라고 부르곤 했다. '이 뭣고?'라는 말 또한 '이것이 무엇인가?' 즉 '불성, 자성이 무엇인가?'를 의미하는 것이다.

'이것'이라고 부를 때의 또 다른 장점은 '도대체 이것이 뭐지?' 하고 궁금증을 유발한다는 점이다. 이 궁금증의 유발이 바로 간화선 수행의 화두(話頭)다. 궁금증은 유발되지만, 그것이 무엇인지 마음속에 그려 볼 수는 없다. 또한 '이것'이라는 표현은 '저것'이나 '그것'에 비해 여기 가까이에 있는 것 같은 느낌을 준다. 바로 여기에서 확인할 수 있다는, 언제나 가까이에 있는 것이라는 어감을 준다. 다만 마음, 법, 불성을 말할 때는 그냥 이것이라고 하기보다는 작은따옴표를 써서 '이것'이라고 표현하고자 한다.

'이것'은 무엇일까?

우리는 몸을 나라고 생각하거나, 느낌, 생각, 의지, 의식 등의 마음 작용을 나라고 여긴다. '이것'을 방편으로 참나, 자성, 본래면목이라고 하는 이유는 '이것'이야말로 진정한 나 자신의 본래 모습이기 때문이다. 진정한 나는 이 몸이나 마음이 아니라 '이것'이기 때문이다. 그러나 우리는 진정한 나의 본래면목인 '이것'을 한번도 확인해 본 적이 없으므로 대신 몸과 마음, 즉 색수상행식(色受想行識)이라고 부르는 오온(五蘊)인 육체, 느낌, 생각, 의지, 의식을 '나'라고 동일시하며 살아왔다. 그동안 내가 '나'라고 여겨 왔던 색수상행식 오온이 내가 아님을 확인하게 된다면, 거기에서 '이것'이 확인된다. 초기불교 무아(無我)의 교설이 이것이다. 무아가 체득된 것이 곧 열반이다. 이를 『반야심경』에서는 '오온개공 도일체고액(五蘊皆空 度一切苦厄)'이라고 해서, 오온이 공함을 확인하면 일체의

7. 나는 왜 부처를 보지 못할까?

고통과 액난을 건넌다고 표현한다.

'이것'을 확인한다고 했는데, 사실 깨닫고 보면 '이것'이라고 할 만한 것이 따로 없다. 그저 그동안 오온이 나인 줄 알고, 몸과 마음이 나인 줄 알고 착각하며 살아오던 삶에서 벗어나는 것일 뿐이다. 분별 망상으로 '나'를 내세워 거짓된 아상(我相)을 자기로 알고 살아오다가, 그것이 내가 아님을 깨닫게 되면서 진정한 내가 누구인지를 확인하게 된다. 그 순간 '나'라고 여기던 이 개체의 자아가 가지고 있던 모든 문제, 아픔, 괴로움이 전부 사라지고 만다.

물론 깨닫고 나더라도 습관의 문제, 업습(業習)의 문제가 남아 있다. 그 남은 여습(餘習)을 없애기까지 시간이 걸리는데, 그것을 보임(保任)이라고 부른다. 견성 이후부터가 본격적인 공부인 셈이다. 그러나 이제는 확실한 공부의 길이 열렸다. 공부 안목이 밝혀졌기 때문에 '이 자리', '이것'에 의지함이 없이 의지해 이 자리를 더욱더 익숙하게 할 수 있는 힘이 생겨난다. 그래서 보임 공부에 관해 대혜 선사는 『서장』에서 '낯익은 곳[분별]에서는 점차 멀어지고, 낯선 곳[이것, 무분별]과는 점차 익숙해지는 것'이라고 표현하기도 했다.

이 몸과 마음이 왜 '나'가 아닌지를 살펴보자.

먼저 이 '몸', '육체'가 '나'인 것은 아닐까? 그동안 우리는 당연히 이 몸이 나라고 굳게 여기며 살아왔다. 너무나도 당연한, 진실로 믿어왔던 이 믿음이 왜 진실이 아닌지를 살펴보자.

만약에 이 몸이 '나'라면, 몸이 변하면 나도 변해야 한다. 갓 태어난 아기였을 때의 몸과 지금의 몸이 같은 몸일까? 몸은 끊임없이 변한다. 몸은 음식을 끊임없이 공급해 주어야지만 살아갈 수 있다. 마치 처음 타고 있을 때의 촛불과 한참을 타고 난 촛불을 같은 촛불이라고 할 수도 없고 다른 촛불이라고도 할 수 없듯이, 연결되는 것 같은 무언가는 있지만 정확히 같은 것일 수는 없다. 마찬가지로 처음 태어났을 때의 몸도 '내 몸'이고, 10대 때의 몸도 '내 몸'이며, 지금의 몸도 '내 몸'이지만, 이 육체 자체만을 가지고 똑같은 '나'라고 할 만한 불변하는 실체 같은 것은 없다.

보통 뼈나 근육, 인체의 장기들은 120일에서 200일이 지나면 세포가 완전히 바뀐다고 한다. 뼈의 조직은 7년마다 몸 전체의 뼈가 새롭게 바뀐다. 피부는 2~4주면 각질이 되어 떨어져 나가고 새로운 세포로 바뀐다. 지금 이 피부는 한 달 전의 그 피부가 아니다. 우리는 매달 전혀 새로운, 완전히 방수되는 천연 가죽옷을 갈아입는 중이다. 간 세포는 12개월, 혈액은 2~4개월, 장 세포는 3~4일, 위벽 세포도 2일이면 바뀐다.

아기 때의 몸과 지금의 몸은 끊임없이 변화하고 바뀌었을 뿐, 그 몸이 그대로 이 몸이 된 것이 아니다. 몸을 가지고 '나'라고 한다면, '나'가 이렇게 변하고 바뀌는 것일까? 어릴 때의 몸에 비해 지금의 몸은 훨씬 크고 몸무게도 많이 나가니, '나'가 작았다가 커진 것일까? 우리가 '나'라고 여기는 것이 이렇게 커졌다 작아졌다 하

7. 나는 왜 부처를 보지 못할까?

는 것일까?

만약 누군가에게 장기를 기증하게 된다면 어떨까? 이 몸이 나라면 나의 일부를 떼어내 다른 사람에게 주는 것이니, 그러면 내가 줄어들고, 반대로 장기 기증을 받은 사람 속에 나의 일부가 들어간 것일까? 그러면 그 사람에게는 두 개의 '나'가 생겨나는 것일까? 그렇지 않다.

사람은 위와 비장의 50%, 간의 70%, 내장의 80%, 그리고 한 개의 폐를 떼어내도 죽지 않고 살 수 있다고 한다. 간의 70%를 떼어내거나 한 개의 폐를 떼어내더라도 여전히 '나'는 이대로 있다.

좀 잔인한 비유지만, 사고가 나서 손이나 발을 자르게 되었다면 어떨까? 그러면 '나'도 죽는 것일까? 아니면 나라는 존재가 잘라낸 손발만큼 작아진 것일까? 손과 발이 잘리고, 간 일부와 하나의 폐를 잘라내도 나는 여전히 나일 뿐이다. 사고로 손발이 잘리거나, 장기 기증을 한 사람이라고 해도, '나'가 일부 사라졌다고 여기지는 않지 않은가. 그래도 여전히 '나'는 여기 이렇게 있다. 진정한 '나'는 줄어들고 늘어나는 것이 아니기 때문이다.

우리가 '내 몸'이라고 여기는 이 육체가 독자적인 '나'이거나 '내 것'이 아닌 또 다른 이유는, 몸 혼자서는 '몸'일 수 없기 때문이다. 이 몸은 수많은 인연이 화합해서 이루어지고 지속되는 것일 뿐이다. 즉 이 몸은 저 혼자 설 수 있는 것이 아니라, 수많은 인연이 화합해야만 유지되는 것이다.

우리는 내가 잘나서 이 몸을 유지하고 살며, 부자로 살고, 능력 있게 살고, 건강하게 산다고 여긴다. 하지만 아무리 잘났더라도 주변의 무수히 많은 인연의 도움을 받지 못한다면 단 한 순간도 나혼자 이 몸을 유지하지 못한다.

숨을 쉴 때 코로 드나드는 공기가 없다고 생각해 보라. 이 몸은 이제 몸이 아니다. 곧바로 죽고 말 것이다. 공기 하나만 사라져도 몸이 제 기능을 발휘하지 못하는데, 어떻게 저 홀로 독자성을 지닌 몸이라고 할 것인가? 공기의 도움 없이는 몸은 몸일 수 없다. 공기가 있으므로 몸이 있다. 공기와 몸은 연기적인 상의상관적 관계이다.

불교 교리에서는 이를 연기법이라고 말한다. 연기된 모든 것은 인연생 인연멸이기에 무아(無我)다. 고정된 실체로서의 '나'가 아니라, 다만 수많은 인연이 화합해서 임시로 모인 것일 뿐이란 뜻이다. 인연가합(因緣假合)이라고 해서 인연이 임시로 거짓으로 화합했을 뿐이지 실재가 아니다. 이런 존재의 특성을 대승불교에서는 공성(空性), 무자성(無自性)이라고 한다.

공기뿐인가? 이 몸은 매일 밥이나 음식, 먹을 것을 공급해 주지 않으면 오래지 않아 죽고 만다. 먹을 것을 공급해 주려면 태양과 흙, 대지에서 만들어 내는 수많은 채소와 곡식 등이 인연화합으로 도움을 주지 않으면 안 된다. 밥 한 끼를 먹기까지 직간접적으로 도움을 준 인연들을 하나하나 열거해 보면 온 우주 전체가, 세

7. 나는 왜 부처를 보지 못할까?

상 전체가 크고 작은 도움을 주었음을 깨닫게 될 것이다.

그러니 '나', '내 몸'이라는 것이 어떻게 저 혼자 독자적으로 살 수 있다고 할 것인가? 살아 있다고 할 것인가? 크고 작은 일체의 모든 것이 도움을 주지 않고서는 한순간도 몸을 유지할 수 없다. '나 아닌 모든 것'이 있으므로 '나'가 있고, '나'가 있으므로 '나 아닌 모든 것'이 있을 수 있다. 이것이 '이것이 있으므로 저것이 있고, 이 것이 생하므로 저것이 생하며, 이것이 없으므로 저것이 없고, 이것 이 소멸하므로 저것이 소멸한다'라는 연기의 법칙이다.

연기법에 따라 존재하는 모든 것은 상의상관으로 서로 의지 해서만 존재할 수 있다. '저것'이 없으면 '이것'도 없다는 법칙에 따 라 그 둘은 서로 둘로 나눌 수 없는 동체(同體), 공존공생(共存共生) 의 관계이다. 연기법의 모든 존재는 불이법(不二法)이요, 하나의 관 계이다.

따라서 연기법에서 본다면 '이 몸'이 진정한 '나'가 아니다. '나 아닌 모든 것', 즉 나를 나일 수 있도록 도와주는 연기 관계에 있는 일체 삼라만상의 모든 게 곧 진정한 '나'인 것이다. '그것들'이 있어 야 '이 몸'이 있을 수 있고, '그것들'이 없으면 '이 몸'도 없기 때문이 다. 결론적으로 '이 몸', 즉 육체는 진정한 '나'일 수 없다.

그렇다면 우리가 '마음'이라고 부르는 느낌, 감정, 생각, 의지, 의식이 '나'일까? 불교에서는 오온(五蘊)의 수상행식(受想行識)을 마음이라고 부른다. 여기에서 마음은 중생심이다.

수(受)는 느낌·감정이고, 상(想)은 생각·표상이며, 행(行)은 의지·의도이고, 식(識)은 분별하는 마음인 인식·의식이다.

첫째, 느낌[受蘊]이 '나'일까? 보통 우리는 느낌을 나라고 여기기 때문에 우울한 느낌이 왔을 때 '내가 우울해'라고 여긴다. 우울한 느낌을 나와 동일시한다. 그러나 내가 우울하다는 것이 정말 맞는다면, 우울함이 떠나갔을 때 '나'도 함께 떠나가야 하지 않을까? 그러나 우울함이 떠나가도 나는 여전히 여기에 있다. 행복한 감정이 왔다가 가더라도 그 행복을 느끼는 '나'는 여전히 여기에 있다.

방편으로 이렇게 생각해 보자. 우울함, 기쁨, 슬픔, 좌절, 절망 등의 느낌은 왔다가 간다. 그런데 그 모든 느낌을 느끼는 '이것', 즉 '느끼는 놈'은 어떤가? 이 느끼는 놈도 왔다가 갈까? 우울할 때도 우울함을 느끼는 '이것'은 그대로고, 우울함이 지나가고 난 뒤에도 우울함이 사라졌다고 아는 '이것'은 그대로 있다. 그렇다면 왔다가 가는 느낌, 감정이 진정한 '나'일까? 아니면 여기에서 그 모든 왔다가 가는 느낌을 '알아차리고 있는 이것'이 진짜 '나'일까? 왔다가 가는 것은 진정한 내가 아니다. 왔을 때 온 줄 알고 갔을 때 간 줄 아는 '이것', '느끼는 놈' 이것만이 변하지 않는 진실이다.

둘째, 생각[想蘊]은 어떨까? 생각이 나일까? 우리는 한평생을 살면서 수많은 생각을 하고, 이런 생각 저런 생각이 끊임없이 오고 간다. 때로는 옳다고 생각하던 것이 인연이 바뀌면 틀렸다고 생각되기도 한다. 가치관, 세계관도 끊임없이 변화한다. 이런 변화하는

7. 나는 왜 부처를 보지 못할까?

생각을 '나'라고 할 수 있을까? 왔다가 가는 것은 내가 아니다. 그런데도 우리는 어떤 생각을 고집한다.

누군가가 그 생각이 틀렸다고 말하면 자기를 공격한다고 여긴다. 내가 하는 생각과 나를 동일시하기 때문이다. 사실은 '나'를 공격한 것이 아니라, 끊임없이 변화하는 생각의 조각 하나에 대해 틀렸다고 말한 것뿐이지 않은가? 그렇게 발끈할 이유가 없다.

생각은 내가 아니다. 생각은 인연 따라 왔다가 가는 것일 뿐이다. 좋은 친구를 만나면 좋은 생각을 더 많이 하게 될 것이고, 나쁜 친구를 만나면 나쁜 생각을 많이 하게 될 것이다. 생각은 인연 따라 변화한다. 이처럼 변화하는 것, 왔다가 가는 것이 어떻게 '나'일 수 있는가? 진정한 '나'는 이렇게 왔다가 가는 생각이 아니다. 그 바탕에서 모든 생각이 오고 가도록 허용하는, 그 모든 생각을 알아차리는 '이것'이다.

가만히 사유해 보라. 한 생각은 왔다가 간다. 어떤 생각이 일어났을 때 그 생각이 일어난 줄 안다. 또 그 생각이 사라졌을 때 사라진 줄 안다. 그렇다면 그렇게 왔다가 가는 생각이 진짜 '나'일까? 아니면 그 모든 생각이 오고 가도록 허용하며, 왔을 때 왔음을 알고 갔을 때 갔음을 아는 이 '아는 성품'이 진짜 '나'일까?

생각도 느낌도 왔다가 가지만, 그 모든 생각과 느낌이 왔다가 가더라도 오거나 가지 않고 늘 이 자리에서 오고 가는 느낌과 생각을 지켜보는 무엇이 있다. '나 있음의 감각'이라고 해도 좋고, 'I

AM'이라 해도 좋으며, '나라는 근원'이라고 해도 좋다. 이름은 중요하지 않다. 근본 바탕에 무언지 알 수 없는 '나'라는 '이것'이 늘 있지 않은가?

'이것'은 기쁠 때도 있고, 슬플 때도 있다. 외로울 때도 외로운 나를 자각하는 그 무엇이 있고, 슬플 때도 그 슬픔을 아는 '이것'이 있다. 좋은 생각을 할 때도 그 생각을 통해 '좋게 생각하는 놈'이 있음을 알고, 나쁜 생각을 할 때도 그 생각을 통해 '나쁘게 생각하는 놈'이 있음을 안다. 좋은 생각, 나쁜 생각, 기쁨과 슬픔 등 왔다가 가는 대상이 좋든 나쁘든 상관없이 그 모든 것이 오고 가도록 허용해 주면서 그 모든 것을 거울처럼 비추어 주는, 아는 '이것'이 있지 않은가?

이것을 선(禪)에서는 고경(古鏡), 즉 옛 거울이라고 했다. 언제부터인지 알 수 없는 오랜 옛날부터 늘 있는 그대로 비추고 있는 '이것'을 거울에 비유한 것이다. 그러나 6조 혜능 스님이 '명경역비대(明鏡亦非臺)'라고 말한 것처럼, 이 밝은 거울은 따로 형체를 찾아볼 수 없고, 거울 받침대도 없다. '이것'은 눈으로 볼 수 없고, 귀로 들을 수도 없고, 크기도 모양도 없고, 생각으로 파악되지도 않는다. 우리의 감각기관으로는 확인할 수 없다. 있는 것도 아니고 없는 것도 아니다. 그런데도 드러나는 것, 비추어지는 모든 것을 통해 왔다가 가는 모든 것을 아는 '이것', 비추는 '이것'이 있다는 사실은 부정할 수 없다.

7. 나는 왜 부처를 보지 못할까?

셋째, 의지[行蘊]도 마찬가지다. 살아가는 동안 우리의 의지, 바람, 의도는 끊임없이 바뀐다. 공무원을 하고 싶다가 사업을 하고 싶기도 하고, 이 사람을 사랑했다가 그 사람이 싫어지기도 한다. 돈을 벌고 싶다가 또 다른 순간에는 돈보다 마음을 깨닫고 싶어지기도 한다. 산에 가는 것을 너무 싫어했다가 산행 마니아가 될 수도 있다.

즉 우리의 의도, 의지는 끊임없이 바뀐다. 그런데도 우리는 시시각각 바뀌는 우리의 의도, 의지를 '나'라고 여긴다. 어떤 것을 하고 싶을 때 '하고 싶은 나'가 있다고 여긴다. 그러나 어떤 의지, 의도이든 그 또한 왔다가 가는 것이다. 끊임없이 변화하는 것일 뿐이다. 그런데 신기하지 않은가? 그 이면 바탕에, 배경에 전혀 왔다가 가는 것 없이, 어떤 의도가 오든 그 모든 것을 허용하며 비추어 주는 거울과도 같은 마음이 있지 않은가?

넷째, 의식[識蘊] 역시 그렇다. 대상을 파악해서 아는 마음인 이 의식, 분별심도 '이렇다고' 알았다가 또 '다르다고' 알기도 한다. 나 자신을 좋은 사람이라고 인식했다가 나쁜 사람이라고 인식하기도 한다. 어떤 사람을 능력 있다고 인식했다가 능력 없는 사람이라고 인식이 바뀌기도 한다. 똑같은 대상을 보고, 어떨 때는 좋게 인식하다가 또 나쁘게 인식하기도 한다. 어떨 때는 자신을 키가 크다고 여겼다가 작다고 여길 수도 있고, 부자라고 인식하다가 재산은 그대로인데 문득 가난하다는 인식으로 바뀔 수도 있다. 젊은 시절에는 정치적으로 열렬한 '진보' 성향이던 사람이 나이가 들면서 '보수'로 성향이 바뀔 수도 있다. 1억을 큰돈이라고 여겼다가 훗날 적은 돈이라고 여길 수도 있다. 성공의 기준을 돈에 두었다가 훗날 행복에 둘 수도 있다. 기독교 신자였다가 불교 신자로 바뀔 수도 있고 그 반대일 수도 있다. 종교는 필요 없는 것이라고 했다가 열렬한 신자로 바뀔 수도 있다.

이처럼 인식, 분별심은 왔다가 가는 것일 뿐 고정된 실체가 아니다. 그러니 어떻게 이 분별하는 마음을 '나'라고 할 수 있겠는가? 분별하는 마음이 '나'라면, 분별심은 끊임없이 변화하니 분별하는 마음이 변하는 것에 따라 '나'도 변하는 것일까? 아무리 분별하는 마음이 이랬다저랬다 변하더라도, 보수에서 진보로 바뀌고, 가난에서 부자로 바뀌고, 기독교에서 불교로 바뀌고, 이 생각에서 저 생각으로 바뀌더라도, 바뀌지 않으면서 늘 이 자리에서 여여하게 이 생각도 비추고 저 생각도 비추는 것, 모든 것의 배경에서 늘 비추는 '이것'이 먼저 있어야 하지 않을까? 왔다가 가는 분별이 아니라, 그 모든 분별을 비추고 있는 '이것'이 진짜 '나'이다. 분별은 왔다 가지만, '이것'은 오는 것도 아니고 가는 것도 아니다. 늘 여여(如如)하다.

느낌이든, 생각이든, 의지든, 의식이든, 내가 '내 마음'이라고 여겼던 이것들은 인연 따라 왔다가 가는 것일 뿐이다. 그 느낌이나 생각, 의지와 의식이 '나'일 수는 없다. 인연 따라 왔다가 가는 것들

7. 나는 왜 부처를 보지 못할까?

이 진정한 '나'일까? 아니면 그 모든 것의 배경에서 오가는 것에 물들지 않은 채 무엇이든 왔다가 가도록 허용하는 것, 왔다가 가는 그 모든 것을 거울처럼 비추면서 오면 오는 줄 알고 가면 가는 줄 아는 이 '아는 마음', '알아차리는 마음', '비추는 마음', '이것'이 진짜 '나'일까?

'아는 마음', '알아차리는 마음', '비추는 마음'을 단순하게 '아는 마음'이라고 해보자. 이 아는 마음이 바로 나의 진정한 본래면목이다. 뒤에 나오겠지만 이를 『수심결』에서는 공적영지심(空寂靈知心)이라고 한다. '텅 비고 고요하지만 소소영령(昭昭靈靈)하게 아는 마음'이라고 부른다. 이 아는 마음, 즉 공적영지심이 바로 앞 장에서 설명한 무분별심, 불성, 자성, 본래면목이다. 이것이 진정한 자기 자신이다.

느낌도 왔다가 가고, 생각도 왔다가 가고, 의지와 의식, 심지어 이 육체도 허망하게 왔다가 간다. 색수상행식(色受想行識) 오온(五蘊)은 그저 인연 따라 왔다가 간다. 인연 따라 왔다가 가는 것은 허망한 것일 뿐 진실이 아니다. 진짜 내가 아니다. 변하지 않은 실상, 움직임 없는 여여한 '이것'만이 진정한 본래면목이며 참나가 아닐까? '이것'은 색수상행식 오온이 인연 따라 왔다가 가더라도, 그 모든 것의 배경에서 오면 오는 줄 알고 가면 가는 줄 알면서 늘 그 모든 것을 분별없이 비추고 있다. 그저 비출 뿐 판단하거나, 분별하거나, 취사간택하지 않는다. 비교 분별과 취사간택을 하지 않으니 괴로움을 만들어 내지도 않는다. 이것이 바로 진정한 우리의 본심, 자성, 본래면목이다.

다시 『수심결』을 보자.

"그대의 몸 가운데 있는데도 그대 스스로 보지 못할 뿐이다. 그대가 하루의 모든 시간 가운데 배고픈 줄 알고 목마른 줄 알며, 춥고 더운 것을 알고, 혹은 화를 내거나 기뻐하기도 하는 이것이 도대체 어떤 물건인가?

이 몸은 지수화풍(地水火風)의 네 가지 인연이 모여 이루어진 것이어서, 그 성질이 무디고 둔해 아무 감정이 없는데, 어찌 능히 보고 듣고 느끼고 알 수 있겠는가? 능히 보고 듣고 느끼고 아는 것은 필시 그대의 불성인 것이다.

그러므로 임제의현(臨濟義玄, ?~867) 스님은 '사대(四大)로 이루어진 이 몸은 법을 설할 줄도 법을 들을 줄도 모른다. 허공도 법을 설하거나 들을 줄 모르고, 오로지 그대 눈앞[目前]에 역력히 홀로 밝은 [歷歷孤明], 아무 형상 없는 이것이 법을 설할 줄도 알고, 법을 들을 줄도 안다'라고 하였다.

여기서 말하는 '형상 없는 이것'이 바로 모든 부처님의 법인(法印)이며, 또한 그대의 본래 마음이다.

그러므로 불성이란 곧 그대의 몸에 있는데 어찌 허망하게 밖에서 구하고자 하는가? 그래도 여전히 믿지 못하겠다면, 간략하게 옛 성인들이 도를 깨달은 인연[入道因緣]을 밝혀 그대의 의심을 풀어주고자 하니 그대는 잘 듣고 믿도록 하라."

하루의 모든 시간 가운데 우리가 배고프면 배고픈 줄 아는 '이것', 목마르면 목마른 줄 아는 '이것', 추우면 추운 줄 알고 더우면 더운 줄 아는 '이것', 화를 내면 화를 내는 줄 알고 기쁘면 기쁜 줄 아는 '이것'이 도대체 무슨 물건인가?

우리의 이 몸, 육신은 지수화풍(地水火風)이라는 대지의 사대(四大)가 모여서 임시로 이루어진 인연생의 허망한 인연가합의 존재일 뿐이다. 대지의 땅의 요소, 물의 요소, 불의 요소, 바람의 요소가 인연 따라 화합함으로써 지대(地大)는 우리 몸의 뼈와 살과 근육을 이루고, 수대(水大)는 우리 몸의 혈액과 눈물, 콧물, 침과 땀, 소변 등을 이루며, 화대(火大)는 몸 온도를 일정하게 유지해 주고, 풍대(風大)는 호흡, 움직임 등에 관여하면서 나를 형성한다. 이 지수화풍 사대로 이루어진 몸은 다만 인연이 화합된 인연가합의 거짓되고 임시적인 것이다.

여기에는 아무 감정도 없고, 생각도 없고, 그 성질이 무디고 둔하다. 지수화풍 사대로 이루어진 몸은 능히 보고 듣고 느끼고 알 수가 없다. 즉 이 몸 자체는 무언가를 보고 듣고 느끼고 알지 못한다. 만약에 이 몸 자체가 보고 듣고 느끼고 아는 것을 할 줄 안다면, 지금 막 죽은 시체도 그것을 할 줄 알아야 할 것이다. 깊은 잠에 빠졌거나 실신했을 때도 몸은 보고 듣고 느끼고 알아야 할 것이다. 이처럼 이 몸은 보고 듣고 느끼고 알 수 없음에도 불구하고, 우리는 보고 듣고 느끼고 알 수 있다. 도대체 무엇이 대상을 보고 듣고 느끼고 아는가? 바로 이 보고 듣고 느끼고 아는 '이것'이 바로 우리의 불성이며, 본래면목이다.

우리는 몸에 있는 눈이 본다고 여기지만, 정말 그럴까? 만약에 눈이 보는 것이라면 눈을 뜨고 있으면 항상 보여야 한다. 그러나 눈을 멀쩡히 뜨고 있더라도 전혀 다른 생각 속에 깊이 빠져 있으면 눈앞의 대상을 보지 못한다. 매일 집과 회사를 오고 가며 보는 것일지라도, 우리는 자기의 관심사가 있는 것들만 유심히 바라볼 뿐 다른 것은 전혀 보지 못하는 경우가 많다.

함께 여행을 가더라도 자기의 업에 따라 보는 것이 제각기 다르다. 대학 캠퍼스에 많은 사람이 있어도 사랑하는 사람이 생기면 다른 사람은 마치 아웃포커스 되듯 의식 뒤로 사라져 버린다.

또 귀가 듣는 것이라면, 귀는 항상 열려 있으니 어떤 소리든 다 들어야 할 것이다. 그러나 귀가 멀쩡히 있음에도 불구하고 여름철 매미 소리를 듣는 사람이 있고 못 듣는 사람도 있다. 다른 생각에 깊이 빠져 있을 때는 옆에서 나를 불러도 잘 듣지 못한다. 잠을 잘 때도 귀가 열려 있지만 못 듣는다. 왜 그럴까? 귀가 듣는 것이 아니기 때문이다. 눈이 보는 것이 아니기 때문이다.

그렇다면 무엇이 보고 듣는가? 『수심결』의 가르침처럼 '능히

7. 나는 왜 부처를 보지 못할까?

보고 듣고 느끼고 아는 것은 필시 그대의 불성'인 것이다. 임제 스님은 "사대로 이루어진 이 몸은 법을 설할 줄도 들을 줄도 모른다. 오로지 그대 눈앞에 역력히 홀로 밝은, 아무 형상 없는 이것이 법을 설할 줄도 알고, 법을 들을 줄도 안다"라고 했다. '그대의 눈앞에 역력히 홀로 밝은, 아무 형상 없는 이것'이 바로 불성이요, 본래면목이며, 자성이다. '형상 없는 이것'이 바로 모든 부처님의 법인이며, 그대의 본래 마음이다.

'형상 없는 이것'이 지금 들려오는 매미 소리를 듣게 하고, 컴퓨터 자판 위로 손가락을 움직여 글을 치게 하고, 모니터를 보게 한다. 글을 쓰는 와중에도 알아서 저절로 숨을 쉬게 하고, 조금 전에 먹었던 음식을 소화시키고, 세포를 분열시키고, 나이를 먹게 하고, 몸에 노화를 촉진시킨다.

눈이 눈을 보지 못하는 것처럼, '이것'은 눈으로 보거나 생각으로 헤아려 알 수 있는 것이 아니다. 그런데도 이렇게 보는 것을 통해, 듣는 것을 통해, 매 순간 '이것'이 확인된다. 이처럼 '이것'은 즉해 있다. 불이법이다. 나와 둘이 아니다. '여기'에 있거나 '저기'에 있다고 할 수 없는 것이어서 임제 스님은 이것을 '무위진인(無位眞人)'이라고 하여 '위치 없는 참사람'이라고 했다.

'이것', 참다운 나의 본래면목은 어디에 있나? 여기 혹은 저기에 있는 것도 아니고, 몸속에 있거나 몸 밖에 있는 것도 아니다. 소리가 들릴 때 '이것'은 바깥의 소리에 있는 것도 아니고, 내 몸의 귀에 있는 것도 아니다. 그저 종소리가 '땡' 하는 여기에 즉해 있다. 죽비소리가 바로 '이것'이고, 까마귀가 깍깍하는 것이 바로 '이것'이다. 진실은 '내가 죽비소리를 듣는 것'이 아니다. 주객(主客)이 둘로 나뉘는 것이 아니다. 그저 '탁탁!' 이것뿐이다. 이것이 곧 불이법이며, 색즉시공(色卽是空)의 도리다.

그래서 텅 비어 있다는 표현으로 공적(空寂)하여 비어 있고, 고요하다고 설명한다. 애써 설명해 본다면, 여기에도 있고 저기에도 있고 우주 허공에도 늘 편재해 있다. 온 우주 전체가 '이것' 하나뿐이다. '이것' 하나에서 온 우주가 생멸법으로 나왔다. '이것' 위에서 인연생 인연멸로서 연기하는 일체 모든 삼라만상이 드러나고 사라질 뿐이다. 일체유심조(一切唯心造), 이 마음에서 모든 것이 나왔다. 그러니 어찌 '이것'을 허망하게 바깥에서 구하고자 하는가?

어떤가? 알겠는가? 당신의 진정한 생명인, 진정한 본성인, 진정한 나 자신인 '이것'이 무엇인지 확인이 되는가? 여전히 알지 못하겠다는 사람들을 위해 다음 장에서 옛 성인들이 이것을 어떻게 설명했는지, 어떻게 이 도(道)를 깨달았는지 밝혀주고 있다. 아직 밝히지 못했다면, 다음 장으로 넘어가 보자.

8

불성은 작용하는 데 있다

옛날에 이견왕(異見王)이 바라제(婆羅提) 존자에게 물었
다.
"무엇이 부처입니까?"
존자가 대답했다.
"불성을 보는 것[見性]이 곧 부처입니다."
왕이 물었다.
"스님은 불성을 보았습니까?"
존자가 말했다.
"나는 불성(佛性)을 보았습니다."
왕이 물었다.
"불성은 어디에 있습니까?"

존자가 말했다.

"불성은 작용하는 데 있습니다."

왕이 물었다.

"그것은 어떤 작용이기에 나는 지금 보지 못합니까?"

존자가 말했다.

"지금도 작용이 드러나고 있지만, 왕께서 스스로 보지 못할 뿐입니다."

왕이 물었다.

"그것이 나에게도 있다고요?"

존자가 말했다.

"만약 왕께서 작용하고 있다면 불성 아닌 것이 없지만, 왕께서 작용하지 않는다면 몸조차도 보기 어려울 것입니다."

왕이 물었다.

"만약 작용할 때는 몇 곳에서 나타납니까?"

존자가 말했다.

"나타날 때는 여덟 곳으로 나타납니다."

왕이 말했다.

"그 나타나는 여덟 곳이 어디인지를 나를 위해 설명해 주십시오."

존자가 말했다.

"태(胎) 안에 있으면 몸이라 하고, 세상에 나오면 사람이라 하며, 눈에 있으면 보고, 귀에 있으면 듣고, 코에 있으면 냄새를 맡고, 혀에 있을 때는 말을 하고, 손에 있으면 붙잡으며, 발에 있으면 움직여 걷습니다. 두루 나타나면 온 세계를 다 감싸지만 거두어들이면 하나의 티끌 속에 있습니다. 아는 자는 이것이 곧 불성인 줄 알지만 모르는 자들은 정혼(情魂)이라 부릅니다."

왕은 이 말을 듣고 마음이 바로 열려 깨달았다.

昔異見王 問婆羅提尊者 王曰 何者是佛 尊者曰 見性
是佛 王曰 師見性否 尊者曰 我見佛性 王曰性 在何處
尊者曰 性在作用 王曰是何作用 我今不見 尊者曰 今
現作用 王自不見 王曰於我有否 尊者曰 王若作用 無
有不是 王若不用 體亦難見 王曰若當用時 幾處出現
尊者曰 若出現時 當有其八 王曰其八出現 當爲我說
尊者曰 在胎曰身 處世曰人 在眼曰見 在耳曰聞 在鼻
辨香 在舌談論 在手執捉 在足運奔 現俱該沙界 收攝
在一微塵 識者知是佛性 不識者喚作精魂 王聞心卽開
悟

8. 불성은 작용하는 데 있다

무엇이 부처인가? 무엇이 진리인가? 불성을 보는 것, 자기 성품을 보는 것이 곧 부처다. 즉 견성(見性)이 곧 부처다. 그렇다면 그 불성은 도대체 어디에 있는가? 바라제 존자는 "불성은 작용하는 데 있다"라고 답한다. 왕은 기가 찰 노릇이다. '도대체 그것은 어떤 작용이기에 존자님은 보고, 나는 보지 못하는 것일까?' 존자의 답처럼, 사실은 지금 이렇게 묻는 것을 통해 이미 작용은 드러나 있다. 왕이 무엇이든 작용할 때 곧바로 불성이 확인된다.

우리는 매 순간 이렇게 작용하고 있지 않은가? 보고 듣고 맛보고 냄새 맡고 감촉을 느끼고 생각하며, 손을 움직이고 발로 걷고 말하고 행동하는 이 모든 작용을 통해 불성은 매 순간 드러나고 있다. 이 매 순간의 작용을 통해 이렇게 살아 있지 않은가?

만약 작용하지 않는다면 불성은커녕 이 몸조차 보기 어려울 것이다. 이 몸을 보는 것이 바로 작용함인데, 작용하지 않는다면 어떻게 이 몸을 볼 수 있겠는가? 이 몸을 본다고 할 때 도대체 무엇을 가지고 이 몸을 보는가? 눈이 보는 것이 아니다. 눈이 있어도 못 보는 사람이 있지 않은가? 다른 것에 깊이 빠져 있을 때는 두 눈을 버젓이 뜨고 있어도 보지 못한다. 눈알이 볼까? 그렇다면 눈알을 빼놓고 보라고 하면 볼 수 있어야 한다. 시신경이 볼까? 마찬가지다. 뇌가 본다고? 그것도 아니다. 눈이 보는 것이 아니라 '이것'이 본다.

이 단순한 사유, 회광반조(廻光返照)를 우리는 단 한 번도 해본 적이 없다. 도대체 무엇이 보는가? 방편으로 말해 본다면, '보는 놈' 이것이 불성이다. 그렇다고 보는 놈이 따로 있는 것은 아니다. 그래서 "견(見)이 곧 성(性)이다"라고도 한다. '보는 것'이 바로 성품이며 불성이다. '보는 작용'을 통해 불성, 성품, '이것'을 확인한다.

'이것'은 보는 작용을 통해 확인되지만, '이것'은 물건이 아니다. 크기가 있는 것도 아니고, 볼 수 있는 것도 아니고, 만질 수 있는 것도 아니고, 있는 것도 그렇다고 없는 것도 아니어서 직접 볼수는 없다. 눈이 눈을 볼 수 없지만, 다른 것을 봄을 통해 여기에 눈이 있음이 확인되는 것과 같다. 본다는 작용을 통해 '보는 놈'이라는 불성이 확인된다. 그러니 작용하지 않는다면 어찌 살아 있다고 할 것인가? 이 작용을 통해 보고 듣고 냄새도 맡는다. 말도 하고, 손으로 붙잡기도 하고, 발로 움직여 걷기도 하는 등 '살아 있음', '나 있음', 'I AM'이 확인된다. 이렇게 생생하게 살아 있지 않은가? 저절로 작용이 일어나지 않는가? '이것'이 당신의 진정한 살림살이다. 본래면목이요 불성이다.

왕은 좀 더 구체적으로 작용할 때는 몇 곳에서 나타나는지 문는다. 존자가 답한다.

"태(胎) 안에 있으면 몸이라 하고, 세상에 나오면 사람이라 하며, 눈에 있으면 보고, 귀에 있으면 듣고, 코에 있으면 냄새를 맡고, 혀에 있을 때는 말을 하고, 손에 있으면 붙잡으며, 발에 있으면 움직여 걷습니다. 두루 나타나면 온 세계를 다 감싸지만 거두어들이면 하나의 티끌 속에 있습니다. 아는 자는 이것이 곧 불성인 줄 알지만 모르는 자들은 정혼(情魂)이라 부릅니다."

태 안에 있을 때도 작은 몸뚱이가 꼼지락거린다. 무엇이 몸을 꼼지락거리게 하는가? 무엇이 그 작은 몸을 작용하게 하는가? 불성이 태 속의 몸을 움직이게 한다.

태 속에 있을 때는 몸이라 하고, 몸 밖으로 나오면 사람이라고 한다. 하지만 그것은 이름일 뿐이고 모양일 뿐이다. 몸이라고 하든 사람이라고 하든, 거기에서 이름과 모양, 명(名)과 상(相)을 빼면 그저 '이것' 하나일 뿐이다. 모든 것이 불성의 작용일 뿐이다. 이 불성은 눈에 있으면 보는 작용으로 드러나고, 귀에 있으면 듣는 작용으로 드러나고, 코에 있으면 냄새를 맡고, 혀에 있을 때는 맛을 보거나 말을 한다. 손에 있으면 붙잡는 작용을 하고, 발에 있으면 움직여 걷게 만든다.

앞 장에서 살펴본 것처럼 몸은 지수화풍 사대가 모여 인연생으로 화합한 것이기에 실체가 없다. 이 몸이 어떻게 저 스스로 보고 듣고 맛보고 붙잡고 움직이고 생각할 수 있는가? '이것'이 모든 것을 드러내고 비추고 있다. 이처럼 불성은 모양도 없고, 크기도 없고, 생겨나거나 사라지는 것도 아니다. 위치도 없고, 있거나 없다고 말할 수도 없다. 다만 이렇게 작용을 통해 확인된다. 손을 들면 손을 들 때 확인되고, 말을 하면 말하는 거기에서 법이 확인된다.

'불성을 모르겠다'라고 할 때 모르겠다고 하는 거기에서 자명하게 확인되지 않는가? 분별심은 모를 수도 있고 알 수도 있지만, 아는 줄도 알고 모르는 줄도 아는 '이것'은 알 때도 모를 때도 늘 확인된다. '안다'를 통해 확인되고, '모른다'를 통해 확인된다. '이것'은 이처럼 둘이 아니다. '안다'가 '이것'이고, '모른다'가 '이것'이다. 도대체 무엇이 '안다'라고 말하고, '모른다'라고 말하는가? 도대체 무엇이 손을 움직이고, 소리를 듣고, 말을 하며, 맛을 보고, 대상을 보는가? 바로 '이것'이다.

이 법문을 듣는 분들은 끊임없이 같은 질문을 반복하곤 한다. '도저히 모르겠어요.' '저도 깨닫고 싶어요.' 이렇게 말하면서 계속해서 체험을 기다린다. 바깥으로 찾아 나선다. 이 말을 머리로 이해하려 하지 말고, 자기 살림살이가 될 수 있도록, 머리가 아닌 가슴으로 진정으로 들어 보라. 이런 말이 그저 실없이 하는 말이 아니다. 깨어남을 이끄는 말이기 때문이다.

앞에서 말했던 '도저히 모르겠어요'라고 말할 때나, '이제 알겠어요'라고 할 때, 말의 내용은 서로 다르다. 그러나 모르겠다고 하는 사람도 '이것'을 써서 모르겠다고 하고, 알겠다는 사람도 '이것'을 써서 알겠다고 할 뿐이다. 모르는 사람과 아는 사람이 전혀 다르지 않다. 평등하게 '이것'을 100% 활용하고 있다. 다 드러나 있다. 다만 모르겠다는 분별이 가로막을 뿐이다.

'도저히 모르겠어요' 하는 사람들은 잘 들어 보라. 알고 모르는 것은 '내용물'일 때 가능하다. '무엇을' 알거나 모르는 것이다. 그것은 둘로 나뉜 것이 아닌가. '이것'은 대상이 아니고, 내용물이 아니고, 무엇이 아니다. 그렇게 '모르겠어요'라고 하는 바로 그놈이다. '이것'은 이렇게 '모르겠어요'에서 확연하고, '알겠어요' 하는 데서 확연하지 않은가? 대체 무엇이 다른가? '도저히 모르겠어요' 하는 바로 '이것'이다. '도저히 모르겠다'는 것이 확실하게 거기에 있지 않은가! 바로 그것일 뿐이지, 알고 모르는 내용에 있는 것이 아니다. '모르겠다'고 하는 자기 자신이다. '모르겠어요'에서 이렇게 생생하게 살아있다. 죽지 않고 '이것'이 살아 있으니까 여기에서 '모르겠다'라는 비춤이 나오지 않는가? '모르겠다'라고 알고 있지 않은가! 알고 모르고를 따라가지 않으면, '안다'에서도 '모른다'에서도 똑같이 평등한 '이것'이 드러나 있다.

지금 이 '안다', '모른다'와 관련된 위의 말을 다시 한번 읽어보되, 부디 머리로 읽지 말고, 자기의 현실이 될 수 있도록, 체험적으로, 가슴으로 혹 한 번 받아들여서, 느끼면서 읽어보라. 느끼면서도 안 맞고 그냥, 그냥, 마음을 열고 가슴으로 진실로 진지하게 읽어보라.

이 책의 모든 내용은 그렇게 읽어야 한다. 읽는 내용을 따라 머리로 그림을 그려가며 이해해가면서 읽는 것이 아니다. 선이라는 출세간법은 세간의 길과는 다르기 때문이다. 글을 읽어 내려가면서 '내가 잘 이해하고 있나?' 하는 마음으로, 잘 이해하면서 읽는 것이 아니다. 가슴으로, 자기 경험으로, 체험적으로, 와 닿도록 읽어야 한다. 말로 하니 이렇게밖에 말할 수 없지만, 이 말 너머에서 이런 표현, 이런 말이 무엇을 말하려고 하는지 하는 '낙처'가 무엇인가를 가슴으로 궁금해하며 책을 읽어보길 바란다. 물론 법문 듣는 것 또한 마찬가지다. 그래야만 법문 듣고, 책 읽는 것이 그대로 수행이 된다. 중도가 되고, 선이 된다.

사실 '이것'은 어떤 말로도 표현되지 않는다. 말은 어쩔 수 없이 방편으로 쓰는 것일 뿐, 어떤 말로 '이것'을 표현했을지라도 그것을 말로 이해해서는 안 된다. 말 너머, 이해 너머, 분별 이전에 '이것'을 체험적으로 곧장 확인해야 한다. 간절한 마음을 가지고 '이것'이 도대체 무엇인지 간절히 궁금해하다 보면, 문득 '이것'을 직접적으로 체험하는 순간이 온다. 그러려면 말을 이해해서는 안 된다.

『수심결』의 가르침은 너무도 자상하여 자칫 말에 빠질 우려

8. 불성은 작용하는 데 있다

가 있다. 물론 나의 해설 또한 마찬가지다. 이 가르침을 보고 '이렇게 표현할 수도 있겠구나' 싶더라도, 이 표현과 가르침이 곧바로 진리라고 정리하고 이해해서는 안 된다. 과거에 교리나 경전의 가르침에서 배웠던 것은 잠시 내려놓고, 그저 아주 단순하게 이 가르침과 마주해 보라. 그저 지금 이대로의 100% 드러나 있는 실상과 마주해 보라. 그렇다고 실상이라는 것이 따로 있는 게 아니다. 삶과 즉해 있다. 둘이 아닌 불이법이다. 그러니 실상을 찾을 것이 아니라, 도대체 실상 아닌 것이 하나라도 있다면 가져와 보라. 일체시(一切時) 일체처(一切處)에 오직 '이것' 뿐이다.

눈에 드러나는 일체 모든 것이 이것이다. 다만 분별의 눈으로, 모양과 이름으로 그것을 파악하지는 말라는 것이다. 거울이 일체 모든 것을 그저 있는 그대로 비추듯, 눈앞에 보이는 일체 모든 것을 해석, 분별, 판단 없이 그저 있는 그대로의 날것으로 직접 만나 보라. 직접 경험해 보라. '내가' '그것'을 경험하는 것이 아니라, 내가 바로 그것이다. '이것'이 바로 '그것'이다. 들려오는 일체 모든 소리를 어떤 소리라는 해석 없이, 좋다 나쁘다는 판단 없이, 그저 있는 그대로 그 소리를 허용하고 그것과 함께 있어 보라. 그것과 하나가 되어라. 즉하라. 그 소리가 들려올 때 분별하지 않으면 바로 거기에서 곧바로 진리가 확인된다. 법이 확인된다.

여전히 모르겠다면 모르겠다는 그 상태 그대로 있어야 한다. 머리를 굴려서 '어떻게 하면 보는 여기, 듣는 여기에서 불성을 확인할 수 있을까?' 하고 궁리한다면, 결코 이 자리를 확인하지 못한다. 지금 전혀 모르겠다면, 하나도 모르겠다면, 그것이 오히려 좋은 때다. 그 '모름' 속에서 생각을 굴리지 말고 버텨 보라. 그것이 간화선으로 말하면 화두가 들리는 순간이다. 숭산 큰스님의 '오직 모를 뿐'이란 화두가 바로 이것이다. 화두를 들고 있다는 것은 곧 머리를 굴리지 않는다는 뜻이다. 오직 궁금함, 답답함, 간절한 발심만이 오롯할 뿐, 그 어떤 방법론이나 해결책 없이 꽉 막혀 있는 상태다. 이러지도 저러지도 못해 분별이 꽉 막힌 상태, 말 그대로 '오직 모를 뿐'인 상태다.

이때가 바로 오랫동안 주인인 줄 알고 활동하던 분별심이 꽉 막히는 순간이다. 분별심이 이러지도 저러지도 못하고 꼼짝달싹 못 하는 순간이다. 이렇게 공부가 되는 건지 안 되는 건지도 모르는 때가 좋은 때다. 공부가 잘 안되는 것 같다고 생각해서 조금 더 쉬운 방법론을 찾거나, 또 다른 수행법을 찾아 갈고닦아 밖으로 찾으려고 하면 바로 어긋난다. 방법, 수행법이 생겨 버리면 '여기'에서 '저기'로 가는 방법이기 때문에 곧바로 이법(二法), 분별법이 되어 불이법에서 어긋난다. 분별심은 끊임없이 방법론, 수행법을 찾아 나서기 좋아한다.

그러나 수행법 자체가 분별이 아닌가? 수행법이 왜 분별일까? 모든 수행은 '이곳[차안, 此岸]'에서 '저곳[피안, 彼岸]'으로 가는 방법이다. 중생이 수행을 통해 부처로 가는 것이니, '중생'과 '부처'

8. 불성은 작용하는 데 있다

와 '수행'이 벌써 셋으로 분별되지 않았는가? '여기'에서 '저기'로 가는 것 자체가 둘로 나누는 분별이다. 그러니 수행법을 붙잡으면 곧바로 분별이 생겨 깨달음, 무분별과 거리가 멀어져 버린다.

그렇다고 수행을 하지 말라는 것은 또 아니다. 수행해도 어긋나고, 하지 않아도 어긋난다. 수행하되 함이 없이 해야 한다. 이것이 선의 수행 아닌 수행, 길 없는 길이다. 이것이 진정한 중도요, 반야바라밀이며, 선이고, 참된 수행이며 진정한 명상이다.

9

그대가 바로 부처다

또 어떤 스님이 귀종 화상에게 물었다.
"어떤 것이 부처입니까?"
귀종 화상이 대답했다.
"내가 지금 그대에게 말해 줄 수는 있으나 그대가 믿지 않
을까 두렵구나."
스님이 말했다.
"화상의 지극하신 말씀을 어찌 감히 믿지 않겠습니까?"
화상이 말했다.
"그대가 바로 그것이다."

又僧 問歸宗和尙 如何是佛 宗云 我今向汝道 恐汝不
信 僧云 和尙誠言 焉敢不信 師云 卽汝是

아주 유명한 가르침이다. 정말 그렇다. '이것'이 무엇인지는 이미 만천하에 드러나 있고, 이미 그대가 늘 쓰고 있던 것이어서 전혀 숨겨져 있지 않다. 너무나도 쉽다. 말 그대로 세수하다가 코 만지기만큼 쉽다. 그러나 말해 주기는 어렵다. 아무리 말해 주더라도 그대가 믿지 않을까 걱정스럽기 때문이다.

"그대가 바로 그것이다."

내가 바로 부처요, 그대가 바로 불성이다. 자기를 떠나 따로 부처를 찾을 수는 없다. 무엇이 자기인가? 무엇이 참된 자기 자신의 본래 성품인가? 이 몸이나 마음이 아니다. 육신도 아니고, 느낌이나 감정도 내가 아니며, 생각과 견해, 의지와 의도, 분별 의식 모두 '나'가 아니다.

"그대가 바로 그것이다"라고 말할 때, '그대'는 그대의 몸과 마음을 말하는 것이 아니다. 오온이 아니다. 앞 장에서 설명한 것처럼 몸도 내가 아니고 마음도 내가 아니지만, 몸과 마음이 내가 아님에도 불구하고 '나'라고 할 만한 무언가가 이렇게 말하고 움직이고 보고 듣고 생각하며 살아 있지 않은가? 이 생생하게 살아서 움직이는 이것은 도대체 무엇이란 말인가?

몸이 나인 줄 알고 살아왔지만, 몸은 끊임없이 변할 뿐이어서 어느 순간의 몸을 가지고 진짜 나라고 할 수 있는가? 몸이 나라면 몸이 변할 때 '나'도 변해야 한다. 하지만 20년 전에도 이것을 '나'라고 여겨 왔고, 지금도 이것을 '나'라고 여기는 이 '나 있음', 'I AM'이라는 근원적인 '내가 있다는 존재감' 같은 것은 늘 변하지 않고 있다. 10년 전에도 '나'라고 말하고, 지금도 '나'라고 하지 않는가? 이 몸이 '나'라면 10년 전의 '나'와 지금의 '나'는 다를 수밖에 없다. 하지만 10년 전에도 '나', 지금도 '나'라고 하는 어떤 당연하고 자연스러운 '나 있음'의 감각은 변하지 않는다.

이 '나 있음(I AM)'의 근원적인 존재감은 늘 변함없이 이렇게 그냥 있지 않은가? 이 '나 있음' 위에서 몸도 변화하고, 나이도 먹고, 키도 크고, 수많은 생각도 오고 가고, 느낌도 오고 가고, 성공도 실패도 오고 간다. 그러나 '나 있음'이라는 '이것'은 그 바탕, 배경에서 그 모든 것을 비추어 볼 뿐 전혀 오고 가지 않는다. '이것'은, 진정한 나인 'I AM'은 여래여거(如來如去)라는 말처럼 오고 가는 것이 아니다. 늘 여기에 여여하게 있다.

우리는 '생각'을 '나'라고 여기면서 좋은 생각이 일어나면 '나는 좋은 사람이야'라고 느끼고, 나쁜 생각이 일어나면 '나는 나쁜 사람이구나' 하고 느껴왔다. 사실 진정한 '나'는 좋거나 나쁜 생각이 아니다. 'I AM'이라는 바탕에 뿌리내린 채 좋은 생각도 왔다 갔

9. 그대가 바로 부처다

음을 알고 나쁜 생각도 왔다가 갔음을 아는 '이것', 좋은 생각도 비추고 나쁜 생각도 비추지만 그 모두에 물들지 않는 '이것'이다. 정말 그렇지 않은가?

젊었을 때 내가 젊다는 것을 아는 '나(I AM)'가 있고, 지금 나이 들었을 때 나이 들었음을 아는 '나'가 있다. 젊음은 왔다가 가버렸는데 이 '나'는 가버리지 않고 여기에 여전히 있지 않은가. 10대 때의 몸은 왔다가 갔고 지금은 50대의 몸을 가지고 사는데, 그 젊은 몸이 왔다가 갔더라도 '나'가 떠나가지는 않았다. 이 내가 있다는 존재감, I AM, 이것은 오는 것도 아니고 가는 것도 아니다.

절망스럽고 좌절할 때 우리는 '나는 절망스러워'라고 말하며 나와 절망을 동일시하곤 하지만, 사실 절망스러울 때 절망스러움을 아는 나가 있었고, 그 절망과 좌절하는 마음이 떠나간 뒤에도 여전히 그 절망과 좌절이 떠나갔음을 아는 '나'는 여기 그대로 있다. 그 '나'는 떠나가지 않았다. 이 오고 가지 않는 '나'가 진짜이지, 이 '나' 위에 오고 가는 감정이나, 느낌, 생각, 몸 등이 '나'일 수 있을까?

이 '나 있음'의 감각, 이 근원적인 바탕 위에서 생각, 느낌, 감정, 의지, 의식, 심지어 이 몸도 오고 갈 뿐이다. 그러나 근원적인 '이것'은 전혀 오지도 가지도 않고 여여하게 모든 것을 비출 뿐이다. 그래서 여래여거(如來如去), 불래불거(不來不去)라고 했다. 진정한 자기는 오는 것도 아니고 가는 것도 아니다.

다르게 표현하면, 일체유심조(一切唯心造)라는 말처럼 '이것'에서 일체 모든 것, 존재, 생각, 느낌, 우주 전부가 나왔다. 사실 나왔다거나, 오고 간다거나, 비춘다는 것도 말일 뿐 '모든 것'이 곧 '이것'이다. 둘이 아니다.

'이것'이 바로 진정한 '그대의 본래면목'이다. '이것'이 바로 '그대'이다. 그러니 '그대가 바로 그것이다.' 그대의 몸이나 느낌, 생각, 감정이 참다운 그대 자신이 아니라 '나 있음'이라는 근원적인 살아 있음, 깨어 있음, 있음, 이것이 진정한 그대의 본래면목이다. 그대는 몸이 아니다. 느낌이 아니다. 생각이 아니다. '이것'이야말로 참다운 그대의 본래면목이다.

10

어떻게 보임하는가?

스님이 말했다.

"그렇다면 어떻게 보임(保任)*해야 합니까?"

화상이 말했다.

"티끌 하나가 눈에 들어가면 허공꽃[空花]이 어지러이 떨어지는 듯하다."

그 스님은 이 말끝에 깨달은 바가 있었다.

위에서 말한 바와 같이, 옛 성현들이 도에 들어간 인연은 명백하고 간단하니, 수고를 더는 데 도움이 될 것이다.

이러한 공안(公案)**을 인연으로 공부해 가다가 믿음이 가거나 밝게 이해되는 바가 있다면, 옛 성현들과 손을 잡고 함께 갈 수 있을 것이다.

僧云 如何保任 師云 一翳在眼 空花亂墜 其僧 言下有
省 上來所擧古聖 入道因緣 明白簡易 不妨省力 因此
公案 若有信解處 卽與古聖 把手共行

- 보임(保任) : 견성하여 깨달은 뒤에 더욱 갈고 닦는 수행, 보호임지(保
  護任持)의 준말로서 '찾은 본성을 잘 보호하여 지킨다'는 뜻. 돈오 이
  후의 점수를 뜻함.
- •• 공안(公案) : 선불교, 특히 임제종에서 선수행하는 수행자의 정진을
  돕기 위해 사용하는 간결한 물음으로 스승이 제자에게 깨달음을 얻
  도록 이끌기 위해 제시한 문제. 고칙(古則), 화두(話頭)라고도 함.

10. 어떻게 보임하는가?

간절한 발심을 하고, 법을 가리켜 보이는 선지식의 직지인심 법문을 듣다 보면, 문득 이 몸과 마음이 진정한 '나'가 아니었음을 깨닫고는 단박에 '이것'이 진정한 나의 본래면목이었음을 확인하는 순간이 찾아온다. 그 일별, 견성이라는 체험의 순간은 사람마다 다르다. 정형화된, 반드시 겪어야 할 공식적인 체험의 내용이란 따로 정해져 있지 않다. 어떤 사람은 눈앞이 사라지고 우주가 사라지는 듯 강렬한 체험이 오기도 하고, 어떤 사람은 문득 쑥 내려가는 듯한 체험이 올 수도 있다. 또 '아하!' 하고 문득 돌이킴에서 오는 전환을 겪는 이들도 있다.

예를 들면 배가 엄청 고픈 사람이 며칠 동안 밥을 굶었다가, 갑자기 맛있는 음식을 먹으면 엄청난 기쁨과 감동과 맛을 느낄 것이다. 그러나 같은 음식을 주더라도 약간만 배고픈 사람은 그렇게 큰 기쁨을 느끼지는 않는다. 또 별로 배고프지 않거나, 심지어 배가 부른 사람이 그 음식을 먹어야 한다면 그것은 오히려 고통일 수도 있다. 배가 고플 때의 핵심은 밥을 먹는 것이지만, 경계를 따라가면 밥 먹는 것이 강렬하게 행복할 수도 있고, 별다른 느낌이 없을 수도 있다. 어느 쪽이든 상관없다. 밥만 먹으면 된다.

견성 체험도 비슷하다. 체험이 어떠했느냐가 중요한 것이 아니라, 그 체험을 통해 본래면목을 확인했느냐가 핵심이다. 강렬한 체험을 했더라도 그 체험의 느낌이 너무 강해서 정작 체험을 통해 확인해야 할 성품에는 관심이 없고, 그 체험의 감각적 여운을 깨달음이라고 착각하는 경우가 많다. 체험은 오고 가는 생사법이어서, 반드시 왔다가 사라진다. 이 체험이 왔을 때는 깨달은 줄 알고 있다가 그 체험이 떠나가 버리면 멘붕이 온다. 깨달음이 사라진 것이다! 그러나 사실 깨달음은 사라질 수가 없다. 그런데도 체험을 깨달음으로 착각을 한 사람은 그 체험 당시의 강렬함으로 인해 거기에 집착하고, 다시 그 체험을 하려고 애를 쓰게 된다. 강렬한 체험이 오히려 독이 되는 경우다.

체험이 있을 때 있는 줄 알고, 체험이 사라졌을 때 사라진 줄 아는 '이것'은 체험과 상관없이 늘 여여하지 않은가. '이것'은 결코 왔다가 가는 것이 아니다. 여래여거, 불래불거다.

그래서 과거의 체험을 말하며 이야기하는 분들에게는 늘 '지금 그러한가'를 묻는다. 그러면 대부분 그때는 그랬고 지금은 아니라고 말한다. 그러면 그것은 이 자성을 본 것이 아니라, 자성이 드러나는 순간 찾아온 체험에 속은 것이다. 바로 지금의 이 체험이다. 늘 있는 이 체험이 진짜 체험이지, 그때의 그 강렬했던 체험은 오고 가는 생사법일 뿐이다.

이처럼 같은 것을 체험하더라도 사람의 상황에 따라 그 체험은 강렬할 수도 있고 미미할 수도 있다. 깨달음을 간절히 원하면서 엄청난 수행으로 의식이 꽉 막히게 할 수 있는 극한까지 자신을 몰아붙이던 사람이라면, 문득 깨달음의 체험이 올 때 그동안 꽉 막히던 것이 단번에 확 풀려나기 때문에 그 체험의 느낌도 매우 강렬하게 올 것이다.

대표적인 경우로, 간화선 수행을 하면서 화두가 타파되기를 기다리며 오랫동안 강력한 수행력으로 자신을 밀어붙였던 사람을 들 수 있다. 특히 오랜 시간 화두를 들면서 눕지도 않고 좌선하거나, 아무리 해도 안 되어 죽을 지경이 될 만큼 답답한 마음이 가득 차 있던 수행자라면 더욱 그럴 것이다. 치열하게 수행하다 보면 할 수 있는 극한까지 자신을 몰아붙이다가 도저히 더는 할 수 없는 지경에 이르러 스스로 완전히 포기하게 되면서 깨달음까지도 다 내려놓는 위대한 포기의 순간이 온다. 그때 문득 깨달음의 체험이 오곤 한다. 이렇게 열심히 갈고닦았던 수행자에게는 체험도 강렬하게 온다.

사실 이런 경우, 특별한 수행법을 밀어붙였기 때문에 그 결과로 온 것이 아니라, 밀어붙이고 애쓰고 노력하고 갈고닦고 닦다가 도저히 아무리 해도 되지 않아서, 극한까지 밀어붙이다가 결국 포기를 했기 때문에 깨달음이 오는 것이다. 수행을 '했기' 때문에 오는 것이 아니라, 하다가 하던 것을 '포기'했기 때문에 오는 것이다.

물론 이런 방법도 나름의 공부 방법일 수 있다. 하지만 이것은 너무 힘들다. 엄청난 높은 근기의 탁월한 수행자들만이 행할 수 있는, 쉽지 않은 방법이다.

잘 알고 있듯이 이런 수행자들은 주로 '10년 동안 장좌불와(長坐不臥)' 했다거나, '선방에 20년도 넘게 앉아 있었다'라거나, '무문관에 들어가 3년 동안 나오지 않았다'라는 등의 그 누구도 쉽게 따라 하지 못할만한 넘사벽의 수행력을 보여준다. 이렇게 해야만 깨닫는 것이라면 일상을 살아가야 하는 평범한 생활수행자들은 깨달음은 꿈도 못 꾸고 말 것이다. 그러나 부처님 당시에 수많은 깨달은 재가인들이 전부 이렇게 해서 깨달은 것은 아니지 않은가. 그저 부처님의 법문을 듣고 깨어난 것이다. 너무도 쉽게.

만약, 깨닫는 방법이 이 방법밖에 없다면야 이런 방법도 써봄직 하겠지만, 꼭 이렇게 해야만 하는 것이 아니다.

사실은 석가모니 부처님께서도 이런 방법으로 밀어붙이다가 결국 포기를 하여 깨달으셨다. 수정주의를 떠나고, 6년 동안 고행주의를 갈고 닦으며 극한까지 고행수행에 자신을 내몰았으나 결국 깨닫지 못했다. 결국 수자타에게 우유죽을 받아 먹고, 고행을 포기했을 때 깨달음은 찾아왔으니 이를 중도(中道)라고 설하셨다. 즉 부처님께서는 자신이 극도의 고행과 유위조작의 수행을 하다 하다 안 되었고, 결국 그렇게 밀어붙이는 수행을 통해서 되는 것이 아님을 깨달은 뒤에, 후에 있을 수행자들은 나처럼 하지 말라는 뜻

10. 어떻게 보임하는가?

으로 '중도'를 설파하신 것이다.

선정주의도, 고행주의도, 쾌락주의도 그 어떤 방법론에 입각한 갈고 닦는 극단의 수행도 우리를 깨닫게 하지는 못한다. 중도는 어떤 특정한 방법이 아니다. 여기에서 저기로 가는 것이 아니다. 인과가 아닌 비인비과다. 그래서 이 공부를 '길 없는 길'이라고 하고, '하되 함이 없이 하라'고 한다. 유위조작이 아닌 무위법이라고 한다.

초기 조사선의 경우에는 화두를 들고 좌선을 한 것이 아니라, 오히려 좌선해서 부처가 되겠냐며 앉아만 있는 수행자를 탓하곤 했다. 대표적인 것이 남악회양과 마조의 일화다. 마조는 형악의 전법원에서 선정을 익히며 좌선에 매진했는데 남악회양은 마조를 일깨워주기 위해 좌선하고 있는 마조 옆에서 벽돌을 갈았다. 벽돌을 갈아 거울을 만들려고 한다는 회양의 말에 마조는 벽돌을 간다고 어찌 거울이 될 수 있느냐고 말한다. 바로 그때 회양은 마조에게 설한다.

"벽돌을 간다고 거울이 될 수 없는데, 좌선으로 어찌 부처가 되겠는가. 소가 수레를 끄는데 수레가 가지 않는다면 수레를 쳐야 하는가? 소를 쳐야 하는가? 그대는 좌선을 배우는 것인가, 아니면 좌불을 배우는 것인가. 좌선을 배우는 것이라면 선이란 앉거나 눕는 것이 아니며, 좌불을 배우는 것이라면 부처는 정해진 모양새가 없는 것임을 알아야 하네. 머묾이 없는 법을 놓고 취사선택해서는 안 되네. 그대가 좌불을 한다면 이는 부처를 죽이는 것이고, 앉아 있는 모양새에 집착한다면 참된 진리에 이르지 못할 것이네."

조사선의 수행자에게는 따로 수행이라고 할 만한 것이 없다. 좌선도, 염불도, 절도, 독경도 하지 않았다. 그저 조사스님과 함께 생활하면서 스승의 법문을 지속해서 들었을 뿐이다. 스승은 직지인심의 법문을 통해 지속해서 제자들의 자성을 가리켜 보이고, 제자는 아무리 가리켜 보여도 알 수가 없어서 저절로 의문이 생긴다. 간화선으로 따지면 법문을 듣다가 저절로 화두가 들리게 되는 것이다. 스승의 법문은 이처럼 제자에게 저절로 화두가 들리게 하고, 저절로 발심하게 하고, 저절로 분심을 일으키게 하며, 저절로 꽉 막히게 해서 문득 깨어나게 만드는 중도 수행의 총체이다.

제자는 매일같이 스승의 직지인심 법문을 들으면서 스승이 확인하고 있는 자성 자리를 나는 왜 확인하지 못하는 것일까 하는 의심과 발심, 그리고 기필코 스승의 말이 가리키는 자성을 확인하고 말겠다는 결정심이 더욱 커지게 된다. 밥 먹고, 일하고, 잠자는 하루 24시간 내내 자기도 모르는 사이에 이 '법'에 대한 간절한 궁금함이 생겨난다. 겉으로 보면 전혀 수행하는 것처럼 보이지 않겠지만, 간화선으로 따지면 이것이야말로 화두가 자연스럽게 들려 있는 상태이다. 행주좌와 어묵동정(行住坐臥 語默動靜) 간에 늘 깨어 있는 중도 수행의 순간이다.

그렇기에 초기 조사선에서는 따로 수행법을 제시하지 않았다. 그저 스승과 함께 생활하며, 스승의 법문을 듣고, 스승이 가리켜 보이는 직지인심의 법문 아래에서 큰 의문을 품었다. 이것이야말로 무위(無爲)의 수행이다. 유위조작하여 만들어 내는 것은 방편일 뿐, 참된 수행은 아니다. 또한 이것이야말로 부처님이 말한 중도, 불이중도의 길이다.

불이중도라는 말에서 보듯이, 참된 중도의 길은 둘로 나누지 않는 길이다. 특별한 수행법을 갈고닦아서 깨닫고자 하는 것은 '깨닫지 못한 나'가 '깨달은 부처'가 되기 위해 '수행'이라는 배를 타고 강을 건너가야만 한다. 물론 이 또한 좋은 방편이기는 하다. 그러나 선은 방편을 설하기보다는 곧바로 불이법의 진실, 자성을 가리켜 보인다. 진실은 '깨닫지 못한 나'와 '깨달은 부처'가 둘로 나누어지지 않는다. 불이법이다. 지금 이대로 우리는 본래 부처다. 정상에 이미 도착한 자에게는 정상에 도착하는 방법, 수행법이 더는 필요하지 않다. 서울에 있는 사람이 서울에 도착하는 방법을 묻는다면 어떻게 방법을 알려 줄 수 있을 것인가?

그렇기에 선에서는 이 불이중도를 곧바로 드러내기 위해, 직지인심으로 지금 당신이 그대로 부처임을 확인시켜 준다. 스승이 확인시켜 주고 가리켜 보임에도 불구하고 제자는 도저히 알 수 없어서 꽉 막히게 된다. 그 꽉 막힘, 모를 뿐인 의식이 이러지도 못하고 저러지도 못하는 상태가 된다. 이 상태를 선에서는 은산철벽(銀

山鐵壁)●에 갇혔다거나, 금강권(金剛圈)과 율극봉(栗棘蓬)으로 표현한다. 금강권은 이 모름에 꽉 막혀 마치 금강으로 둘러싸인 감옥에 갇힌 것과 같은 상태이고, 율극봉은 궁금함과 의단(疑團)이 뭉쳐서 밤송이가 목구멍에 걸린 것 같이 이러지도 저러지도 못하는 상태를 말한다.

조사선에서는 억지로, 유위조작으로 이런 상태를 만들어 내지 않는다. 스승의 법문을 듣다 보면 자연스럽게 누구나 금강권, 은산철벽에 갇히게 되고, 율극봉처럼 꽉 막힌 상태가 되어 버린다. 그 상태로 며칠이든 몇 주든, 혹은 몇 달에서 몇 년이 걸리든, 그 간절한 발심을 안고 법문을 듣다 보면 어느 순간 문득 확인되는 것이다. 이 모든 과정에 자연스러움이 있다. 억지스럽고 과도하게 '수행'이라는 이름으로 유위조작하는 것은 없다.

이처럼 선의 황금기라고 불리던 조사선의 시대에는 무위요 불이중도인 수행 아닌 수행이 활활발발하게 깨어 있던 때였다. 그것이 가능했던 이유는, 당시 스승이 모두 스스로 자성 자리를 밝히고 보임을 통해 온전한 깨달음 증오(證悟)를 이루었기 때문이다. 올바른 스승은 제자를 수행이라는 방편과 방법론으로 이끌기보다

● 은산철벽(銀山鐵壁) : 선에서 화두를 들 때 어떤 분별도 생겨날 여지가 없어야 함을 뜻하는 말. 고봉원묘 스님은 『선요(禪要)』에서 "바로 이러할 때 은산철벽을 마주한 것과 같아서 앞으로 나아갈 수도 없고, 뒤로 물러설 수도 없다"라고 했다.

곧바로 자기가 확인하고 있는 법을 보여 줄 뿐이다. 제자는 그 스승과 저절로 이심전심(以心傳心)이 된다.

그래서 선의 초기 조사선의 시대, 선종사원에서 가장 중요한 것은 스승이었다. '참된 스승은 깨달음의 반이 아니라 전부'라고 하셨던 석가모니 부처님의 말씀처럼, 조사선에서는 스승의 직지인심이 가장 중요한 공부법이었다. 이것이 불교의 깨달음에서 가장 중요한 점이다. 깨달은 스승이 있다면, 다른 수많은 수행법이나 팔만대장경이 필요치 않다. 그래서 이 시대에 가장 중요한 것은 조사, 주지, 방장이라고 불리던 스승의 역할이었고, 당연하게 조사와 주지 선발은 매우 철저했다. 조사든 주지든 다른 것은 전혀 보지 않았고, 오직 깨달음이 있는가만 보고 선발했다.

선의 6조 혜능 스님은 정식 스님도 아닌 행자임에도 깨달음을 인가받았기에 오래도록 승려 생활을 했던 대 선배 교수사 신수 스님 대신 6조가 되었다. 후대에도 스승이 새로 만든 절의 주지를 선발하기 위해 절의 모든 스님을 대상으로 높고 낮음을 묻지 않고 오직 법의 안목만을 보고 주지를 임명하여 내보낸 일들은 선의 전통이 되었다.

그렇게 내보낸 주지스님은 절에서는 마치 부처님과도 같은 정도의 절대적인 스승이었다. 그래서 선종사원의 법당에는 부처님을 따로 모시지 않았다. 주지가 곧 부처였기 때문이다. 그 정도의 믿음이 있어야 제자를 깨달음으로 이끌 수 있기 때문이다.

선종사원의 일과는 대중스님들 모두가 나름의 일과를 맡아 행했지만 가장 중요한 것은 주지스님의 법문 시간이었다. 아침 법문인 조참(朝參), 저녁 법문인 만참(晚參), 필요에 따라 그때그때 행하는 수시 법문인 소참(小參), 많은 대중을 모아 놓고 하는 법문인 대참(大參), 주지가 설법당에 올라가 공식적으로 행하는 법문인 상당(上堂) 등 다양한 법문 시간이 있었다. 오참상당(五參上堂)이라 하여 5일마다 상당법문이 있었고, 더 많은 곳은 구참상당(九參上堂)이라 하여 한 달에 9번, 곧 3일마다 상당법문이 있는 곳도 있었다. 이처럼 선종사원에서 가장 중요한 일과는 법문을 듣는 것이었다.

언하대오(言下大悟), 언하변오(言下便悟)라고 하여, 깨달음이란 법문을 듣다가, 말끝에 곧장 깨닫는 것이기 때문에, 법문을 듣는 것이야말로 가장 중요한 오도(悟道)의 핵심이다. 선종사원 깨달음의 3가지 시스템 중에 첫 번째가 법문이라면 두 번째는 개별적으로 지도받는 독참(獨參)이었고, 세 번째가 부족한 부분을 보충수업 받는 청익(請益)이었다.

전부 다 법문을 듣고, 궁금한 것은 질문하는 등의 공부와 관련된 것이다. 기도하고 예불하고 좌선하고 제사 지내는 등은 이 본질적인 곧장 깨닫는 공부에서는 전혀 설 수가 없었다.

그런데 후대에 와 올바로 깨달은 스승이 사라지면서, 스승이 법의 자리를 곧바로 확인시켜 줄 수 없게 되었다. 직지인심의 법을 펼 안목을 갖춘 스승이 사라지게 된 것이다. 그러다 보니 어쩔 수 없이 제자를 방편과 방법론으로 지도하는 시대로 변화될 수밖에 없었다.

또한 간화선이 등장하면서 조사선의 활활발발했던 방법이 아닌 방법을 구조화시켜 누구나 쉽게 행할 수 있는 수행법이 정착하게 되었다. 이런 구조화된 수행법의 등장은 누구나 실천할 수 있는 수행법이라는 점에서 대중화에 장점이 있지만, 유위조작의 수행법으로 변질할 가능성과 생각으로 헤아리는 수행이 될 위험성을 동시에 지니고 있다. 그래서 대혜종고(大慧宗杲, 1088~1163) 스님은 『서장』에서 간화선 수행을 할 때 반드시 주의해야 할 점 10여 가지를 들면서, 이 주의점을 올바로 지키지 않으면 간화선 수행을 잘못하게 될 수 있음을 누누이 강조한다. 그런데도 후대에 들어가면서 초기 간화선의 정신이 왜곡되어 우려하던 일이 벌어졌으니, 간화선을 유위조작의 방법론 정도로 오해하는 사람들이 생겨나기 시작했다. 좌선하고 앉아서 화두를 들고 밀어붙이는 혹은 갈고 닦는 수행으로 여기게 된 것이다.

이런 '밀어붙이는 방식'의 수행을 계속하다가 힘이 빠져 포기하게 되었을 때 찾아오는 깨달음은, 그 깨달음의 체험이 강렬한 느낌을 동반하기 쉽다. '밀어붙이는 방식'의 노력과 유위의 수행이라는 원인이 강렬한 체험이라는 결과를 만들어 내는 것이다.

스승의 법문을 듣고 문득 깨닫는 사람도 마찬가지다. 어떤 사람은 스승의 법문을 듣고 저절로 은산철벽에 갇힌 것 같은 답답함에 사무치고 사무쳐, 죽을 것처럼 답답해 미치겠다고 하는 사람들이 있다. 이런 사람들도 체험이 강렬할 수 있다.

또 한 가지 견성 체험이 올 때 다소 강렬하게 오는 특이한 예도 있다. 과거에 마음으로 오랜 우울증이나 강박장애 등 심리적인 고통을 겪었던 분들이나, 몸에 심한 질병이나 병으로 오랜 세월 고통받았던 분들, 오랜 세월 괴로운 날들을 많이 보냈던 분들 또한 그렇지 않은 분들에 비해 체험이 강렬하게 오곤 한다. 이런 분들은 견성 체험이 아니더라도 여러 가지 기도와 수행 등을 하면서도 온갖 종류의 강렬한 삼매 체험, 신비 체험, 에너지 기체험 등 다양한 체험들이 동반되는 것을 보게 된다. 아마도 과거에 병과 통증, 고통들이 마음공부를 통해 정화되면서 정상화되는 일종의 명현반응의 일종이 아닌가 싶다.

그런가 하면 반대로 기도 수행을 하든, 마음공부, 선공부를 하든 그 어떤 강렬한 체험의 동반 없이 그저 문득 깨달아지거나 '아하!'하는 안목의 전환 정도로 그 체험이 미미한 사람들도 얼마든지 있을 수 있다. 이런 체험의 다양성은 저마다 사람들마다의 처한 상황이 다르고, 업이 다르고, 삶이 다르며, 수행법이 다른 등에서 오는 것일 뿐이다. 중요한 것은 그 체험이 반드시 정형화되게 '어떤 방식으로' 와야 하는 것은 아니라는 점이다. 꾸준히 스승의 법문을 듣다가 문득 쓱 내려가는, 대체로 가벼운 체험으로 싱겁게 끝나 버리는 경우도 얼마든지 있을 수 있다.

당연히 초기 조사선의 견성 체험과 비교해 보면, 밀어붙이는 화두 수행을 한 간화선 수행자의 깨달음 체험이 훨씬 강렬할 수밖에 없다. 특히 초기 원오와 대혜의 간화선에서는 볼 수 없었던, 좌선하고 앉아서 밀어붙이는 유위적 양상이 후기『몽산법어』이후에 더욱 두드러지기 시작했다.

한국불교는 주로『몽산법어』를 기반으로 하는 좌선 위주의 간화선 수행이 주를 이루었고, 그러다 보니 한국 역사에 등장하는 깨달음의 체험 또한 강렬했을 수밖에 없었다. 그러다 보니 요즘 수행하는 공부인들 대부분이 깨달음이란 필수적으로 강렬한 체험이 동반되어야 한다고 믿게 된 것이 아닌가 싶다.

이 공부가 인생에 가장 중요한 공부인 것은 분명하다. 하지만 이 공부에 자신을 몰아붙이기보다 법문을 들으며 자연스럽게 '모를 뿐'에 사무치다가 깨달을 때는 체험이 덜 강렬하게 올 수 있다. 또 스님들의 경우 오랫동안 불교 공부를 한 분이나 강사스님, 혹은 스승의 법문을 오랫동안 지속해서 들어온 분들도 체험이 가볍게 왔다가 가기도 한다. 중요한 것은 강렬한 체험이 왔느냐, 가볍게 지나가고 말았느냐가 아니다. 법에 대한 안목이 밝아졌느냐가 핵심이다. 체험의 느낌은 왔다가 가는 생사법일 뿐, 불생불멸법인 진실이 아니기 때문이다.

다만 장단점이 있다. 먼저 강렬한 견성 체험을 한 사람은 이 체험에 대한 굳은 믿음이 생겨 더욱 정진하게 된다는 장점이 있다. 단

점은 체험의 강렬했던 '느낌'을 법으로 오해해 그 느낌이 사라지고 난 뒤에 절망하면서 오랜 세월 다시 그 느낌을 좇아 시간을 허비할 수도 있다는 점이다. 반면 미미하게 오고 가는 견성 체험을 한 사람은 그 체험에 휘둘리지 않고 체험의 느낌보다는 법 자체에 관심을 가지기 쉬운 장점이 있다. 단점은 스스로 확인한 본래면목에 대해 확실한 믿음을 일으키지 못함으로써 '이것이 깨달은 것이 맞나?' 하는 생각, 혹은 '잡았다 놓쳤다', '선명했다가 희미해졌다' 하는 이런 시간을 보낼 수도 있다는 점이다. 물론 이 부분은 꾸준히 스승의 법문을 듣고 지도받으며 점수 하는 것으로 채울 수 있다.

어쨌든 중요한 것은 체험의 느낌이 어떠했는지가 아니라, 이후의 보임 공부에 있어서 얼마나 꾸준히 굳은 믿음을 가지고 오랜 세월 지치지 않고 임할 수 있느냐이다. 보임의 공부, 견성 이후의 공부야말로 공부의 시작일 뿐이기 때문이다. 많은 사람이 견성하면 공부가 다 끝난 것으로 생각한다. 본성 자리에서 보면 그렇게 말할 수도 있겠지만, 사실 견성은 공부의 시작일 뿐이다. 이제부터 진짜 수행이 시작되는 것이다. 견성 이전에는 그저 '모를 뿐'인 헤매는 시간을 보내는 것일 뿐, 그것을 수행이라고 하기에는 어려운 측면이 있다. 견성 이후에 비로소 참된 수행이 시작된다. 비로소 이 공부에 입문한 것이다.

이번에는 견성 체험이 얼마나 오랫동안 지속되는지를 살펴보자. 견성 체험 이후에 그 체험의 느낌이 잠깐 왔다가 가는 사람도 있고, 혹은 며칠이나 몇 주 동안 지속되기도 한다. 어떤 사람은 그 법 체험의 느낌을 1년 가까이 붙잡고 있었다고 말하기도 한다. 중요한 점은, 체험할 때의 그 '느낌'은 왔다가 가는 것이라는 점이다. 사람에 따라 조금 오래 지속되기도 하고, 잠깐 머물렀다 사라지기도 하지만, 반드시 사라져 버린다.

왔다가 가는 것이라면 그것을 법이라고 할 수 있을까? 이 법, 진리는 불생불멸하는 것이지 생멸하는 것이 아니다. 즉 체험이 올 때의 그 '느낌'은 생사법(生死法), 생멸법(生滅法)으로 왔다가 가는 허망한 것일 뿐이다. 그런데 깨달음의 순간이 워낙 강렬하다 보니 대부분 사람이 체험하는 순간의 그 '느낌'을 붙잡고는 그것을 참된 견성이라고 착각한다. 어떻게든 그 느낌을 붙잡으려고 애쓰고, 사라지지 않도록 하려고 노력한다. 그러나 그 체험의 느낌은 반드시 사라진다. 그것은 불성, 본래면목, 법이 아니기 때문이다.

체험 이후, 그 체험의 느낌이 사라지고 난 뒤에 견성자는 좌절과 절망에 빠진다. '이상하다! 나는 분명 깨달았는데, 그 깨달음이 사라졌다'고 생각한다. 체험의 느낌을 깨달음이라고 오해하고, 체험의 느낌이 사라질 때 깨달음도 사라졌다고 오해한다. 그러나 그 '체험의 느낌'이 나의 본래면목이 아니다. 그 체험의 느낌이 온 줄 알고, 느낌이 사라졌을 때 사라진 줄 아는 '이것'이 나의 본래면목이지 않은가? 왔다 가는 것은 자성이 아니다. 무수히 많은 느낌, 감정, 생각, 고통, 두려움, 심지어 환희심, 깨달음의 체험까지도 그것이 왔을 때 왔다는 것을 알고 사라졌을 때 사라진 줄 아는 '이것'이 진짜 당신의 본래면목이다.

왜 그럴까? 늘 여여하게 이 자리에서 모든 나타나고 사라지는 것을 비추고 있는 거울 같은 이 텅 빈 배경이 본래면목이기 때문이다. 이 자리에서 모든 것이 생겨나고 사라진다. 생사법의 모든 것은 생겨나고 사라지지만, 이 바탕의 본래 자리는 생겨나고 사라지는 것이 아니다. 이 안목이 중요하다.

견성한 사람은 첫째, 체험이 강하고 미미한 것에 관심을 둘 것이 아니라, 그 체험을 통해 확인하게 된 법의 자리, 본래면목에 확고히 자리 잡는 시간을 보내야 한다. 이것이 보임의 공부다. 둘째, 견성자는 체험이 왔다가 가고 난 뒤에 '깨달음을 놓쳤다'라며 절망할 것이 아니라, 체험이 있을 때도 사라졌을 때도 생겨나지 않고 사라지지 않는 그 바탕의 본래 자리야말로 놓칠 수 없는 것임을 확인해야 한다. 체험의 느낌은 왔다가 가지만, 여기에서 그 체험의 느낌이 온 줄 알고 간 줄 아는 '이것'은 늘 여여하게 있지 않은가.

이처럼 견성 이후의 보임은 '법의 자리', '이것', '본래면목'이라는 참마음에 점점 더 익숙해지고, 오랫동안 써 오던 중생심은 점차 약해져 가는 시간을 보내는 공부다. 이를 두고 대혜 스님은 『서장』에서 "익은 것은 설게 하고, 설은 것은 익게 한다(熟處放敎生 生處放敎熟)"라고 했다. 즉 중생에게 낮익은 분별심은 점차 낮설게 하고, 아직은 낮선 무분별심이라는 자성 자리를 밝힘으로써 점차 이

　　　　　　　　　　　　10. 어떻게 보임하는가?

것을 낯익게 하는 것이 보임 공부라는 뜻이다.

그동안 중생은 자신이 스스로 만든 분별심이라는 필터로 세상을 걸러서 보았다. 그러다 보니 오염되고, 괴롭고, 문제 있는 세상으로 오해하며 살아왔다. 이것이 곧 "티끌 하나가 눈에 들어가면 허공꽃이 어지러이 떨어지는 듯하다"라는 뜻이다. 자기 눈 속에 티끌이 있는 줄 모르고 허공에 꽃이 있다고 여기는 것처럼, 자기 마음에 분별심이라는 번뇌의 티끌로 인해 세상을 허망하게 바라보고 살아온 것이다. 이 분별심은 늘 나와 세상을 둘로 나눈다. 좋고 나쁜 것을 둘로 나누면서 이분법적인 분별을 진실이라고 여긴다. 이렇게 우리는 이 몸과 마음을 진짜 '나'라고 여기면서, 몸 밖에 있는 것은 '남' 또는 '세계'라고 여기며 분별하고 살아온 것이다.

그러나 견성 체험을 통해 몸과 마음이라는 오온이 내가 아님을 깨닫게 되면, 진정한 나의 본래면목이 공적영지한 참마음임을 바로 보게 된다. 다만 그렇게 자성을 깨달았다고 하더라도 중생의 분별심, 즉 눈에 들어간 티끌은 여전히 오래도록 업습(業習)이 되어 왔기 때문에 단박에 업의 문제와 분별의 문제가 해결되지는 않는다. 마치 관성처럼, 자동차나 자전거를 타다가 브레이크를 잡더라도 곧바로 멈추지 않고 한동안 계속 달리다가 멈추는 것과 같다. 이에 견성 이후에도 꾸준히 분별을 조복 받는 시간, 티끌이 눈에 들어가 허공꽃이라는 환상을 만들어 내고 있었음을 자각하는 시간을 보내야 한다.

견성 이후에도 여전히 생각, 분별, 망상이 올라온다. 사람들과의 관계 속에서 예전의 업습이 똑같이 올라온다. 예전에는 그 생각이 '나'라고 여겨서 그 생각에 끌려다녔다. 그 생각에 집착하면서, 생각대로 되지 않을 때 생겨나는 괴로움에 휘둘리는 삶을 살아왔다. 그러나 견성 이후에는 업습으로 인해 생각과 분별에 끌려가면서도 스스로 끌려가고 있는 것을 관찰하게 된다. 그 생각이 참된 내가 아님을 자각하는 것을 통해 생각이 나를 지배하지는 못하게 된다. 생각 분별이 다 일어나는데 생각 분별이 없다. 전혀 문제가 되지 않는다. 생각과 분별이 완전히 사라진 것이 아니라, 더 이상 문제가 되지 않는 것일 뿐이다. 당연히 생각도 분별도 계속 일어난다. 생각도 '이것'이며, 분별도 '이것'일 뿐이어서, 더 이상 문젯거리가 되지 않는 것일 뿐이다. 이것이 참된 위빠사나요, 지관(止觀)이고, 정혜(定慧)의 공부다.

이렇게 꾸준히 견성 이후의 분별을 조복 받는 공부, 눈 속에 티끌이 들어갔을 뿐 허공꽃이 실체가 아님을 깨닫는 공부, 나와 세상 전체가 허공꽃일 뿐임을 깨닫는 공부를 해나가면서 옛 성현들의 공부인 공안 등을 살펴보면 비로소 문득 믿음이 가거나 밝게 소화되는 때를 만나게 된다. 성현들의 마음 살림살이가 나의 공부와 다르지 않음을 확인하면서 공부가 바르게 되고 있음을 깨닫는 것이다. 이렇게 된다면 비로소 옛 성현들과 손을 잡고 함께 갈 수 있게 된다.

10. 어떻게 보임하는가?

11

깨달음과 신통력

물었다.

"스님께서 말씀하시는 견성이 만약 참된 견성이라면, 곧
바로 성인이니 응당히 신통 변화를 나타내어 일반 사람들
과는 달라야 할 것입니다. 그런데 어째서 요즘 마음 닦는
사람들은 한 사람도 신통 변화를 나타내는 사람이 없습니
까?"

대답한다.

"그대는 경솔하게 미친 소리[狂言]를 하지 말라. 삿됨(邪)
과 바름(正)을 구분하지 못한다면 그는 미혹에 빠진 사람
이다. 요즘 도를 배우는 사람들은 입으로는 진리를 말하
나 마음은 퇴굴심을 일으켜, 내 분수에는 성인이 될 자격

이 없다고 생각[無分之失]하며 쉽게 포기해 버린다. 모두가 그대 같은 의심을 내기 때문이다. 도를 배우되 선후(先後)를 알지 못하고, 진리를 말하면서 근본과 지말(本末)을 구분하지 못한다면, 이를 일컬어 삿된 견해[邪見]라 할 뿐, 수학(修學)이라고 말하지는 않는다. 그런 이는 자기만 망치는 것이 아니라 남도 잘못되게 만드니 어찌 조심할 일이 아니겠는가?"

問汝言見性 若眞見性 卽是聖人 應現神通變化 與人有殊 何故今時修 心之輩 無有一人 發現神通 變化耶 答汝不得輕發狂言 不分邪正 是爲迷倒之人 今是學道之人 口談眞理 心生退屈 返墮無分之失者 皆汝所疑 學道而不知先後 說理而不分本末者 是名邪見 不名修學非唯自誤 兼亦誤他 其可不愼歟

이 공부에서 잘못된 사견(邪見)을 바로잡는 것이 매우 중요하다. 깨달음에 대한 견해, 깨달은 자에 대한 견해가 있다면 그것은 곧 사견이다. 아무리 올바른 견해라고 할지라도, 그 견해가 올바르다고 여기면서 붙잡고 있다면 그것은 무엇이든 사견이다.

불교에서 말하는 정견(正見)은 수많은 견해 가운데 가장 올바른 견해가 아니다. 어떤 견해에도 치우쳐 있지 않은, 견해 아닌 견해를 말한다. 절대적으로 옳은 진리의 견해는 따로 없다. 이것이 곧 정견이다.

깨달음에 대한 수많은 사람의 견해, 편견은 깨달음이 일어나는 것을 방해한다. 그렇기에 마음공부를 하는 공부인은 먼저 '깨달음은 이런 것일 거야', '깨달으면 이렇게 되겠지', '깨달은 자의 삶은 어떨까?' 하는 생각을 모조리 내려놓아야 한다.

깨달음에 대해 삿되고 잘못된 견해를 가진 자의 질문을 보자. 깨달음에 대한 자기만의 견해에 빠진 사람은 이런 식으로 생각한다.

'깨달음을 얻은 성인은 일반 사람들과 달리 신통 변화를 나타

내야 하는 것이 아닐까?'

　이 질문에 지눌 스님의 답변은 한마디로 "경솔하게 미친 소리를 하지 말라"는 것이다. 그런 생각 자체가 경솔한 미친 소리일 뿐이다. 깨달은 자는 어떠해야 한다는 하나의 견해도 붙잡아서는 안 될진대, 하물며 '깨달은 자는 신통력을 부리고, 몸을 변화시켜 둔갑술도 할 줄 알아야 하는 것이 아닐까?' 하고 망발해서야 어떻게 공부인이라고 할 수 있겠는가? 이런 생각이야말로 삿됨과 바름을 전혀 구분하지 못하는 어리석은 생각이다. 깨달음에 대한 잘못된 사견을 법상(法相)이라고 부른다. 올바른 법상도 붙잡아서는 안 되는데, 삿된 법상을 붙잡아서야 되겠는가?

　신통 변화란 천안통(天眼通)·천이통(天耳通)·타심통(他心通)·숙명통(宿命通)·신족통(神足通) 등의 신통력을 자유자재로 일으키고, 바람과 비를 내리게 하고, 산을 옮기고, 하늘로 올라가고 땅으로 들어가는 등 보통 사람은 흉내 낼 수 없는 비범한 능력이다. 몸을 변화시켜 둔갑하거나, 요상한 요술과 마술 등의 능력이 생기는 것을 말한다.

　깨달음은 이런 것이 아니다. 괴로움과 괴로움의 소멸에 관한 지혜가 깨달음일 뿐, 이런 신통 변화하는 능력은 본질이 아니다. 나 또한 지눌 스님처럼 '미친 소리'라고 말하고 싶지만, 백번 양보해서 부처님처럼 완전한 깨달음을 얻은 분은 신통 변화를 일으킬 수 있다고 가정해 보자. 부처님은 목건련에게 신통력을 쓰지 말 것

　　　　　　　　　　　　　　　11. 깨달음과 신통력

을 당부했고, 부처님 자신도 신통력으로 늘 날아다니며 법을 펴지 않았다. 늘 두 발로 길을 걸으면서 중생의 괴로움을 소멸해 주기 위해 설법했을 뿐이다.

지눌 스님은 무엇이 본질인지 지말인지 구분하지 못하고, 선후를 알지 못하며, 정사(正邪)를 구분하지 못한다면, 그것을 일컬어 삿된 견해라고 할 뿐 수학이라고 말하지 않는다고 했다. 전생을 보고, 날아다니고, 남의 마음을 읽더라도, 스스로 분별 망상에 시달려 괴로움에서 벗어나지 못한다면 어찌 깨달은 자라고 할 수 있겠는가?

본래면목, 불성이란 본래부터 갖추고 있던 것이다. 없던 것을 새롭게 만드는 것이 아니다. 신통력은 평범한 우리가 늘 가지고 있던 것이 아니지 않은가? 그런 것은 도가 아니다. 참된 도는 늘 쓰고 있던 것이고, 우리가 늘 완벽하게 갖추고 있다. 이것을 마조 스님은 본유금유(本有今有)라고 했다. 자성은 본래 있던 것일 뿐이며, 본래 있던 것이 지금도 있을 뿐임을 확인하는 것이 곧 견성이라는 것이다. 없던 것을 있게 하는 것은 유위조작일 뿐이다. 신통력은 없던 것이지 않은가? 없던 것을 만들어 내려면 유위조작의 노력이 필요하다. 인과법이다. 신통력은 만들려고 열심히 노력하면 만들어질 수도 있고, 안 만들어질 수도 있는 것일 뿐이다.

불법은 이처럼 없던 것을 새롭게 만들어 내는 것이 아니다. 본래부터 있던 것, 늘 쓰고 있던 것, 나의 본래면목을 새삼스럽게 확인하는 것이다. 귀의(歸依)한다는 표현에서 보듯, 본래 있던 자리로 돌아가는 것일 뿐이지 다른 자리를 향해 가는 것이 아니다. 늘 있던 것만이 진짜 법이다. 없던 신통력을 만드는 것은 깨달음과 관련이 없다. 신통력은 생겨났다가 사라지는 것일 뿐이지 않은가? 생겨나고 사라지는 것은 생멸법이기 때문에 참된 진실이 아니다.

과거에 내가 잘 알던 분 가운데 열심히 갈고닦다가 신통력이 생겨난 분이 있었다. 또 어떤 분은 어느 날 갑자기 영가(靈駕)가 보이기 시작했다고 말하는 분도 있었다. 그러나 두 분 모두 괴로움에서 전혀 벗어나지 못한 상태였고, 급기야 자신이 가지게 된 신통한 재능을 두려워했다. 결국 어느 순간 신통이 사라졌고, 두 분 모두 그것을 다행으로 여겼다. 지금도 가끔 영통한 능력이 생긴 사람 가운데 신통력이 생기지 않은 스님은 스님이 아니라는 미친 소리를 하는 이들을 볼 때가 있다. 참으로 어리석은 미혹일 뿐이다.

깨달음을 얻으면 신통 변화를 일으켜야 한다고 여기면, 깨달음이 평범한 우리와는 전혀 다른 세상 이야기처럼 들리게 된다. 나에게는 신통력을 일으킬 자질이 없다고 느끼고, 스스로 성인이 될 자격이 없다는 생각에 쉽게 포기해 버린다. 입으로는 진리를 말하지만, 마음은 퇴굴심을 일으키게 된다. 그 엄청난 신통 변화를 내가 어찌 일으킬 수 있단 말인가? 이런 삿된 생각을 믿게 되면, 이처럼 퇴굴심이 생긴다. 깨달음 공부는 내가 할 수 없는 공부라고 여기게 된다. 이렇게 되면 자기만 망치는 것이 아니라 남도 잘못되게

11. 깨달음과 신통력

만든다. 그러니 참으로 조심하고 또 조심할 일이다.

참된 진리는 신통 변화가 아니고 본유금유이기에 이미 우리 모두에게 완전하게 갖춰져 있다. 참으로 감사하지 않은가? 너무나 다행스럽지 않은가? 모두에게 갖춰져 있다면, 나도 해 볼 수 있기 때문이다. 깨달음이란 나와 전혀 상관없는 것이고, 저 높은 이상이며, 신통 변화를 일으키는 것이고, 엄청난 수행력이 있는 이들에게만 열려 있는 것이라는 생각은 우리를 위축되게 하고 퇴굴심이 일어나게 한다. 그러나 지금 이대로 완전한 부처라는 진실한 가르침은 우리에게 용기를 심어 준다. 아직 깨닫지 못했을지라도 내가 지금 이대로 본래 부처라고 한다면, 해 볼 만하지 않은가? 이미 되어 있는 것을 다만 발견하기만 하면 되기 때문이다.

예를 들어 학교 다닐 때 수학 경시대회나 영어 시험은 수학과 영어에 자질이 있고, 공부를 잘하는 사람만이 나갈 수 있다. 소풍 가서 장기 자랑이나 노래 대회를 열면 노래를 잘하거나 특별한 장기가 있는 사람만 도전할 수 있다. 이와 달리 보물찾기 같은 것은 특별한 능력이 없어도 누구나 도전할 수 있다. 누구든 숨겨 둔 보물을 찾을 수 있기 때문이다. 보물을 찾는 데는 특별한 능력이 필요 없고, 머리가 좋을 필요도 없기 때문이다.

마음공부도 보물찾기와 비슷하다. 수학이나 영어, 체육이나 음악이 아니라서 누구나 도전할 수 있는 공부다. 누구나 이미 갖추고 있기 때문이다. 이 마음공부라는 보물찾기는 내 바깥에 따로 숨

겨진 보물이 있는 게 아니다. 내가 바로 보물임을 찾는 것이다. 내가 진짜 보물이라는 사실은 누구나 깨달을 수 있다. 그러나 바깥에 있는 보물에만 관심이 있는 사람이라면, 죽을 때까지 바깥에서 찾더라도 결코 보물을 찾지 못할 것이다. 마음공부라는 보물찾기는 이미 찾아져 있는 것을 다만 확인하면 될 뿐이다.

12

돈오와 점수

도에 들어가는 문은 많지만 요약해서 말하면, 돈오(頓悟)
와 점수(漸修) 두 가지를 벗어나지 않는다. 비록 돈오돈수
(頓悟頓修)를 최상의 근기(根機)인 이들이 들어가는 문이
라고는 하지만, 과거까지 추론해 본다면, 이미 먼저 깨달
고[돈오] 그 깨달음에 의지해 오랜 세월 동안 점차 닦아 익
혀 왔기 때문에[점수], 지금에 와서 듣자마자 깨달아 단박
에 공부를 끝낸 것[돈오돈수]이다. 그러니 진실대로 말한다
면, 이것 역시 먼저 깨닫고 뒤에 닦는 돈오점수의 근기인
것이다. 그러므로 이 돈오와 점수의 두 문은 모든 성인이
밟아온 길이다. 과거의 모든 성인도 먼저 깨닫고 뒤에 닦
았으며, 그 닦음을 인연으로 증득하신 것이다. 그대가 말

한 신통 변화는 깨달음에 의지해서 닦고 차츰 익혀가면서 나타나기도 하는 것이지 깨달았다고 해서 그 순간 반드시 나타나는 것은 아니다.

夫入道多門 以要言之 不出頓悟漸修兩門耳 雖曰頓悟 頓修 是最上根機得入也 若推過去 已是多生 依悟而修 漸熏而來 至於今生 聞卽發悟 一時頓畢 以實而論 是 亦先悟後修之機也 則而此 敦漸兩門 是千聖軌轍也 則 從上諸聖 莫不先悟後修 因修乃證 所言神通變化 依悟 而修 漸熏所現 非謂悟時 卽發現也

돈오견성이라는 깨달음의 길은 돈오(頓悟)와 점수(漸修)로 요약된다. 보통 사람들은 엄청난 노력과 치열한 수행 끝에 깨닫는다고 생각한다. 그러나 유위조작에 근거한 이런 갈고닦는 수행은 '본래 있던 깨달음'인 본각(本覺)과 스스로 멀어지는 행위일 뿐이다.

물론 열심히 갈고닦는 유위의 수행도 방편으로 효과를 볼 수 있다. 목숨을 바치듯 온몸을 헌신해 죽을 때까지 갈고닦다가, 유위의 끝까지 가서 이제는 갈고닦을 힘이 다 빠져 한순간 완전히 포기해 버린다면 바로 그때 깨달을 기회가 있다. 열심히 갈고닦는 유위조작의 수행이 효과를 발휘하려면 이런 조건이 필요하다. 이런 수행이 자신에게 맞는다면, 그 방법도 좋은 방편 중 하나라고 말할 수 있다. 그러나 대부분 일반 사람은 그렇게 끝까지 수행을 몰아갈 힘이 부족하다. 또 사실은 그렇게 할 필요도 없다. 수행 방법 자체가 이미 있는 깨달음인 본각을 확인하는 것이 아닌, 나에게 없는 깨달음을 구하기 위해 밖으로 좇는 것이기 때문이다. 깨닫지 못한 중생이 수행이라는 방법을 통해 깨달은 부처로 간다는 생각 자체가 분별이기 때문이다.

가장 빠르고도 쉬운 길, 누구나 할 수 있는 공부의 길은 스스로 돈오견성해서 법의 자리를 확인한 스승의 바른 직지인심 법문에 의지하는 것이다. 이것은 열심히 갈고닦는 것이 아니라, 훈습(薰習)하는 공부에 가깝다. 향 내음 주변에 있기만 해도 향 내음이 저절로 몸에 배어 향기가 나는 것처럼 깨달음 공부도 이와 같다.

석가모니 부처님도 스승과 도반이 깨달음의 전부라고 말할 만큼 그 중요성을 강조했다. 실제로 석가모니 부처님 당시에 수많은 제자가 매일 같이 부처님 법문을 가까이서 듣고, 법문을 들은 끝에 깨달음을 얻었다. 선의 황금기 때도 수많은 스님이나 재가자가 스승의 법문을 듣고 말끝에 깨달았다. 이것을 언하대오(言下大悟), 언하변오(言下便悟)라고 한다.

법문을 들을 때는 유위가 아닌 무위로 들어야 한다. 학교에서 선생님에게 수업을 듣는 것처럼 받아쓰고, 밑줄 치고, 외우면서 애써 듣는 것이 아니다. 그저 너무나도 법문이 듣고 싶어서, 너무나도 깨달음을 얻고 싶어서, 그 간절한 발심(發心)이 자연스럽게 나를 법문이 있는 곳으로 이끄는 것이다. 오히려 법문을 들을 때는 잘 알아들으려고 애쓰면 안 된다. 나는 법문을 듣는 이들에게 생각으로 판단하거나 정리하려 하지 말고, 편안한 마음으로 이완한 채 그냥 들으라고 말한다. 조금이라도 분별심으로 듣거나 유위로 듣지 말라는 것이다.

정말 너무나도 법문을 듣고 싶어서, 이 공부가 내 인생의 첫 번째로 중요한 공부이기에 직접 눈앞에서 법문을 듣고 싶다는 마음으로 법회를 참석하는 것이 좋다. 오늘은 조금 귀찮아서, 날씨도 덥고 잠도 더 자고 싶어서 절에 가기가 망설여진다면, 억지로 오지 않아도 좋다고 말한다.

물론 때때로 약간의 노력이 필요하기는 하다. 하지만 갈까 말까 망설이고 있다면, 아직 배가 덜 고픈 것이다. 간절한 발심이 덜 익은 것이다. 이런 사람들에게는 억지로 법문을 들으려고 하지 말고, 듣고 싶을 때 와서 편안한 마음으로 들으라고 말한다. 비록 발심이 덜 된 사람이라 할지라도 법문을 꾸준히 듣다 보면 저절로 발심이 일어난다. 법문이 초심자에게 이 공부가 얼마나 중요한지 깨닫게 해서 저절로 발심하도록 이끌어주기 때문이다.

이처럼 이 공부는 자연스럽게 무위로 하는 것이다. 이렇게 공부해 나가다 보면 내면에 간절한 발심이 확고하게 서게 되고, 마음에 도를 향한 간절한 발원이 불덩이처럼 커지게 된다. 겉으로 보면 공부하는 사람인지 아닌지 알 수 없다. 좌선하는 것도 아니고, 염불하는 것도 아니고, 그저 조용히 자기 시간에 법문만 듣고 있기 때문이다. 하지만 참된 공부는 마음으로 하는 것이다. 그래서 '마음공부'라고 부른다.

선지식의 법문을 들으면 스스로 발심이 되어 계속해서 법문을 듣게 되고, 법의 자리에 대한 궁금증이 저절로 커지게 된다. 간화선으로 따지면 저절로 화두가 들리는 상태, 의단독로(疑團獨露)

의 상태에 한동안 머물게 된다.

조사선과 간화선은 차이가 있다. 간화선은 스승이 내려 주는 화두를 받아서 스스로 좌선을 통해 화두를 놓치지 않도록 들어야 한다. 반면 조사선은 법문을 듣다 보면 자신이 화두를 들었다는 생각도 없이 저절로 화두가 들리게 된다. 화두를 몰아붙인다는 생각도 없이 화두가 자나 깨나 떠나지 않는 상태가 무위로, 저절로 이루어진다. 이렇게 꾸준히 법문을 듣다 보면, 늘 스승이 가리켜 보이는 법의 자리에 대한 궁금증이 커진다. 그 자리를 확인하고자 하는 간절한 마음이 커져서 스승과 법과 함께 시간을 보내게 되고, 내면에 '모름'에 대한 갈증이 커지다가 어떤 계기를 만나 스스로 깨어나게 된다. 이를 돈오(頓悟)라고 한다.

이렇게 문득 깨어나는 계기를 선에서는 기연(機緣)이라고 부른다. 이 기연의 시절 인연이 언제 올지는 누구도 알 수 없다. 말 그대로 시절 인연이 와야만 깨어나는 것이지, 억지로 노력하거나 조작한다고 해서 만들어지는 것이 아니다. 이 돈오는 몰록 깨달음, 단박에 깨달음이라는 말에서도 알 수 있듯이, 점차 깨달아지는 것이 아니라 한순간 문득 찾아온다. 그래서 돈오는 도둑놈처럼 오지, 정문에서 초인종을 누르고 주인을 부르면서 한 발 한 발 집 안으로 걸어 들어오는 것이 아니라고 말한다. 도둑놈이 올 때 어떠한가. 잠에서 깨어 보니 갑자기 도둑이 칼을 들고 서 있지 않은가! 도둑은 예고하고 오는 법이 없다.

이 비유에서 알 수 있듯이, 수행자는 처음부터 끝까지 '오직 모른 채' 법문을 들을 뿐이다. 일반 학교의 공부처럼 법문을 들었 더니 점점 더 알겠다거나, 조금씩 깨달음이 여물어 간다거나, 그런 식으로 공부가 되는 것이 아니다. 깨닫기 직전까지 '모름'의 답답 함은 한 치도 해소되지 않은 채 내면을 꽉 짓누른다. 어떻게 할 수 없고, 어떤 방법을 쓸 수도 없고, 어떤 노력도 도움이 되지 않는다. 내가 할 수 있는 것은 아무것도 없는데, 그렇다고 이 문제를 해결 하지 않을 수도 없어서 답답하고 꽉 막히고 알 수 없는 시간을 그 저 보낼 뿐이다.

그래서 방편으로 말해 본다면, 법문을 듣는 공부인은 딱 두 종 류밖에 없다. 돈오 이전에 꽉 막혀서 아무것도 모르겠다는 사람과 돈오 이후에 확인한 자뿐이다. 물론 돈오 이후에도 법이 법을 깨달 아 확연하기는 하지만 알 수 있는 것은 없다. 아는 것은 식(識), 즉 분별심의 영역이기 때문에 알고자 하면 '아는 나'와 '아는 것'이 둘 로 나누어져 있어야 하기 때문이다.

돈오 이전에는 아무리 법문을 오래 들었더라도 이제 막 법문 을 듣기 시작한 사람과 전혀 다를 것이 없다. 똑같이 모를 뿐이다. 오히려 동트기 전이 더 어둡다는 말이 있듯이, 깨닫기 직전일수록 더욱더 모르겠고, 도저히 안 될 것 같은 절망감이 오기도 한다. 그 러다가 문득 돈오라는 견성의 체험이 일어난다. 돈오는 문득, 단박 에, 몰록 찾아온다. 절대 예고하지 않는다. '나는 머지않아 깨달을 것 같은데'라고 말하는 사람이 있다면, 그건 아직 멀었다는 뜻이다. 여전히 분별 속에 있지 않은가.

돈오라는 사건은 돈오돈수(頓悟頓修)적인 측면과 돈오점수(頓悟漸修)적인 측면을 동시에 가지고 있다. 돈오하면, 근원에서 볼 때 따로 더할 공부가 없다. 확인된 '이것'이 전부다. 돈오하면 그대로 부처다. '이것'은 조금 더 세밀하게 갈고닦을 필요도 없고, 더 높은 돈오를 따로 찾을 것도 없다. 돈오의 순간 확인된 '이것'이 전부다. 일초즉입여래지(一超直入如來地)라는 말에서 보듯, 문득 단박에 뛰어올라 여래의 지위에 이르는 것이다. 근원에서 본다면, 견성이 곧 성불인 것이다. 이런 측면에서는 '돈오돈수'라고 말할 수 있다. 어차피 말은 다 방편이지 않은가. 돈오돈수나 돈오점수 중 어느 것이 옳으냐 그르냐가 아니라, 돈오돈수라고 말할 수 있는 측면이 있고, 돈오점수라고 말할 수 있는 측면이 있는 것일 뿐이다.

본질적인 측면에서는 '돈오돈수'이지만, 중생은 그동안 살아온 업습(業習)이 있다. 살아오면서 익혀 온 분별의 습관이 있어서, 그 습관이 쉽게 단번에 다 떨어지지 않는다. 그럴 수가 없다. 이제부터는 이 법의 자리에서 확고히 움직이지 않은 채 업습의 문제, 분별과 생각의 습관을 조복 받는 공부가 남았다. 이 공부를 점수(漸修), 혹은 보임(保任)이라고 부른다. 이런 측면에서 보면 돈오는 공부가 끝난 것이 아니라, 이제 막 불법에 입문한 것이다. 이제부터가 수행의 시작, 공부의 시작점이다.

12. 돈오와 점수

많은 사람이 돈오견성하면 공부가 다 끝난 줄 알고, 신통 자제해지며, 분별 망상이 전혀 일어나지 않고, 모든 공부가 다 끝나서 갑자기 큰스님이 되고 부처가 되는 줄 안다. 스님들은 돈오견성만 하면 곧바로 법상에 앉아 무진 법문을 끊임없이 쏟아내게 되는 줄 안다. 이것이 돈오, 견성, 깨달음에 관한 우리의 편견이다. 돈오는 어려운 것이 아닐뿐더러, 이제 겨우 입문일 뿐이다. 수행을 할 수 있는 시작점에 이른 것일 뿐이다. 호들갑을 떨 것도 아니고, 여기에 '깨달음'이라는 거창한 이름을 붙일 것도 없다.

　　그래서 지눌 스님은 이 돈오를 해오(解悟)라고 불렀다. 해오는 '이해하는 깨달음'이라는 뜻이다. 그렇다고 해오가 단순히 머리로만 이해하는 것은 아니다. 가슴으로 쑥 내려간다는 표현처럼 가슴에서 소화되는 것이 해오다. 다만 해오 이후에도 업습, 분별을 조복 받는 공부가 남아 있다. 그 공부를 오롯하게 해나가다 보면, 문득 증오(證悟)라고 부를 수 있는 확증된 깨달음이 온다는 것이다.

　　깨달음 이후의 보임을 점수라고 부르는 이유는, 점수가 돈오처럼 몰록 끝내는 공부가 아니기 때문이다. 10년, 20년, 어쩌면 평생토록 끊임없이 닦아가면서 업습과 분별을 조복 받아야 하기 때문이다. 그러나 걱정할 것 없다. 돈오 이전의 공부는 내면에 큰 숙제 같은 의문을 안고 풀리지 않는 답답함 속에서 꽉 막힌 시간을 보내야 했지만, 돈오 이후의 공부는 그렇게 부담스럽지 않다. 스스로 확인된 법의 자리라는 안식처가 확보되었기 때문이다. 세상사와 부딪히고 살면서 습관적으로 올라오는 분별심과 화와 욕심 등을 만나더라도, 그것은 진정한 '나'가 아니며 그저 왔다가 가는 허망한 것임을 깨어 있는 마음으로 바라보게 된다. 분별 망상에 끌려가다가도 '이것은 생각일 뿐'임을 자각하고 되돌아오게 된다. 이것이 위빠사나이고, 깨어 있음이며, 알아차림이고, 마음 관찰이다.

이 돈오가 없는 알아차림은 유위적이고 억지스러우며 노력해야만 하는 측면이 있다. 하루에 5만 개 이상 올라오는 생각들을 어떻게 다 알아차리고 관할 것인가? 그것은 쉽지 않을뿐더러 자주 놓치기 쉽다. 만약 하나도 놓치지 않고 다 관찰할 수 있는 수행력이 있는 사람이라면, 그는 쉽게 지치고 힘이 빠질 것이다. 무수히 올라오는 생각을 모조리 알아차리는 노력이 그를 지치게 할 것이다.

그러나 돈오 이후에는 위빠사나, 알아차림이 '저절로' 되는 측면이 있다. 세간의 모든 일을 예전처럼 다 하면서도 거기에 무게감, 부담감, 중요도가 떨어져 있다. 심각함이 없이 가볍게 해 나갈 수 있게 된다. 때때로 예전 습관으로 인해 생각에 빠져 시비하다가도, 금방 알아차리고 이 자리로 돌아온다. 이것이 바로 돈오의 효능이다. 저절로 되는 공부에 내맡긴 채, 놀 듯이 공부해 나갈 수 있는 지혜가 확보되는 것이다. 물론 그렇더라도 업습과 분별의 문제가 너무나도 질기고 커서, 계속해서 생각에 빠져드는 순간을 끊임없이 겪게 될 것이다. 그렇기에 앞서 설명한 것처럼 "익은 것은 설게 하고, 설은 것은 익게 한다(熟處放教生 生處放教熟)"라는 대혜 스님의 말이 바로 점수, 보임에서 진행되는 공부의 과정이다.

어떤 공부인은 돈오돈수야말로 최상의 근기이며, 돈오점수는 참된 깨달음이 아니라고 깎아내리기도 한다. 돈오돈수와 돈오점수의 논쟁은 오랫동안 이어져 내려온 선불교의 해묵은 논쟁이다. 지눌의 돈오점수에 대해 태고보우는 돈오돈수로 맞섰으며, 현대에는 성철 스님께서 돈오돈수를 설하시며 더욱 논쟁이 되기도 했다.

그러나 사실 이것은 논쟁거리가 아니다. 불교의 모든 언어는 그 언어 속에 진실이 없다. 언어는 전부 방편일 뿐이다. 언어로 표현된 법은 '그렇게 표현할 수도 있겠군' 하는 정도로 말로 표현한 것일 뿐이지, 그 말과 딱 떨어지는 어떤 법칙 같은 것이 있는 게 아니다.

법에 돈오돈수의 측면과 돈오점수의 측면이 동시에 있을 뿐이다. 둘 중에 어느 쪽이 옳으냐 그르냐를 판별하려는 것은 분별심일 뿐이다. 지눌 스님의 가르침이 생활 속 공부인의 돈오점수적인 측면을 강조해 말하다 보니, 당시에 돈오돈수가 옳다고 주장하는 이들의 반박이 있었던가 보다. 지눌 스님은 이렇게 답한다.

비록 돈오돈수(頓悟頓修)를 최상의 근기(根機)인 이들이 들어가는 문이라고는 하지만, 과거까지 추론해 본다면, 이미 먼저 깨닫고[돈

196

오] 그 깨달음에 의지해 오랜 세월 동안 점차 닦아 익혀 왔기 때문에[점수], 지금에 와서 듣자마자 깨달아 단박에 공부를 끝낸 것[돈오돈수]이다. 그러니 진실대로 말한다면, 이것 역시 먼저 깨닫고 뒤에 닦는 돈오점수의 근기인 것이다.

그러므로 이 돈오와 점수의 두 문은 모든 성인이 밟아온 길이다. 과거의 모든 성인도 먼저 깨닫고 뒤에 닦았으며, 그 닦음을 인연으로 증득하신 것이다.

그대가 말한 신통 변화는 깨달음에 의지해서 닦고 차츰 익혀 가면서 나타나기도 하는 것이지 깨달았다고 해서 그 순간 반드시 나타나는 것은 아니다.

돈오돈수로 완전히 증오를 이룬 부처님과 같은 분이라고 할지라도, 먼저 깨닫고 그 깨달음에 의지해 오랜 세월 점차 닦았기에 인제 와서 돈오돈수, 단박에 공부를 마친 것일 뿐이다. 그러니 이 또한 돈오점수와 같다는 것이다.

우리 공부인의 입장에서는 돈오돈수, 돈오점수와 같은 다양한 선의 논쟁에 뛰어들 것은 없다. 이뿐 아니더라도 옛날부터 조사와 선사스님들께서는 겉으로 보기에 서로를 부정하는 듯한 발언이나, 서로의 깨달음을 인정하지 않는 듯한 말들은 종종 있는 일이다. 사실 이것은 겉으로 보기에는 한 선사가 다른 선사를 인정하지 않는 것 같지만, 그 비판은 비판을 위한 비판이 아니라, 제자를 깨우치기 위한 방편이다.

한 스승에게 배우다가 도저히 못 깨달아서 뛰쳐나와 다른 스승을 찾아갔다면, 그 제자에게는 이전 스승의 방편이 통하지 않은 것이다. 그러면 다른 스승은 과거에 하던 방편과 공부를 먼저 모조리 빼앗아야 한다. 그러나 이전 스승의 가르침을 제자는 여전히 놓을 수 없다. 아무리 좋은 방편이라 할지라도 거기에 집착해 있다면 그것은 법이 아니다. 스승은 그것을 깨뜨려 주기 위해 다소 과격한 방법을 동원한다. 이전 스승을 부정하는 것이다. 충격을 받은 제자는 어쩔 수 없이 과거에 배워 온 모든 방편과 가르침을 다 쓸어버리고, 완전히 새로운 마음으로 발심하여 새로운 스승의 가르침을 100% 따르며 훈습하게 된다. 공부는 이렇게 하는 것이다.

이것이 방편의 효용이다. 어떤 스승의 방편도 절대적인 것이 아니다. 하나의 방편이 안 먹혔다면 그 방편은 쓸어버려야 한다. 보통 한 분의 스승은 저마다의 '두고 쓰는 방편'이 있게 마련이다. 그 방편이 어떤 제자에게는 먹히지만, 다른 제자에게는 아무리 써도 안 먹힐 수가 있다. 그런 제자는 다른 방편으로 이끄는 스승에게 가서 전에 배웠던 방편은 싹 내려놓고 새롭게 시작해야 한다.

이처럼 스승들이 서로 부정하고, 인정하지 않는 이유는, 이 공부에는 내세울 법이 따로 없기 때문이다. 그러면서도 어쩔 수 없이 제자를 교화하려는 방편을 쓰지 않을 수 없다. 즉 방편은 임시로 쓰고 그 효용이 다했으면 빼앗아야 하는 것이다. 그러니 사실은 인정하지 않은 것이 아니라, 빼앗음으로써 진정으로 인정한 것이다.

이것이 바로, 선의 스승들이 제자들을 상대로 행한 '가르침의 콜라보'다. 스승은 처음 찾아온 제자에게 '어디에서 오느냐?'하고 묻곤 한다. 몇몇 가지를 묻고 답하는 속에서 스승은 제자의 공부를 단박에 알아차린다. 그가 어디에 묶여 있는지 알아보고 적절하게 풀어준다.

이처럼 선불교에서 공부하는 학인은 다양한 스승들을 참례하며 공부했고, 선의 스승들은 서로를 부정하고 깨뜨리는 등 다양한 콜라보를 연주하며 오로지 제자의 안목을 밝히는 것에만 관심을 뒀다. 이것이야말로 스승의 진정한 자비심이다. 옳고 그를 것도 없고, 인정하고 안 할 어떤 '사람'이 없는 스승들의 자유로움이다.

그러니 선을 배우는 제자와 학인의 입장에서는 '스승들이 왜 저렇게 돈오돈수와 돈오점수로 싸우냐'거나, 마조와 법상처럼 '즉심즉불(卽心卽佛)과 비심비불(非心非佛)로 나뉘냐'거나, '왜 서로를 인정하지 않고 자기 가르침만 옳다고 하느냐'라며 좁은 안목으로 스승을 재단해서는 안 된다.

그래서 선에서는 공부하는 학인에게 '스승의 안목만을 배울 뿐, 사사로운 점은 신경을 쓰지 말라'고 말하기도 한다. 그 사람의 개인적인 개성에 초점을 맞추게 되면, 자기의 잣대에서 스승을 판단하기 때문에 '스승이 옳고 그르다'거나, '깨닫지 못한 것 같다'거나, '왜 사생활이 저 모양이지'라거나 하는 등등의 온갖 분별에 끌

12. 돈오와 점수

려다니느라 공부가 어려워지기 때문이다.

　물론 처음 공부하는 학인은 바른 스승을 찾는 것에 신중을 기해야 하겠지만, 일단 스승으로 모시며 공부하기로 했다면, 사사로운 점들은 일단 뒤로 미루고, 조금은 이기적으로 자기의 공부를 밝히는 데만 모든 사력을 다해야 한다. 다른 것에 신경 쓸 겨를이 없기 때문이다. 오직 이 하나의 법이 무엇인지에 대해 온 존재가 꽉 막힌 화두로 의단독로되어 있어도 뚫릴까 말까인데, 이것저것 다 신경 쓰며 어떻게 공부를 완성할 수 있겠는가!

　이 공부에서 가장 중요한 것은 처음 일별, 견성을 하여 이 자리를 한 번 문득 확인하기 전까지는 다른 곳에 신경 쓸만한 것을 최소화할 수 있어야 한다는 점이다. 이것저것 다 신경 쓰고, 뉴스 보고, 취미활동하고, 이 일 저 일 다 하면서 어떻게 이 공부를 할 수 있겠는가. 물론 직업 생활이야 어쩔 수 없겠지만, 나머지 부분에서는 신경 쓸 일을 최소화한 뒤, 오로지 온종일 마음속에 이 하나에 대한 궁금함으로 꽉 막혀 있어야 한다. 그것이 깨달음의 조건이다. 평생토록 주인 노릇 하며 나를 쥐고 흔들었던 분별심을 뚫고 나가 분별 이전의 이 자리를 한 번 확인하고자 한다면, 그 정도의 간절함, 진지함, 몰입, 여기에의 초점 맞춤, 깊은 관심을 가지고 한동안 밀어붙여야 한다.

13

신통은 괴이한 말단의 일일 뿐

『능엄경』에 이르기를 "이치[理]로 보면 돈오(頓悟)이어서 [理卽頓悟] 깨닫자마자 진리를 가리던 장애가 일순간 사라지지만, 현실적[事]으로 보면 일시에 다 사라지는 것이 아니라[事非頓除] 보임 수행이라는 원인에 의해 차례차례로 제거된다"라고 하였다.

그러므로 규봉 스님도, 먼저 깨닫고 뒤에 닦아 나가는 뜻 [先悟後修]을 분명히 밝히면서 말씀하시기를 "얼어 있는 연못이 온전히 물인 줄은 알았지만 햇빛을 받아야 녹고, 범부가 곧 부처인 줄은 알았지만 법의 힘을 빌려서 익히고 닦아야 한다. 얼음이 녹아 흐르고 적실 수 있는 물이 되어야 그 물로 씻을 수 있는 것과 같이, 허망한 것들이 다 사라져야 비로소 마음이 신령하게 통하여 신통과 광명의 작용을 나타낼 수 있다"라고 하였다.

그러므로 사(事)로 보았을 때 신통 변화는 하루아침에 이루어지는 것이 아니라 점차 익히고 닦아야 나타나는 것임을 알 수 있다. 더욱이 사(事)로 보았을 때의 신통이란 깨달은 사람의 경지에서는 오히려 요망하고 괴이한 일이고, 또한 성인에게도 말단의 일이라서 혹 그것이 나타나더라도 사용하지 않는다.

그런데 요즘 어리석은 무리는 망령되이 말하기를 "한 생각 깨달으면 그 즉시 한량없는 신묘한 작용과 신통 변화를 나타낸다"라고 한다. 만약 이런 견해를 가진다면, 이른바 먼저 해야 할 것과 뒤에 할 것을 알지 못하고, 본질적인 것과 말단적인 것을 분별하지 못하는 것이니, 이렇듯 이미 선후(先後)와 본말(本末)을 알지 못한 채 부처의 도를 구하려 한다면, 이는 마치 모난 나무를 가지고 둥근 구멍에 끼우려는 것과 같으니, 어찌 큰 잘못이 아니겠는가?

처음부터 방편을 알지 못하는 까닭에, 불법은 너무 어렵다는 현애상(懸崖想)을 내어 스스로 퇴굴심(退屈心)을 일으킴으로써 부처의 종성[佛種性]을 끊어 버리는 이가 적지 않다. 이미 스스로가 지혜롭지 못하기에, 다른 사람의 깨달음[解悟處]까지도 믿지 않고, 신통을 보이지 못하는 자

라고 경솔하게 말하며 업신여긴다. 이것은 성현(聖賢)들
을 속이는 일이니 참으로 안타깝다.

如經云 理卽頓悟 乘悟併消 事非頓除 因次第盡 故主
峰 深明先悟後修之義曰 識氷池而全水 借陽氣以鎔消
悟凡夫而卽佛 資法力以薰修 氷消卽水流潤 方呈漑滌
之功 妄盡則心靈通 應現通光 之用 是知事上神通變
化 非一日之能成 乃漸熏而發現也 況事上神通 於達人
分上 猶爲妖怪之事 亦是聖末邉事 雖或現之 不可要用
今時迷癡輩 妄謂一念悟時 卽隨現無 量妙用 神通變
化 若作是解 所謂不知先後 亦不分本末也 旣不知先後
本末 欲求佛道 如將方木 逗圓孔也 豈非大錯 旣不知
方便故 作懸崖之想 自生退屈 斷佛種性者 不爲不多矣
旣自未明 亦未信他人 有解悟處 見無神通者 乃生輕慢
欺賢誑聖 良可悲哉

앞 장에서 설명한 돈오와 점수, 견성과 보임에 대해 경전의 가르침에서는 어떻게 설명하고 있을까? 『능엄경』에서는 "이치로 보면 돈오이어서 깨닫자마자 진리를 가리던 장애가 일순간 사라지지만, 현실적으로 보면 일시에 다 사라지는 것이 아니라 보임 수행이라는 원인에 의해 차례차례로 제거된다"라고 했다. 이것이 선에서 많이 인용하는 『능엄경』의 '이즉돈오 사비돈제(理卽頓悟 事非頓除)'의 가르침이다.

이치로 보면, 돈오하면 일순간 법이 드러난다. 더는 찾을 것도 없고, 100% 진리가 환히 드러난다. 진리를 가리던 장애인 분별이 일순간 사라지면서 자성이 드러나는 것이다. 이것이 곧 부처요, 깨달음이다. 이것이 전부다. 그러나 현실적으로 보면, 중생의 업습과 분별 망상의 습관은 단박에 다 사라지는 것이 아니라 보임이라는 수행에 의지해 차례차례로 제거될 수밖에 없다. 이를 규봉종밀(圭峰宗密, 780~841) 스님은 선오후수(先悟後修)라 하여 먼저 깨닫고 뒤에 닦아 나간다는 뜻을 밝혔다. 마치 얼어 있는 연못이 물인 줄 알았더라도, 그 물을 마시거나 쓸 수 있으려면 햇빛을 받아서 녹여야 한다는 것이다.

이처럼 범부가 곧 부처인 줄은 알았지만, 법의 힘은 약하고 습관과 분별의 관성은 여전해서 법의 힘을 빌려 익히고 닦아야 한다는 것이다. 얼음이 녹아 흐르고 적실 수 있는 물이 되어야만 그 물로 씻을 수 있고, 마실 수도 있고, 자유자재로 활용할 수 있기 때문이다. 마찬가지로 허망한 분별이 다 사라져야만 비로소 마음이 신령하게 통해 광명의 작용을 나타낼 수 있다.

이처럼 이(理)로 보면 돈오돈수이지만, 사(事)로 보면 돈오점수의 수행이 필요하다. 진정한 자신의 본래면목이 무엇인지를 확인한다고 해서 현실이 곧바로 뒤바뀌지 않는다. 부처님의 신통 자제함이 생겨나고, 그 어떤 분별이나 생각에도 끌려가지 않는 힘이 단박에 생겨나는 것이 아니다.

더욱이 신통력이란 깨달은 사람의 경지에서는 오히려 '요망하고 괴이한 일'이며, 성인에게도 본질이 아닌 말단의 일일 뿐이다. 그렇기에 성인이라면 신통이 나타나더라도 그 신통을 사용하지 않는다.

이것이 깨달은 도인과 삿된 사람의 차이점이다. 깨달은 도인은 신통이 요망하고 괴이한 일이라 생기든 말든 상관할 바가 아니라고 여긴다. 설사 공부 가운데 신통이 생겨난다고 할지라도, 그것은 생사법으로 생겨난 것이니 허망한 줄 알아서 거기에 휘둘리지 않고 끌려가지 않으며 그 신통을 사용하지 않는다. 그러나 삿된 스승은 허망하게 생겨난 신통력에 스스로 집착하고 사로잡힌다.

'나는 너희와 다르다'라고 자신의 신통을 드러내 광고하면서 어리석은 중생을 현혹한다. 자신의 신통력 아래 중생들이 무릎 꿇게 만든다. 스스로 신통력에 휘둘리는 결과를 초래하는 것이다. 신통력은 없다가 생겨난 것이기에 사라질 수밖에 없다. 생겨났다가 사라지는 것은 진리가 아니다. 본래 있던 것이 참된 진리다. 그렇기에 우리는 본래 있던 것을 깨닫는 것일 뿐이다. 평소에 없던 것을 생겨나게 하는 신통은 '요망하고 괴이한 일'일 뿐임을 알아야 한다.

이를 모르고 '한 생각 깨달으면 그 즉시 한량없는 신묘한 작용과 신통 변화를 나타낸다'고 잘못 알고 있는 이들이 얼마나 많은가? 지눌 스님 당시에도 그랬던가 보다. 만약 이렇게 삿된 견해를 가지게 된다면, 이른바 선후와 본말을 모르는 것이다. 무엇이 먼저이고 나중인지 모르는 것이고, 무엇이 본질이고 지말인지 모르는 것이다. 이런 마음으로 부처의 도를 구하려 한다면, 이는 마치 모난 나무를 가지고 둥근 구멍에 끼우려는 것과 같으니 어찌 큰 잘못이 아니겠는가?

신통력이나 추구하는 그런 삿된 견해를 가진 자는 결코 부처의 도를 깨달을 수 없다. 신통이라는 생사법을 조작해 만들어 냄으로써 남에게 없는 것을 가진 특별한 사람이 되어 중생 앞에 군림할 뿐이다.

부처의 도를 깨닫는 것은 그리 대단한 일이 아니다. 그저 평범한 평상심을 깨닫는 것일 뿐이다. 늘 써왔던, 이미 있던 진실을 그저 확인하는 것일 뿐이다. 깨달음은 발명하는 것이 아니라, 다만 발견하는 것이다. 평범한 평상심이 진리의 전부다.

삿된 신통력을 얻게 되면 상대방의 마음을 읽고, 축지법을 써서 다니고, 전생을 보고, 물 위를 걸을 수 있을지도 모른다. 그러나 참된 깨달음을 얻은 자는 그런 신통력 대신, 온 우주에 있는 일체중생을 단박에 괴로움에서 벗어나게 하는 참다운 신통을 얻는다. 내가 온 우주와 둘이 아님을 깨달아 둘이 아닌 자비심을 발하는 신통을 얻는다. 몸과 마음이 내가 아닌 줄 깨달아 생로병사에서 단박에 벗어나는 신통을 얻는다.

이 몸을 가지고 도술을 부리고 신통을 부리고 다닌들, 병에 걸리고 늙고 죽어가는 괴로움에 빠져 있다면 어찌 그것을 참다운 신통이라 할 수 있겠는가? 견성, 돈오의 순간 참다운 공부인은 신통력을 얻는 것이 아니라 노병사를 비롯한 일체의 모든 괴로움에서 문득 벗어난다. 늙고 병들고 죽는 일이 더는 괴로움이 아니게 된다. 이것이야말로 참된 신통이 아닌가?

이런 참다운 신통이 바로 부처님의 깨달음의 길이다. 공부하는 이는 굳은 믿음을 가지고 생사에서 해탈하는 이 공부, 나도 일체중생도 단박에 노병사를 비롯한 일체의 괴로움에서 벗어나게 해 주는 이 공부에 발심해 정진할 일이다.

그러려면 스승의 가르침을 굳게 믿고 법문을 들으며 공부해야 한다. 다만 스승의 법문을 들을 때 자기의 견해, 생각으로 해석하고 판단하고 정리하면서 들으면 올바른 공부가 되지 않는다. 생각을 쉬고, 텅 빈 마음으로 분별없이 있는 그대로 훈습(薰習)하듯이 듣는 것이야말로 참되게 법문을 듣는 자세다. 이렇게 들을 때 견성, 돈오의 길에 이를 수 있다.

　　또한 법문을 들을 때 조심해야 할 것은, 법문이 너무 어렵다는 현애상을 일으키지 않는 것이다. 법문이 너무 어려워서 나 같은 사람은 들어봐야 깨닫기 불가능하리라는 퇴굴심을 일으키지 않는 것이다. 이는 스스로 자기가 본래 부처라는 본래 종성을 끊어 버리는 것이다. 이것이 바로 법문을 들을 때 두 가지 금기 사항인 현애상(懸崖想)과 관문상(慣聞想)이다. 현애상은 법문이 너무 어려워서 들어도 모를 것이라고 짐작하며 듣는 것이고, 관문상은 항상 듣던 법문이라 이미 다 안다고 여겨 소홀히 듣는 것을 말한다.

　　유위조작하는 수행 위주의 불교에서는 퇴굴심을 내기가 쉽다. 몇 년, 몇십 년을 열심히 좌선하고 기도하고 수행해도 깨닫지 못하는 것을 보고 좌절감과 절망감이 생긴다. 저토록 훌륭한 스님이 목숨 걸고 수행해도 깨닫지 못하는데, 나 같은 사람이 어떻게 깨달을 수 있을까 하고 퇴굴심이 일어나는 것이다. 지눌 스님은 이런 사람들이 발심하도록 이끌고 있다. 불교를 깨닫는다는 것은 그런 게 아니라는 것이다. 불교는 전혀 어려운 것이 아니며, 수행을 잘해야만 깨닫는 것도 아니다. 현애상이나 퇴굴심을 낼 필요가 없다는 것이다. 이 공부는 누구나 할 수 있는 공부다.

세상의 모든 공부는 기본 자질이 있는 사람이 더욱 잘할 수밖에 없다. 머리가 좋은 사람이 공부를 잘하고, 운동 신경을 타고난 사람이 올림픽에서 금메달을 목에 걸 가능성이 크다. 그러나 이 공부에는 아무런 조건이 없다. 누구나 할 수 있다. 애쓰고 노력하고 갈고닦는 재능이 필요하지 않다. 수행을 잘할 수 있는 그 어떤 타고난 재능이랄 게 없다. 우리가 이미 완벽하게 갖추고 있고, 늘 쓰고 있고, 매 순간 활용해서 살아가고 있는 자기의 본래면목이자 본래 살림살이이기 때문이다. 그러니 자기가 이미 가지고 있는 부처의 종성을 끊어 버리지 말고, 자신감을 가지고 발심해도 좋다.

여전히 '정말로 깨달음이 그렇게 쉬운 것일까?', '저 스님이 말하는 깨달음이 진짜 깨달음이 맞을까?', '신통력도 못 부리는데 깨달은 자가 맞아?', '큰스님들이 그토록 힘든 고행을 다 하고도 못 깨닫는데, 저렇게 쉽게 깨달을 리 없어', '저렇게 쉽게 깨닫는다는 것은 말이 안 돼', '법문을 듣고 깨닫는다는 것은 있을 수 없어' 하는 이런 생각에 사로잡혀 있지 않은가? 혹은 지눌 스님의 말처럼 다른 사람의 깨달음, 해오처(解悟處)까지 믿지 않고, 저 사람은 신통을 보이지 못하는 자라고 경솔하게 말하며 선 공부를 업신여기지 않았는가? 지눌 스님은 이것이야말로 성현들을 속이는 일이라며 참으로 안타깝다고 말한다.

13. 신통은 괴이한 말단의 일일 뿐

14

돈오와 점수를 다시 설명함

물었다.

"스님께서는 돈오와 점수의 두 문이 모든 성인의 길이라 하셨습니다. 깨달았다면 이미 돈오한 것인데 어찌하여 점차 닦는 점수를 말씀하시며, 닦는 것이 만약 점수라면 왜 돈오를 말씀하십니까? 돈오와 점수의 두 가지 뜻을 다시 설명하시어 남은 의심을 풀어 주십시오."

답한다.

"돈오란, 범부가 미혹했을 때 사대(四大)를 몸이라 여기고 망상을 마음이라 여겨, 자기의 성품이 참된 법신(法身)인 줄 모르고, 자기의 신령한 앎[靈知]이 참된 부처인 줄 몰라, 마음 밖에서 부처를 찾아 물결처럼 헤매다가, 홀연히 선지식이 가리켜 보이는[指示: 직지인심] 가르침을 통해 바른길로 들어가 한 생각 돌이켜[廻光: 회광반조] 자기의 본성을 보면, 이 성품에는 본래 번뇌가 없고, 무루(無漏)의 지혜 성품이 본래 구족해 있어서 모든 부처님과 더불어 털끝만큼도 다르지 않기 때문에 돈오라 하는 것이다. 점수란, 비록 본래의 성품이 부처와 다르지 않음을 깨달았으나 오랫동안 익혀 온 습기(習氣)는 갑자기 제거하기 어려우므로 깨달음에 의지해 수행하고 점점 익혀서 공(功)을 이루고, 또 오랫동안 성인의 자질을 잘 길러나가야 성인이 되는 것이므로 점수라 한 것이다. 비유하면 어린아이가 처음 태어났을 때 모든 기관이 갖추어져 있음은 어른과 다르지 않지만, 그 힘은 충분하지 못하므로 많은 세월이 지나야 비로소 어른이 되는 것과 같다."

14. 돈오와 점수를 다시 설명함

問汝言頓悟漸修兩門 千聖軌轍也 悟旣頓悟 何假漸修
修若漸修 何言頓悟 頓漸二義 更爲宣說 令絶餘疑 答
頓悟者 凡夫迷時 四大爲身 妄想爲心 不知自性 是眞
法身 不知自己靈知 是眞佛也 心外覓佛 波波浪走 忽
被善知識 指示入路 一念廻光 見自本性 而此性地 原
無煩惱 無漏智性 本自具足 卽與諸佛 分毫不殊 故云
頓悟也 漸修者 雖悟本性 與佛無殊 無始習氣 卒難頓
除故 依悟而修 漸熏功成 長養聖胎 久久成聖 故云漸
修也 比如孩子 初生之日 諸根具足 與他無異 然其力
未充 頗經歲月 方始成人

앞에서 돈오와 점수에 대해 충분히 설명했다. 그런데도 여전히 의심이 생기고, 여전히 믿지 못하는 사람을 위해 다시 한번 돈오와 점수를 설명하고 있다. 돈오에 대한 지눌 스님의 간절한 말을 들어 보자.

"돈오란; 범부가 미혹했을 때 사대(四大)를 몸이라 여기고 망상을 마음이라 여겨, 자기의 성품이 참된 법신(法身)인 줄 모르고, 자기의 신령한 앎[靈知]이 참된 부처인 줄 몰라, 마음 밖에서 부처를 찾아 물결처럼 헤매다가, 홀연히 선지식이 가리켜 보이는[指示: 직지인심] 가르침을 통해 바른길로 들어가 한 생각 돌이켜[廻光: 회광반조] 자기의 본성을 보면, 이 성품에는 본래 번뇌가 없고, 무루(無漏)의 지혜 성품이 본래 구족해 있어서 모든 부처님과 더불어 털끝만큼도 다르지 않기 때문에 돈오라 하는 것이다."

범부는 미혹하여 지수화풍 사대가 인연 따라 이루어진 이 몸을 '나'라고 여긴다. 그리고 온갖 망상과 분별심을 '내 마음'이라고 여긴다. 몸과 마음을 '나'라고 여기면서, 자기의 성품이 참된 법신인 줄을 모른다. 이렇게 몸과 마음을 '나'라고 생각하며 살아온 세월이 너무도 길었다. 그런 고정관념이 너무도 굳어져 있다 보니, 선지식이 나타나 이 몸과 마음이 내가 아니라고 알려주어도 믿지 않는다. 몸을 몸인 줄 '알고' 마음을 마음인 줄 '아는', 이 '신령한 앎'이 참된 부처라고 알려 주어도 의심하여 믿지 않는다. 그렇게 늘 부처를 마음 밖에서 찾아 물결처럼 헤매다가 홀연히 시절 인연이 오면 선지식과 인연을 맺게 되고, 선지식이 가리켜 보이는 직지인심의 가르침을 만난다. 말 그대로 깨달음의 시절 인연을 만난 것이다. 그리고 선지식의 회상에서 법문을 듣고 훈습하는 무위(無爲)의 공부를 하다가 문득 바른길을 만나게 되니, 한 생각 돌이켜 회광반조(廻光返照)해서 자신의 본성을 보게 된다.

평생을 이 몸과 마음만을 나로 알고 살다가 문득 돌이켜 '내가 누구인지' 확인하고 보니, 나의 본래면목은 애초부터 번뇌가 없었다. 새지 않는 지혜의 성품이 원래부터 구족되어 있어서 모든 부처님과 털끝만큼도 다르지 않았음을 깨닫게 된다. 이것이 돈오(頓悟)다. 이를 『대승기신론(大乘起信論)』에서는 본각(本覺), '본래 있던 깨달음'이라고 설한다.

이 돈오 이후의 점수에 대해 지눌 스님은 다시 이렇게 설한다.

"점수란, 비록 본래의 성품이 부처와 다르지 않음을 깨달았으나 오랫동안 익혀 온 습기(習氣)는 갑자기 제거하기 어려우므로 깨달음에 의지해 수행하고 점점 익혀서 공(功)을 이루고, 또 오랫동안 성인의 자질을 잘 길러나가야 성인이 되는 것이므로 점수라 한 것이다. 비유하면 어린아이가 처음 태어났을 때 모든 기관이 갖추어져 있음은 어른과 다르지 않지만, 그 힘은 충분하지 못하므로 많은 세월이 지나야 비로소 어른이 되는 것과 같다.”

　비록 본래 성품이 부처와 다르지 않음을 깨달았으나 오랫동안 익혀 온 습기는 갑자기 제거하기 어렵다. 그래서 돈오의 깨달음에 의지해 수행하고 점점 익혀서 깨달음이 확고하게 자리 잡도록 하고, 이를 통해 자유자재한 깨달음의 삶이 구현될 수 있도록 해야 한다. 이것이 점수(漸修)이다. 오랜 시간 보임을 통해 성인의 자질을 길러나가야 하므로 점수라고 하는 것이다. 비유하면 점수는 마치 어린아이가 처음 태어났을 때 모든 기관이 갖추어져 있지만, 아직 어른이 되기에 충분하지 못한 것과 같다. 적어도 20~30년은 지나야 어른으로서 제 할 일을 할 수 있는 힘이 생겨난다. 점수의 수행도 아기가 성인이 되는 것과 비슷하다는 것이다.

　그러니 점수의 수행에 있어서 너무 보채거나 억지로 빨리 끝내려고 유위조작할 필요가 없다. 그렇게 될 수 없기 때문이다. 오히려 점수의 수행을 할 때는 억지로 열심히 하려고 애쓰기보다 자연스럽게 놀이하듯 힘을 빼고 삶의 흐름을 타야 한다.

　　　　　14. 돈오와 점수를 다시 설명함

주어진 삶을 완전히 받아들이고 허용함으로써 삶과 싸우지 않게 된다. 우리는 내 뜻대로 안 될 때 괴롭고, 내 뜻대로 되면 행복하다고 여긴다. 하지만 그런 '내 뜻'을 따로 내세워 집착하지 않게 되면, 주장하고 집착할 '내 뜻'이 없어서 언제나 자연스럽게 흐를 뿐이다. 이렇게 되어도 좋고, 저렇게 되어도 좋다.

그렇다고 아무 생각도 없이 산다는 것은 아니다. 자기 뜻도 있고, 판단도 있고, 분별도 한다. 오히려 중생보다 더욱 효율적으로 분별하고, 더욱 직관적으로 판단한다. 판단에 주저함이 없고, 많은 생각으로 인해 깊은 고뇌에 빠지지 않는다. 삶이 가볍게 흘러간다. 주장할 '내 뜻'이 없으니, 내 뜻과 맞지 않는 사람과 다툴 일도 사라진다. 물론 때로는 업습에 끌려서 자기 생각을 주장하기도 하겠지만, 오뚝이가 금방 다시 자리를 잡듯이 법의 힘으로 다시금 법의 자리로 돌아오게 된다.

이처럼 돈오한 자는 돌아올 법의 자리가 확고해진다. 예전에는 뭐가 뭔지도 몰랐다. 삶이 무엇인지, 내가 누구인지, 어떻게 살아야 잘사는 것인지도 모른 채 생각과 분별에 끌려다니며 이리저리 휘둘리고 살았다. 이제는 나와 삶의 진실에 눈을 떴기 때문에 물결처럼 휘둘리지 않는다. 잠시 생각과 분별에 끌려갔을지라도 '돌아올 법의 자리'가 확보되었기 때문에 마음에 굳건한 중심이 생겨난 것이다. 잠깐 휘둘렸다가도 다시 돌아올 힘이 생긴다. 이것이 바로 점수의 수행 아닌 수행이다. 이것은 수행이라고 할 것도 없이 자연스러운 내맡김의 과정이다. 삶을 있는 그대로 바라보고 허용하는 대수용의 공부다. 법신불을 자수용신(自受用身)이라고 부르는 것처럼, 일체경계를 분별하거나 취사하지 않고 있는 그대로 받아들이는 것이다.

이제는 '나'가 따로 있고, '세상'이 따로 있어서 내가 세상에서 살아남아야 하는 것이 아니다. 내가 세상이고 세상이 나이다. 내가 경계이고 경계가 나이다. 내가 바로 너이고, 네가 바로 나이다. 둘이 아닌 하나의 자성 자리가 확고하다. 그러니 자연스럽게 경계나 상황이 오면, 그 상황을 '내가' 통제하려고 하지 않는다. 내가 상황을 주도하려고 하지 않는다. 상황 자체가 이미 진실임을 안다. 주어진 삶 자체가 진리임을 안다.

삶 전체가 불이법으로써 통으로, 전체성으로 하나의 부처이다. 온 우주와 삶 전체가 그대로 법신불이다. 그리고 삶의 내용물은 중중무진의 인과 연이 화합하여 연기법으로써 운행된다. 이것이 곧 불(佛)이고 법(法)이다. 삶은 이처럼 불법에 따라 흐른다. 거기에 '나'는 없다. 내 뜻대로 운행되는 것이 아니라 연기법에 따라 저절로 이루어진다.

그러니 이와 같은 불법에 통달한 사람이라면, '내 뜻'대로 삶을 통제하려 하지 않는다. 삶은 내 뜻대로 통제되는 곳이 아님을 깨닫는다. 그러니 '내 뜻대로' 살려고 하던 삶에서, '부처님 뜻대로', '인연 따라', '불법에 내맡기며' 살아가는 삶으로 전환된다. 삶을 주도해 오던 '나'가 빠지는 것이다.

더 이상 원하는 것이 없다. 추구하는 것도 없다. 할 것이 없지만, 하지 못할 것도 없다. 하되 함이 없이 무엇이든 다 한다. 이것이 와도 좋고 저것이 와도 좋다. '반드시' 이렇게 되어야 한다거나, '결코' 저렇게 되면 안 될 것이 없다. 이래도 좋고 저래도 좋다. 알아서 아는 것이 아니다. 오직 모를 뿐이다. 모르지만, 더 이상 알려고 하지 않고 분별없이 삶에 내맡긴다. 안다는 것은 중중무진의 연기법을 자기 생각으로 헤아린다는 뜻인데, 어떻게 그 다함 없는 연기를 다 알 수 있겠는가?

내 쪽에서 통제하지 않고 '불법'이 완벽하게 저절로 통제되고 있음을 믿는다. 이런 것이 참된 믿음이다. 내 생각을 믿는 것이 아니라, 불법을 믿는 것이다. 삶을 통째로 믿는 것이다. '나는 진급해야 해', '아들이 원하는 대학에 붙어야 해', '돈을 얼마만큼 벌어야 해' 등의 내 생각을 믿지 않고, 그저 매 순간 최선을 다할 뿐이다.

그런 생각, 분별이 없는 삶은 얼마나 자유로울까? 매 순간 최선을 다하면서도 결과에 대한 두려움이나 집착이 없다. 삶이 본래 완전하게 흐름을 굳게 믿는다. 내가 삶을 끌고 가는 것이 아니라, 내가 곧 삶이기에, 삶의 흐름에 든다.

그렇다고 열정도 없고, 열심히 살지도 않으며 게을러지는 것은 아니다. 나 또한 이 중중무진 연기법의 중요한 일부임을 알기에, 무엇이든 최선을 다해 열정적으로 일한다. 다만 결과는 내 뜻에 달린 것이 아님을 알기에 내맡긴다. 이런 삶은 얼마나 자유로울까? 얼마나 걸림 없을까?

삶은 본래 그대로 완전하기에, 완전한 삶에 그저 내맡기는 것이다. 이를 『법화경』에서는 제법실상(諸法實相)이라고 했다. 일체 모든 것이 그대로 참된 실상이라는 것이다. 임제 스님은 입처개진(立處皆眞)이라 하여 '서 있는 그 자리가 참된 진실의 자리'라 했고, 승조(僧肇)는 촉사이진(觸事而眞), 석두(石頭)는 촉목회도(觸目會道), 도오(道吾)는 촉목보리(觸目菩提), 마조(馬祖)는 입처즉진(入處卽眞)이라 했다. 눈앞에 역력한 이것이 그대로 진리이며 도이고 깨달음이라는 뜻이다.

우리는 진리를 벗어날 수 없다. 이 사실을 확인하는 것이 돈오다. 그러니 지금 여기에 있는 이 진실을 떠나 다른 곳에 갈 이유가 없다. 지금 이대로의 진실을 온전히 받아들여 살아간다. 다시는 삶과 싸우지 않고, 내 뜻대로 안 된다고 억울해하지 않으며, 주어진 삶을 있는 그대로 받아들여 즐기고, 가지고 놀 듯이 살 뿐이다. 이렇게 사는 삶을 유희삼매(遊戲三昧)라고 표현하기도 한다.

삶은 이토록 가볍고 유쾌하며 그 무엇에도 얽매임 없이 노닐며 살아가는 곳이다. 이것이 삶의 본질이다. 그러니 점수와 보임이라는 수행의 길은 결코 힘들고 괴로운 것이 아니다. 돈오 이후의 삶이야말로 진짜의 삶이라고 할 수 있다. 그동안 거짓을 진짜라고

14. 돈오와 점수를 다시 설명함

여겨 집착하던 허망한 삶에서 깨어나 참된 진실이 무엇인지 비로소 확인하고 살아가는 것이다.

15

알지 못하는 줄 알면 견성이다

물었다.

"어떤 방편을 써야 한 생각 기틀을 돌려 자기 성품을 깨달을 수 있겠습니까?"

답한다.

"다만 그대 자신의 마음일 뿐인데, 다시 무슨 방편을 쓴다는 말인가? 만약 방편을 써서 다시 알려고 한다면, 그것은 마치 어떤 사람이 자신의 눈이 보이지 않는다고 자기 눈이 없다고 하면서 다시 눈을 보려고 하는 것과 같다. 이미 자신의 눈인데 어째서 다시 보려고 하는가? 만약 잃지 않은 줄 알면 그것이 곧 눈을 보는 것이다. 다시 보려는 마음이 없다면 어찌 보이지 않는다는 생각이 있겠는가. 자신

의 신령스러운 앎[靈知]도 역시 이와 같아서 이미 자신의
마음인데 어찌 다시 알려고 하는가. 만약 알고자 한다면
곧 알지 못할 것이니, 다만 알지 못한다는 것을 알면 그것
이 바로 견성이다[但知不會 是卽見性]."

問作何方便 一念廻機 便悟自性 答只汝自心 更作什
方便 若作方便 更求解會 比如有人 不見自眼 以謂無
眼 更欲求見 旣是自眼 如何更見 若知不失 卽爲見眼
更無求見之心 豈有不見之想 自己靈知 亦復如是 旣是
自心 何更求會 若欲求會 便會不得 但知不會 是卽見
性

도대체 어떤 방편을 써야 그동안 늘 해오던 분별의 습관을 따라가지 않고, 분별 이전의 본래 성품을 깨달을 수 있을까? 어떻게 하면 항상 하던 습관적인 생각의 방식에서 벗어나 한 생각 기틀을 문득 되돌려 자성을 볼 수 있을까?

이 질문에 지눌 스님은 답한다. 다만 그대 자신의 마음일 뿐인데, 다시 무슨 방편을 쓴다는 말인가? 지금 이대로 이미 이 마음일 뿐이다. 이미 이 마음에 도착해 있다. 한 번도 이 마음에서 벗어난 적이 없다. 방편이란 '여기'에서 '저기'로 가는 '방법'이니, 방편을 쓰고자 한다면 여기에 없는 다른 것을 얻고자 할 때만 가능하다.

그런데 이 마음은 어떤가? 이미 자신의 마음이 이렇게 활활 발발하게 작용하고 있다. 그러니 방편을 써서 다시 알려고 할 필요가 없다. 방편을 써서 알려고 한다면, 그것은 마치 어떤 사람이 자기 눈을 찾기 위해 어떻게 하면 내 눈을 확인할 수 있느냐고 물으며 방법을 알려달라고 하는 것과 같다. 눈을 가지고 여기저기 돌아다니며 눈이 어디에 있는지 보려는 것과 같다. 눈이 어디에 있는지 찾고 있는 그것이 바로 자신의 눈임을 보지 못하고, 바깥에서 자기

15. 알지 못하는 줄 알면 견성이다

눈을 찾으려 한들 눈을 볼 수 없다. 이미 자신의 눈인데 어찌 다시 찾으려 하는가? 다른 대상을 보는 것을 통해 이미 보고 있다는 사실을 깨닫기만 하면, 그것이 바로 자기 눈을 보는 것이다.

눈은 다른 모든 것을 본다. 눈앞에 드러나는 일체 모든 색경(色境)을 다 본다. 다른 것은 다 볼 수 있지만, 눈으로 눈을 볼 수는 없다. 그렇다고 눈이 없는가? 없지 않다. 어떻게 눈이 있다는 것을 알 수 있을까? 다른 것을 보고 있다는 사실을 통해 여기에 내 눈이 있음을 그저 당연하게 아는 것일 뿐이다. 본래면목, 자성을 확인하는 것도 이와 마찬가지다. 눈이 눈을 볼 수 없듯이, 우리의 감각기관으로는 자성, 본래면목을 볼 수 없다. 자성은 육근(六根)의 대상이 아니기 때문이다. 볼 수도 없고, 들을 수도 없고, 만질 수도 없고, 생각할 수도 없다.

중생은 안이비설신의(眼耳鼻舌身意)라는 육근으로 색성향미촉법(色聲香味觸法)이라는 육경(六境)과 접촉해서 아는 것만을 해왔다. 육근이라는 주관이 육경이라는 객관 대상을 육식(六識)으로 파악해 아는 것이다. 이것은 주객(主客)이 둘로 나누어지는 분별일 뿐이다.

자성(自性)은 불이법(不二法)으로 둘로 나뉘지 않는다. 그러니 자성은 나라는 주관이 자성이라는 객관을 파악하는 방식으로는 알 수 없다. 둘이 아니기 때문이다. 자성은 대상이 아니기 때문이다. 찾고자 하는 주관이 찾으려는 대상과 둘이 아니다. 대상화해서는 알 수 없다. 마치 눈이 눈을 볼 수 없듯이, 자기는 자기를 확인할 수 없다. 확인하고자 하는 '이것'이 곧 확인되는 '그것'이기 때문이다.

이 신령스러운 앎, 즉 영지(靈知)도 그와 같아서 이것을 찾고자 하는 '이 마음'이 바로 찾으려는 '그 마음'과 둘이 아니다. 이미 이대로 자신의 마음인데 어찌 다시 알려고 하는가? 만약 알고자 한다면 곧 알지 못할 것이다. 이 자성은 알려지는 대상이 아니기 때문이다. 둘로 나뉘지 않기 때문이다. 다만 알지 못하는 줄 알면 그것이 바로 견성(見性)이다.

『수심결』에서 매우 유명한 구절이다. 단지불회 시즉견성(但知不會 是卽見性), 다만 알지 못한다는 것을 알면 그것이 바로 견성이다. 이런 낯선 방식이 중생의 분별 세상에는 없던 것이기 때문에 익숙하지 않다. 그러다 보니 도를 구하는 사람들이 자기가 자기를 확인하는 이 낯선 불이법의 방식을 도저히 이해할 수 없다. 불이법의 방식은 이해할 수 있는 것이 아니다. 우리의 중생심, 분별심은 곧 식(識)인데, 이 식은 곧 둘로 나누어 놓고 분별해서 대상을 아는 마음이기 때문이다.

그동안 우리가 쓰고 살던 마음은 '분별해서 대상을 아는 마음'이었다. 그래서 분별하지 않고 자기가 자기를 확인하는 이 낯선 방식 앞에서 꽉 막히게 마련이다. 이것이 우리가 마음공부를 어렵고 낯설게 느끼는 이유다. 그동안 하던 생각과 분별 방식의 기틀을 한

번 크게 돌려 회광반조(廻光返照)함으로써 문득 자기가 자기를 확인하는 '하나 됨', 즉 계합(契合)의 체험이 필요하다.

계합이란 '이것'이 '저것'과 하나 되는 것이 아니라, 본래부터 하나임을 확인하는 것일 뿐이다. 이것은 알아서 확인하는 것이 아니다. 알고자 하면, 벌써 둘로 나누어진다. 알려는 마음 자체가 '아는 나'와 '아는 것'을 둘로 나누는 분별이기 때문이다. 다만 알지 못하는 줄 확실하게 깨달으면, 그것이 바로 견성이다.

16

할 일을 다 마친 대장부

물었다.

"근기가 뛰어난 사람은 듣는 즉시 쉽게 알겠지만, 중하(中
下)의 사람은 의혹이 없지 않을 것이니 다시 방편을 설하
여 미혹한 이들을 깨닫도록 해 주십시오."

답한다.

"도는 알고 모르는 데 속하지 않는다. 그대는 깨닫기를 기
다리는 미혹한 마음을 버리고 나의 말을 잘 들어라. 모든
법은 꿈과 같고 허깨비[幻化]와 같다. 그러므로 망념(妄念)
은 본래 고요하고, 티끌 같은 경계[객관 대상]는 본래 공(空)
하다. 모든 법이 다 공한 그곳에 신령스러운 앎[靈知]은 어
둡지 않으니, 공적영지(空寂靈知)라는 이 마음이 바로 그

대의 본래면목(本來面目)이며, 삼세의 모든 부처님과 역대의 조사들과 천하의 선지식이 서로 은밀하게 전한 법인(法印)이다. 만약 이 마음을 깨달으면 참으로 단계를 거치지 않고 바로 부처의 경지에 올라 걸음걸음이 삼계를 초월하고 본래의 집에 돌아가[歸家] 단박에 의심을 끊을 것이다. 그래서 인간과 천상의 스승이 되고, 자비와 지혜가 서로 도와 자기도 이롭고 남도 이롭게 하므로, 인간과 천상에게 공양을 받게 될 것이니, 하루에 만 냥의 황금이라도 쓸 만하다. 그대가 만약 이와 같다면 참다운 대장부로서 한평생 할 일을 다 마친 것이다."

問上上之人 聞卽易會 中下之人 不無疑惑 更說方便
令迷者趣入 答道不屬知不知 汝除却將迷待悟之心 廳
我言說 諸法如夢 亦如幻化 故妄念本寂 塵境本空 諸
法 皆空之處 靈知不昧 卽此空寂靈知之心 是汝本來面
目 亦是三世諸佛 歷代祖師 天下善知識 密密 相傳底
法印也 若悟此心 眞所謂不踐階梯 徑登佛地 步步超三
界 歸家頓絶疑 便與人天爲師 悲智相資 具足二利 堪
受人天供養 日消萬兩黃金 汝若如是 眞大丈夫 一生能
事 已畢矣

이렇게 말하더라도, 여전히 깨닫지 못하는 중하 근기의 사람들을 위해 다시 설한다. 그대는 가슴으로 들어보라. 다만 '귀 기울여 잘 들으면 깨닫겠지' 하고 깨닫기를 기다리는 마음으로 듣는다면, 그 또한 분별심이기에 방해가 될 뿐이다. 깨닫기를 기다리는 마음 자체가 미혹한 마음이다.

그저 진실이 무엇인지 확인하고자 하는 순수한 발심(發心)이 있을 뿐이어야지, 다른 사람들은 못 깨달은 것을 내가 깨닫겠다거나, 내가 깨달아 부처가 되겠다거나 하는 마음으로 깨닫기를 기다리면 그것 자체가 아상(我相)일 뿐이다.

많은 이들이 수행을 한다고 하지만, '내가' 하는 수행이 되기 때문에 어긋난다. '나'는 결코 수행을 할 수 없다. 바로 그 수행한다고 하는 내가 사라지는 것이 곧 수행이다.

마찬가지로 '나'는 결코 깨달을 수 없다. '내가 열심히 수행해서 그 결과 깨달았다'고 하는 인과적인 결과는 이 공부에서는 없다. 나도 사라지고 깨달음도 사라지는 것, 내가 깨닫는 것이 아니라 법이 법 자신을 확인하는 것 그것이 참된 깨달음이다.

또한 가르침을 가슴으로 직접 체험해 맛보고자 하는 마음으로 들어야지, 머리로 헤아려서 정리하고 알려는 마음으로 듣는다면 그 또한 알음알이의 일이기에 이 마음을 확인하기 어렵다. 도는 알고 모르는 데 속하지 않는다. 알고 모르는 것은 곧 분별 의식, 식(識)에 속하는 일이기 때문이다.

모든 법은 꿈과 같고 허깨비와 같다. 중생의 망념, 분별 의식도 본래 고요하고, 티끌 같은 객관 대상인 경계 또한 본래는 공(空)하다. 다만 공한 가운데 인연이 화합하면 인연가합으로 인연생 인연멸하며 거짓된 허망한 경계가 일어나고 사라질 뿐이다. 인연생 인연멸로 인연 따라 생겨난 모든 것은 꿈과 같고 허깨비와 같다. 실체로서 생겨난 것이 아니기 때문이다. 이처럼 모든 법이 다 공한 텅 빈 바탕에 신령스러운 앎은 어둡지 않으니, 공적영지가 바로 우리의 본래면목이며, 모든 부처님과 천하의 선지식이 은밀히 전한 가르침이다.

나도 공하고 세상도 공하다. 그런 공한 가운데 누가 부르면 대답도 하고, 세상 만물을 보기도 하고, 밥도 먹고, 숨도 쉬고, 이렇게 모든 것을 아는 근원적인 '나'가 있다. 있고 없음 너머에 있다. 여기에서 '안다'라는 것은 둘로 나누어 분별해서 안다는 말이 아니다. 분별 이전에 있는 그대로를 아는 마음이다. 이것이 바로 공적영지, 즉 소소영령하게 아는 마음이다.

누구나 눈앞을 본다. 그런데 사람에 따라 자기 분별심을 가지

16. 할 일을 다 마친 대장부

고 살기 때문에 눈앞에 어떤 대상을 볼 때 다 자기식대로 해석해서 그것을 바라본다. 그렇기에 같은 대상을 보더라도 보는 사람에 따라 생각이 다 다르다. 그런데 그렇게 해석, 판단, 분별해서 바라보기 이전에 그저 '볼 뿐'으로 이것이 먼저 있다. '봄'을 아는 이것이 먼저다. 갓난아기도 무엇이든 다 볼 수 있지만, 분별하지 않기 때문에 그저 볼 뿐이다. 강아지도 눈앞에 무언가 오면 그것을 안다.

이처럼 분별하기 이전에 아는 마음을 '첫 번째 자리', '분별 이전 자리', '소소영령하게 아는 마음'이라고 부른다. 사람들은 보자마자 해석하는 습관이 있어서 이 첫 번째 자리를 보지 못하고 살지만, 누구나 이 공적영지심을 써서 세상 모든 것을 본다.

마치 기차 여행을 하는 사람이 창밖으로 세상을 볼 때 '좋은 풍경', '나쁜 풍경', '아름다운 풍경', '보기 싫은 풍경'하고 분별하며 바깥을 바라보는 것과 같다. 그러나 사실은 바깥 풍경을 보기에 앞서 먼저 '첫 번째 자리'를 보고 있다. 비유하면 이 첫 번째 자리가 바로 유리창이다. 바깥 풍경을 보려면 당연히 먼저 유리창을 보아야 한다. 유리창을 통해서만 바깥 풍경을 볼 수 있기 때문이다. 그런데도 사람들은 분별되는 바깥 풍경에만 관심을 가질 뿐, 눈앞에 늘 있는 유리창의 존재는 잊고 산다.

이렇듯 우리는 늘 공적영지한 마음인 첫 번째 자리, 분별 이전의 자리, 무분별의 마음을 써서 대상을 보고, 소리를 듣고, 밥을 먹고, 손을 움직이고, 길을 걷고, 숨을 쉬고, 느끼고 생각한다. 하지만

이 자리에는 관심이 없고 곧바로 두 번째 자리에 떨어져 그 모든 것을 분별할 줄만 알아 왔다. 분별되는 대상에만 관심이 있다. 자기 생각에 비춰 좋거나 싫다고 허망하게 분별하면서, 좋으면 집착하고 싫으면 거부하면서 괴로운 삶을 살고 있다. 집착하는 것을 얻지 못해 괴롭고, 거부하는 것이 자꾸 나타나 괴로운 것이다. 이것은 모두 두 번째 자리에 떨어져 분별심을 주인으로 알고, 그 분별심을 믿고 실체화하며 살았기 때문에 생겨난 허망한 괴로움이다.

분별 망상을 필요에 따라 쓰고 살면서도 첫 번째 자리, 분별 이전의 진실에 눈을 뜨게 되면 어떻게 될까? 분별을 하면서도 분별에 끌려다니지 않게 된다. 『금강경』의 '응무소주 이생기심(應無所住 而生其心)'이란 말처럼, 집착하는 바 없이 마음을 내고 산다. 생각을 하고 판단을 하면서도, 그 생각과 판단에 과도하게 집착하지 않는다. 좋아하고 싫어하더라도 과도하게 집착하거나 거부하지 않는다. 그렇기에 괴로움이 없다. 괴로움이 있으면서도 괴로움이 없다.

소리를 들을 때도 마찬가지다. 소리를 들을 때 우리는 먼저 어떤 소리가 들렸다는 그 들림 자체를 안다. 그런 뒤에 그 소리에 대해서 '이런 소리', '저런 소리', '듣기 싫은 소리', '듣기 좋은 소리'라고 하면서 해석하고 분별할 뿐이다. 어린아이도, 강아지나 고양이도 무슨 소리가 들려오든지 간에 이 첫 번째 자리에서 듣고 아는 '이것'은 똑같이 있다. 다만 어른들은 분별을 주인으로 알고 따라

16. 할 일을 다 마친 대장부

가다 보니, 그 소리를 순수하게 있는 그대로 듣지 못하고 자기식대로 분별해서 들을 뿐이다.

소리를 분별하고 해석해서 듣다가, 문득 분별 이전의 있는 그대로의 들음 자체를 듣는 것이 곧 본래면목을 확인하는 것이다. 우리의 분별은 내 귀가 저 바깥의 소리를 듣는다고 여기지만, 사실은 귀가 듣는 것이 아니다. 귀가 듣는 것이라면, 귀가 있으면 항상 소리를 들어야 할 것이다. 그러나 귀가 있더라도 우리가 다른 것에 집중해 있을 때는 소리를 듣지 못한다. 때로는 내 이름을 불러도 다른 생각에 빠져 있느라 그 소리를 듣지 못하기도 한다. 늘 들려오던 매미 소리, 풀벌레 소리를 전혀 모르고 살기도 한다.

산사에서 템플스테이를 할 때, 지금 이 순간 들려오는 모든 소리를 있는 그대로 들어보라고 하면 사람들이 깜짝 놀라며 말한다. 이렇게 자연의 소리가 다양하고 많은지 몰랐다고, 풀숲의 냄새가 이토록 진한지 미처 몰랐다고 말이다. 수련회 후 집에 돌아가서야 비로소 우리 집 주변에도 그런 풀벌레 소리가 늘 있었음을 깨닫곤 한다.

만약 귀가 듣는 것이라면, 잠을 잘 때도 귀는 열려 있으니 늘 들어야 한다. 하지만 깊은 잠에 빠졌을 때나 술에 취해 잠잘 때는 귀가 있어도 소리를 잘 듣지 못한다. 귀가 듣는 것이 아니기 때문이다. 귀라는 이 몸의 감각기관은 그저 몸의 일부일 뿐이다. 그러니 어떻게 들을 수 있겠는가?

마찬가지로 눈이 보는 것이 아니다. 눈이 보는 것이라면 눈알을 빼놓고 스스로 보라고 해도 보아야 하지 않겠는가? 사람이 살아 있다가 지금 막 죽었다면, 아직 눈이 남아 있으니 마땅히 보아야 하겠지만 죽고 나면 보지 못한다. 설사 두 눈을 뜨고 있더라도 머릿속에서 다른 것을 깊이 생각하고 있었다면, 눈앞에 있는 것을 분명히 보았겠지만 보지 못한다. 자신의 눈으로는 눈앞을 보고 있었으면서도, 분명히 보였을 텐데도, 사실은 눈앞을 본 것이 아니라 자기 생각 속의 이미지 속에 빠져 그 허상을 보고 있었기 때문이다. 그러니 어찌 눈이 본다고 할 수 있겠는가. 사실은 눈이 보고 귀가 듣는 것이 아니라 '이것', 즉 소소영령하게 아는 그대의 본래면목이 소리를 들을 줄도 알고, 사물을 볼 줄도 안다.

이런 말이 몹시 낯설고, 처음 들어보는 말이기 쉽다. 말도 안 된다고 어이없어할지도 모른다. 어떻게 눈이 보고 귀가 듣는 것을 아니라고 할 수 있단 말인가?

이 공부는 그동안 맹목적으로 믿어 왔던 것을 돌이켜 보는 것이다. 당연시해 왔던 사실에 대해 정말 그런가 하고 냉정하고 실질적으로 돌이켜보고, 체험적으로 스스로 확인해 보는 공부이다. 우리는 그동안 너무나도 당연하게 이 몸이 나이고, 이 마음이 나라고 생각해 왔고 믿어 왔다. 그래서 이 몸과 마음이 내가 아니고, 보고 듣는 것이 눈과 귀가 아니라는 말이 너무 낯설고 믿기 어렵다. 이해한다. 그러나 그대가 진정 자신의 본래면목을 확인하고 싶다면,

16. 할 일을 다 마친 대장부

내가 누구인지 냉정하게 확인하고 싶다면, 지금까지 해 왔던 분별과 생각의 습관을 따라갈 것이 아니라, 분별 이전의 직접적인 체험으로 이 진실을 확인해 볼 수 있어야 한다.

부처님 가르침의 핵심도 무아(無我)이지 않은가? 낯선 말인 듯하지만, 불교에서는 아주 일상적으로 해오던 말이다. 그래서 이런 말이 나오면, 그냥 교리적으로 받아들이고 머리로 이해해서 그런 뜻임을 나도 안다고 여기고는 그냥 넘어가 버리기 쉽다. 불교 공부는 그렇게 머리로 이해하는 공부가 아니다. 정말 그런지 알고 싶다면, 스스로 분별을 내려놓고, 고정관념과 선입견을 내려놓고, 텅 빈 마음으로, 전혀 새로운 마음으로, 깊은 호기심과 간절한 진리의 탐구심을 가지고 직접 뛰어들어 체험적으로 깨닫기를 발원해야 한다. '부처님은 그렇게 말하셨나 보다', '가만 생각해 보니 그럴 수도 있겠네' 하고 이해하고 넘어가서는 안 된다. 정말로 무아인지 확인해야 한다. 물론 이것은 가능하다.

정말로 귀가 듣고, 눈이 보고, 코가 냄새 맡고, 혀가 맛보고, 몸이 감촉을 느끼고, 뜻이 생각하는 것이 옳은가? 정말 몸의 기관이 하는 것이라면, 깊은 잠에 빠지거나 실신했을 때도 여전히 눈·귀·코·혀·몸·뜻은 있으니 보고 듣고 맛보고 냄새 맡고 해야 하지 않은가? 실상은 그렇지 못하다. 그렇다면 눈·귀·코·혀·몸·뜻이 하는 일이 아니란 뜻이 아닌가?

앞 장에서 이 몸과 마음이 내가 아님을 살펴보았다. 여기에서도 주관이라고 여겼던 눈·귀·코·혀·몸·뜻이라는 감각기관이 진짜 '나'가 아님을 살펴보고 있다. 이 몸과 마음, 이 몸의 감각기관이 '나'가 아니라면 무엇이 듣고 보고 냄새 맡고 맛보고 느끼고 생각하는 것일까? 소리가 들리면 들을 줄 알고, 눈앞의 대상을 볼 줄 알고, 냄새 맡을 줄 알고, 감촉을 느낄 줄 알고, 생각을 일으킬 줄 알고, 숨 쉴 줄 알고, 잠잘 줄 알고, 아침에 먹은 밥을 소화할 줄 알고, 키를 자라게 하고, 손톱이나 머리카락을 자라나게 할 줄 아는 '이것'은 무엇일까?

아침에 먹은 밥은 내가 소화하는 것일까? 내가 노력하지 않더라도 저절로 소화되고 있지 않은가? 숨도 내가 쉬려고 애쓰지 않더라도 저절로 쉬어지지 않는가? 내가 나를 나이 들게 하고, 키를 자라게 하고, 손톱과 머리카락을 자라나게 하는가? 아니다. 저절로 이루어진다.

어떤 이는 밥 먹는 것은 내가 선택해서 내가 한다고 말한다. 무엇을 먹을지 내가 선택한다는 것이다. 하지만 이 또한 인연 따라 저절로 이루어진다. 어제 느끼한 것을 많이 먹고 잤다면, 혹은 술을 많이 마시고 잤다면, 아침에 느끼하지 않은 음식이나 술을 깨워주는 음식을 저절로 먹고 싶어진다. 짠 음식을 먹었다면 저절로 물을 찾아 마신다. 자동으로 이루어진다.

밥 먹을 때 다른 사람과 심각한 이야기를 하고 있더라도, 손이 숟가락과 젓가락을 마음껏 휘저으며 먹고 싶은 음식을 알아서 먹

　　　　　　　16. 할 일을 다 마친 대장부

는다.

　다른 생각을 하거나 전화를 하거나 음악을 들으면서 운전을 하더라도 저절로 목적지에 도착한다. 내가 노력해서 운전하고 액셀과 브레이크를 정교하게 계산해서 밟는 것이 아니다. 지네, 그리마, 노래기, 돈벌레 같은 다지류의 벌레들이 정교하게 계산해서 그 수많은 다리를 이끌고 움직이는 것일까? 사람도 두 개밖에 안 되는 다리를 계산해서 걷지 않는다. 다른 생각을 하면서 걷더라도 저절로 걸어진다.

　이 모든 것이 정말 내가 하는 것일까? 저절로 되지 않은가? 내가 없는 가운데 이 모든 것이 저절로 이렇게 되고 있음을 있는 그대로 비추면서, 다만 알고 있는 것이 진짜 내가 아닐까? 내가 하는 것이 아니라 '이것'이 모든 것을 행하는 게 아닐까? 모든 것이 그저 '이 일'이지 않은가? 이것이 바로 그토록 내가 '나, 나' 하며 살던 진정한 '나'가 아니겠는가? 어릴 때도 우리는 '나는 이런 사람이야~', '내가… 했어'라고 하면서 내가 이랬다느니 저랬다느니 해 왔고, 지금도 '나는~'이라고 하면서 나 있음의 존재감을 말하곤 한다. 그때의 '나'는 이 몸이나 생각, 느낌, 감정이 아니다.

　내가 '나'라고 알고 있는 이 근원적인 '나 있음'의 감각, 그것은 이 몸이나 마음이 아니다. 내 이름을 부르면 '예'하고 대답하는 '이것', 볼 줄 알고, 느낄 줄 알고, 말할 줄 알고, 움직일 줄 아는 '이것'이야말로 진정한 나의 본래면목이다. '이것'은 보는 거기에서, 듣는 그곳에서 확인될 뿐, 직접 눈으로 보거나 만져 볼 수 있는 '무언가'가 아니다. 그냥 '있음'이다.

그냥 이렇게 있지 않은가. 보는 것을 통해서 보고 '있음'이 확인되고, 듣는 것을 통해서 듣고 '있음'이 확인된다. 냄새 맡고, 맛보고, 감촉을 느끼고, 생각하는 것을 통해서도 이 근원적인 '있음'이 확인된다. 이렇게 '있음'은 그저 확인될 뿐, 따로 대상화해서 찾을 수는 없다. 찾고 있는 이것이 바로 찾는 그것이기 때문이다. 둘이 아니기 때문이다. 무엇을 하든 행하려고 하는 즉시 바로 '이것'이 확인된다.

선에서는 '이것'을 거울이라고 표현하기도 한다. 이 마음은 거울처럼 대상을 있는 그대로 비추는 측면이 있기 때문이다. 거울은 대상이 무엇이든 거울 앞에 나타난 것을 그저 있는 그대로 비춘다. 똥이 나타나도 싫어하지 않고, 금은보화가 나타나도 좋아하지 않는다. 분별없이 그저 있는 그대로 비출 뿐이다.

'불성', '공적영지심', '본래면목'이라고 부르는 우리의 이 마음은 어떻게 비출까? 눈앞의 모든 것을 그대로 비춘다. 보자마자 해석하기 전에 첫 번째 자리에서 먼저 있는 그대로 본다. 갓난아기는 분별하여 대상이 무엇인지를 해석하지는 못하지만, 갓난아기도 눈앞에 무엇인가가 나타나면 나타난 줄 안다. 이 비추는 성품은 우리와 똑같은 것이다. 다만 우리는 그 대상을 분별하고 취사하기 때문에, 나타난 대상을 첫 번째 자리에서 있는 그대로 비추기보다는,

비춘 뒤에 따라붙는 분별심으로 대상을 파악하기만 한다.

또한 이 공적영지심의 거울 같은 마음은, 소리가 나타나면 소리를 비춘다. 분별의식인 이식(耳識)은 소리가 날 때 소리를 듣고 어떤 소리인지를 분별하는 데 초점을 맞춘다. 그러나 '무슨 소리인지'를 판단분별하기 이전에, 첫 번째 자리에서 먼저 분별없이 듣는 작용이 먼저 일어난다. 소리를 비추는 것이다. '비춘다'는 표현은 곧 분별하지 않고 대상이 드러날 때 있는 그대로를 드러내는 것을 말한다. 거울의 이 비추는 성품은 사물만 비추는 것이 아니라, 이렇듯 소리도 비추고, 냄새도 비추고, 맛도 비추고, 촉감도 비추고, 생각도 비춘다. 즉 비춘다는 말에서 보듯, 보고 듣고 냄새 맡고 맛보고 감촉 느끼고 생각하면서 먼저 있는 이 첫 번째 자리의 '비춤'이 먼저 있다. 이 비추는 성품이 첫 번째 자리이며, 본래성품인 것이다.

비추는 '이것'이 보고 듣고 맛보고 냄새 맡고 감촉 느끼고 생각하는 것이다! 눈이 보고 귀가 듣는 것이 아니라, '이것' 하나가 보고 듣고 느끼고 아는 모든 것을 한다. 다만 두 번째 자리에 떨어져 분별하면, 곧장 나뉘고 쪼개지고 분별되어 눈이 보고, 귀가 듣고, 코가 냄새 맡고, 혀가 맛보고, 몸으로 감촉을 느끼고, 뜻으로 생각한다는 분별이 생겨난 것이다. 이것이 허망한 망상임을 일깨우는 교리가 바로 십이처와 십팔계의 교리다. 『반야심경』의 '무안이비설신의 무색성향미촉법 무안계 내지 무의식계'가 그것이다.

보는 내가 실재하고 보이는 대상도 실재하며, 듣는 내가 실재하고 들리는 소리가 실재하는 것 같고, 나와 세계가 전부 다 실재하는 것처럼 분별되지만, 그것은 모두 두 번째 자리에 떨어져 분별한 결과일 뿐이다. 이 첫 번째 자리인 비추는 자리에서는 둘이 아니다. 여럿으로 나뉘지 않는다. 무엇이라 할 만한 것이 없다. 텅 비었다. 있지만 없고 없지만 있다. 공적하여 텅 비었지만, 소소영령하게 아는, 비추는 이것이 있으니 없다고 할 수도 없다.

모든 법이 다 공하다. 그 텅 빈 공함 위에서 인연 따라 생멸하는 연생(緣生) 무생(無生)의 생멸법들이 오고 간다. 인연 따라 생겨나고 사라지는 것들, 즉 연(緣)하여 생겨난 연생은 곧 무생이다. 즉 인연생 인연멸의 존재는 근원에서 생겨났지만 생겨난 바가 없어 무생이다. 그렇게 텅 빈 가운데 무생의 존재들이 연생연멸하며 허망하게 오고 간다. 인연생 인연멸의 모든 존재는 무생이어서 무아(無我)다. 오고 가는 것들, 즉 생멸법은 진정한 나의 본성일 수 없다. 왔다가 가는 허망한 것을 어떻게 진정한 '나'라고 할 수 있겠는가?

이런 실상을 공적(空寂)이라고 표현했다. 이런 공적한 가운데 왔다가 가지 않는 것이 있으니, 그것이 바로 그대의 본래면목이다. 왔다가 가는 것은 생멸법이고 인연법이어서 무생이고 무아일 뿐이다. 모든 것이 왔다가 간다. 그러나 왔다가 감 없이 움직이지 않는 자리에서, 그 모든 왔다가 가는 것들의 배경에서, 그 모든 왔다가 가는 것들을 비추고 있는 '이것'이 있지 않은가?

어려울 게 없다. 성공도 왔다가 가고 실패도 왔다가 가지만, 여기에서 그 성공도 알아차리고 실패도 알아차리는 '이것'만은 오고 가지 않는다. 성공도 아니고 실패도 아니면서, 그 모든 것의 배경에서 움직이지 않고 늘 여여하게 있는 그대로를 비추면서 알아차리고 있지 않은가. 행복도 왔다가 가고 실패도 왔다가 가지만, 그것들이 왔다가 가려면 그 모든 것이 왔다가 감을 늘 알고 있는 '이것'이 있어야 한다. 왔다가 가는 것이 진짜 '나'인가? 아니면 늘 여여하게 이 자리에서 왔다가 갔음을 아는 이놈이 진짜 '나'인가? 오고 가는 것은 진짜 '나'일 수 없다.

생각도 오고 가고, 감정도 오고 가고, 성공도 왔다가 가고, 젊음도 왔다가 가고, 돈과 명예도 왔다가 간다. 사실은 이 몸도 왔다가 가는 것일 뿐이다. 어릴 때의 몸이 가고, 지금은 전혀 다른 성장한 몸이 와 있지 않은가! 끊임없이 음식을 먹고 배설하면서 이 몸은 계속해서 변화하고 있다. 그 끊임없는 변화의 배경에서, 모든 것이 오고 가더라도 오고 가지 않으면서, 늘 '나'라고 하는 이 근원적인 '나 있음'의 감각이 있지 않은가.

진정한 '나'는 오고 가는 것이 아니다. 부처님의 다른 명호를 여래여거(如來如去)라고 하는데, 이는 여여하게 오고 여여하게 가는 분, 즉 오고 가는 분이 아닌 분을 말한다. 세상 모든 것은 오고 가지만 '이것', '여래'만은 오고 가지 않는다. '이 하나의 진실', 즉 '여래여거'인 이 참 부처, 참마음만이 진실이다.

그렇다고 해서 이 참마음, 참 부처라는 것이 불변하는 본체로서 늘 실재하여 영원히 죽지 않는 고정된 실체는 아니다. '이것'은 힌두교의 아트만(Atman)이 아니다. 그래서 6조 혜능 스님은 '본래무일물(本來無一物)'라고 하여, 본래는 한 물건도 없다고 설했다.

　　참 부처, 불성, 본래면목을 선에서는 소에 비유하기도 한다. 깨달음의 과정을 소를 찾아가는 과정에 비유해 그린 그림을 심우도(尋牛圖), 혹은 십우도(十牛圖)라고 부른다. 여기에서 본래면목을 찾는 것을 견우(見牛), 득우(得牛)라고 한다. 소를 보고, 소를 얻었다는 것으로 이것이 곧 견성(見性)이다. 그 뒤에 목우(牧牛)라 해서 소를 길들이는 점수, 보임의 시간이 나온다. 더 뒤로 가면 망우존인(忘牛存人)과 인우구망(人牛俱忘)에서 소가 사라진다. 그리고 마침내 반본환원(返本還源), 즉 본래 자리로 돌아와 입전수수(立廛垂手)로 거리에 나가 중생을 제도하게 된다.

　　십우도는 선의 깨달음 단계 아닌 단계를 보여준다. 본래면목, 주인공, 불성, 자성을 소에 비유해서 처음에는 방편으로 소를 내세워 이를 찾고 길들이게 한다. 하지만 결국에는 소가 사라지고 일상으로 회귀한다. 즉 불성, 본래면목은 하나의 방편이었을 뿐이다. 그런 것이 따로 있는 것이 아니다.

　　'나 있음'은 곧 '나 없음'과 다르지 않다. 불심(佛心)이 곧 무심(無心)이다. 물론 이 말은 이해되는 말이 아니다. 다만 '이것'이 확인되고 나면 저절로 '있다고 할 수도 없고, 없다고 할 수도 없음'이 자

　　　　　　　　　16. 할 일을 다 마친 대장부

각된다. '이것'이라고 할 것조차 내세울 수 없음이 확연해진다. 본래면목, 주인공, 불성, 깨달음이 따로 있는 것이 아니라 번뇌 망상과 분별이 사라졌을 뿐이다. 모든 괴로움에서 벗어나 있는 그대로 자연스럽게 살아갈 뿐이다. 이것이 불교와 선의 가르침의 핵심이다. 또한 이것이 바로 초기불교의 사성제(四聖諦)다.

불교는 괴로움과 괴로움의 소멸을 설하는 것일 뿐, 따로 깨달음을 내세우지 않는다. 괴로움이 소멸한 상태를 깨달음, 열반, 해탈, 견성, 증오라고 방편으로 이름 지었을 뿐이다. 이것을 모르고, 초기불교를 공부하는 사람 가운데 선불교는 힌두교의 아트만처럼 불성을 내세우기 때문에 무아를 가르치는 불교와는 다르다고 비판하는 사람이 있다. 전혀 그렇지 않다.

다시 본문으로 돌아가 보자.

만약 이 마음을 깨달으면 참으로 단계를 거치지 않고 바로 부처의 경지에 올라 걸음걸음이 삼계를 초월하고 본래의 집에 돌아가[歸家] 단박에 의심을 끊을 것이다. 그래서 인간과 천상의 스승이 되고, 자비와 지혜가 서로 도와 자기도 이롭고 남도 이롭게 하므로, 인간과 천상에게 공양을 받게 될 것이니, 하루에 만 냥의 황금이라도 쓸 만하다. 그대가 만약 이와 같다면 참다운 대장부로서 한평생 할 일을 다 마친 것이다.

이 마음을 깨달으면 단계를 거칠 것 없이 곧장 부처다. 견성 이후에 점수가 남았을지라도, 견성 자체가 이미 본래의 집으로 돌아가 단박에 의심을 끊은 부처의 경지와 같다. 이렇게 되면 인간과 천상의 스승이 되고, 자비와 지혜가 서로 도와 자기도 이롭고 남도 이롭게 하는 동체대비(同體大悲)의 삶을 저절로 살게 된다. 동체라는 둘이 아닌 불이법의 지혜를 깨닫게 되니, 이 세상과 내가 둘이 아니어서 지혜가 곧 자비가 된다. 네 몸이 내 몸임을 깨닫는다.

이즈음 되면, 나와 법계가 둘이 아니게 된다. 이를 경전에서는 인간과 천상에게 공양받을 만하다고 표현하고 있다. 일체의 모든 존재, 심지어 천상의 존재들까지 그를 공양한다는 것이다. 이런 참사람이라면 하루에 만 냥의 황금이라도 쓸 만하다. 만 냥의 황금이 나와 둘이 아니기 때문이다.

온 우주 전체와 둘이 아닌 자리에 서게 되면 계율을 지켰느니 어겼느니, 잘사느니 못 사느니, 돈을 많이 쓰느니 적게 쓰느니 하며 우리의 잣대로 스승을 판단할 수 없게 된다. 그래서 깨닫기 전에는 내가 계율을 지키고 살아야 하지만, 깨닫고 나면 무슨 행위를 하든 모든 행위가 법에 맞게 되니, 이제는 계율이 나를 따라온다고 했다.

부처님도 수많은 왕과 장자들에게 공양받고 보시받았다. 그들이 직접 절을 지어 부처님의 승단에 보시한 예가 셀 수 없이 많았다. 데바닷타는 그런 부처님을 헐뜯었다. 더욱 강화된 계율을 바탕으로 철저히 검소한 삶을 살아야만 수행자라고 할 수 있다며 욕하고 나섰다. 그러나 부처님은 그것이 중도가 아니라고 만류했다.

부처님 같은 분에게는 황금 만 냥이 아니라, 아무리 많은 보시를 하더라도 그것이 그대로 공덕이 된다. 그러나 깨닫지 못하고 탐진치 삼독에 휘둘리며 살아간다면, 아무리 겉모습이 거룩한 수행자인 척 살아가더라도 금 한 돈도 소화하지 못한다. 어떠한가? 이렇게 한 생 인간으로 태어난 이상, 참다운 대장부로서 평생 해야할 일을 다 마치고 가야 하지 않겠는가?

17

묻는 것이 그것이다

물었다.

"저의 입장에서 본다면, 어떤 것이 텅 비고 신령스럽게 아는 공적영지(空寂靈知)의 마음입니까?"

답한다.

"그대가 지금 나에게 묻는 그것이 바로 그대의 공적영지의 마음인데, 어째서 돌이켜 비추지 않고 밖에서 찾는가. 내가 이제 그대의 분상(分上)에 의거해서 바로 본래의 마음을 가리켜[直指本心] 그대를 깨닫게 할 것이니 마음을 깨끗이 하고 내 말을 잘 들어라. 아침부터 저녁까지 하루 종일 보고, 듣고, 웃고, 말하며, 혹은 성내거나 기뻐하거나, 또는 옳다, 그르다 하는 가지가지의 행위와 동작은 필경 누가 그렇게 하게 하는가. 만약 육신이 움직이게 하는 것이라면, 어째서 금방 목숨이 끊어진 사람의 몸은 아직 썩지도 않았는데 눈이 보지 못하고, 귀는 듣지 못하고, 코는 냄새를 맡지 못하고, 혀는 말을 하지 못하고, 몸은 움직이지 못하고, 손은 잡지 못하고, 발은 걷지 못하는가? 그러므로 보고, 듣고, 움직이는 것은 반드시 그대의 본마음[本心]이지 그대의 육신이 아님을 알 수 있다. 뿐만 아니라 이 육신을 이루고 있는 사대(四大: 地水火風)는 성품이 공한 것이어서 거울 속의 영상과 같고 물속의 달과 같은데, 어떻게 항상 뚜렷이 알고 분명하고 어둡지 않아 항하강의 모래알같이 한량없는 묘한 작용을 일으킬 수 있겠는가. 그러므로 '신통(神通)과 묘용(妙用)은 물을 긷고 나무를 운반하는 것'이라 하였다."

問據吾分上 何者是空寂靈知之心耶 答汝今問我者 是
汝空寂靈知之心 何不返照 猶爲外覓 我今據汝分上 直
指本心 令汝便悟 汝須淨心 聽我言說 從朝至暮 十二
時中 或見或聞 或笑或語 或瞋或喜 或是或非 種種施
爲運轉 且道畢 竟是誰 能伊麼運轉施爲耶 若言色身運
轉 何故有人 一念命終 都未壞爛 即眼不自見 耳不能
聞 鼻不辨香 舌不談論 身不動搖 手不執捉 足不運奔
耶 是知能見聞搏作 必是汝本心 不是汝色身也 況此色
身 四大性空 如鏡中像 亦如水月 豈能了了常知 明明
不昧 感而遂通恒沙妙用也 故云神通 幷妙用 運水及搬
柴

여전히 공적영지심이 무엇인지 모르겠는가? 도대체 무엇이 나의 공적영지일까? 다시 한번 텅 비고 신령스럽게 아는 공적영지의 마음이 무엇인지 묻고 있다.

'공적영지심이 저의 입장에서는 도대체 무엇입니까?'라고 묻는 바로 그것이 그대의 공적영지의 마음이다. 어째서 돌이켜 자신을 비추지 않고 그것을 밖에서 찾는가? 내가 이제 그대의 분상에 의거하여, 그대의 수준에 맞춰서, 그대에게 맞는 방편으로 그대의 본래 마음을 가리켜 그대를 깨닫게 하고자 하니, 부디 마음을 깨끗이 하고 이 말을 들어보라.

중요한 점은 '마음을 깨끗이 하고' 이 말을 들으라는 점이다. 이것은 머리로 듣지 말고, 생각해서 듣지 말고, 가슴으로 직접 느껴보라는 것이다. 마음에 이미 꽉 차 있는 지식과 분별로 해석해서 듣지 말라는 말이다.

그대가 아침부터 저녁까지 온종일 보고, 듣고, 웃고, 말하며, 혹은 성내거나 기뻐하거나, 또는 옳다 그르다 하는 가지가지의 행위와 동작은 필경 누가 그렇게 하게 하는가? 만약 육신이 이 모든 것을 움직이게 하는 것이라면, 어째서 금방 목숨이 끊어진 사람의 몸은 아직 썩지도 않았는데, 눈이 보지 못하고, 귀는 듣지 못하고, 코는 냄새를 맡지 못하고, 혀는 말을 하지 못하고, 몸은 움직이지 못하고, 손은 잡지 못하고, 발은 걷지 못하는가? 이 몸이 하는 것이라면, 사람의 목숨이 지금 막 끊어졌더라도 몸은 여전히 그 몸이니 몸이 몸을 움직일 줄 알아야 한다. 몸이 눈을 써서 보게 하고, 귀를 써서 듣게 하고, 손으로 잡고, 발로 걸어 움직일 수 있어야 한다. 그렇지 않은가?

이 몸의 귀가 듣는 것이라면, 누군가가 내 이름을 부를 때 늘 들어야 한다. 하지만 깊은 생각에 빠져 있거나 TV에 집중해 있을 때는 그 소리를 못 듣기도 한다. 귀가 있는데 왜 못 들을까? 깊은 잠에 빠져 있을 때도 귀는 열려 있으니 늘 들어야 하는데, 왜 못 듣는 것일까? 혹시 귀가 듣는 것이 아닌 것은 아닐까?

그러므로 보고, 듣고, 움직이는 것은 반드시 그대의 본마음, 본래면목, 공적영지심이 하는 것이지 그대의 육신이 하는 것이 아님을 알 수 있다. 물론 여기에서 본마음, 본래면목, 공적영지심이라 하는 것은 하나의 말이고 언어일 뿐이다. 말로 표현할 수 없는 것을 말로 이름 붙여 본 것이다. 언어로 가리킬 수 없는 것을 그냥 임시로 이름 지어 붙여 본 것일 뿐이다. 본마음, 본래면목, 공적영지라고 하는 이 진정한 나의 본래 모습을 따로 보거나 만져 보거나 알 수는 없다. 그런 무언가가 따로 있지 않기 때문이다.

17. 묻는 것이 그것이다

따로 있지 않다는 말은 그저 소리를 듣고, 눈으로 보고, 바람이 불어오고, 나뭇잎이 흔들리고, 배고프면 먹고, 졸리면 자고, 손으로 붙잡고, 발로 걷는 등의 일체 모든 작용이 그대로 그대의 본마음이요 본래면목이라는 것이다. 둘이 아니다. 지금 이대로가 전부이지, 따로 있는 부처나 깨달음은 없다.

다시 한번 가만히 들어보라. 이 육신은 지수화풍(地水火風) 사대(四大)가 인연 따라 임시로 그저 모인 집합체일 뿐이다. 연기된 것은 성품이 공(空)한 것이어서 거울 속의 영상과 같아 실체가 없다. 물속의 달과 같아서 붙잡을 수 없다. 이 허망한 몸이 어떻게 항상 뚜렷이 알고, 분명하고, 어둡지 않아 항하강의 모래알같이 한량없는 묘한 작용을 일으킬 수 있겠는가? 이 몸이 어떻게 보고 듣고 깨달아 알 수 있겠는가? 보고, 듣고, 냄새 맡고, 맛보고, 손으로 잡고, 발로 걷고, 몸으로 움직이고, 숨 쉴 수 있겠는가? 이것을 행하는 것은 육신도 아니고, 생각·느낌·감정 같은 마음도 아니다. 몸과 마음이 '나'가 아니다. 정작 이 몸을 움직이고 작용하게 하는 것은 몸도 아니고 마음도 아니다.

그러면 도대체 무엇이란 말인가? 몸도 마음도 내가 아닌데, 항상 부르면 대답할 줄 알고, 들리면 들을 줄 알고, 냄새가 나면 향기를 맡을 줄 알며, 배고프면 밥을 먹을 줄 알고, 손과 발을 움직일 줄 안다. 무엇인지 확실히 모르겠지만, 분명히 몸과 마음이 아닌 다른 무엇이 이 모든 것을 행하고 있지 않은가? 무엇이 이 모든 작용을 일으키는가? 모른다. 모르지만 무언가가 한다는 것만은 확실하다. 눈은 눈을 볼 수 없지만, 보는 작용을 통해 여기에 눈이 있음을 그저 알 뿐이다. 마찬가지로 무엇인지는 모르겠지만, 이렇게 묘한 작용을 일으키는 놈이 있음을 그저 안다.

그러면 '이것'은 어떻게 생겼을까? 모양이 있을까? 빛깔이 있을까? 공적영지한 마음은 크기가 있을까? 내 몸의 안쪽에 있는 것일까? 바깥에 있는 것일까? 이것이 생겨나거나 사라질 수 있을까? '이것'에 과거나 미래가 있을까?

'이것'이 몸을 움직이게 하고 작용하게 한다면, 바깥을 지나다니는 저 다른 사람들이 보고, 듣고, 말하고, 움직이는 것 또한 동일한 '이것'이 하는 것은 아닐까? 나아가 별이 뜨고, 바람이 불고, 계절이 변화하며, 비를 내리게 하고, 역사를 움직여 가고, 온 우주 일체의 별을 성주괴공(成住壞空)하게 하는 놈도 '이것'이 아닐까?

'이것'이 내 몸 안에만 있을까? 저 바깥 어느 곳이든 '이것'이 확인되지 않는가? 천장에도, 벽에도, 나무에도, 산에도, 들에서도, 바다에서도, 타인에게서도, 바람과 구름에서도, 반짝이는 별에서도 '이것'이 확인되지 않는가?

석가모니 부처님은 바로 이 소식을 새벽 별이 깜빡일 때 확인한 것이다. 저 바깥, 저 먼 우주의 하늘 위 어느 곳에서 별이 빛나는 줄 알았는데, 문득 그 별이 나 자신임이 드러난 것이다. 저 별과 내가 다르지 않음을 깨달은 것이다. 그래서 이 공적영지심을 법신불

17. 묻는 것이 그것이다

(法身佛)이라고도 부른다. 법신(法身)이란 곧 이 세상 삼라만상 모든 것이 그대로 법의 몸, 불신(佛身)이라는 것이다. 이를 『화엄경』에서는 불신충만어법계(佛身充滿於法界)라 하여, 부처님의 몸은 우주 법계 일체 모든 곳에 충만해 아니 계신 곳이 없다고 했다.

법성게의 표현처럼 일즉일체다즉일(一卽一切多卽一), 즉 하나가 일체 모든 것이며, 일체 모든 것이 곧 하나라는 말도 할 수 있다. 일미진중함시방(一微塵中含十方), 즉 한 티끌 속에 시방세계 전체를 머금었다고도 말할 수 있는 것이다. 이 사실을 확인하는 것이 바로 신통이고 묘용이다. 이처럼 말하고, 듣고, 손을 움직이고, 발을 움직여 걷는 것이 그대로 신통 묘용이다. 눈으로 보고, 귀로 듣고, 코로 냄새 맡고, 입으로 말하고, 손으로 잡고, 발로 걷는 것이 그대로 법이요 본래면목임을 확인했다면, 이 평범한 일상사가 그대로 신통 묘용이 아니겠는가? 어떻게 따로 축지법을 쓰고 남의 마음을 읽는 것이 신통력일 수 있겠는가?

그래서 방 거사는 '참된 신통과 묘용은 물 긷고 나무하는 일(神通幷妙用 運水及搬柴)'이라고 했다. 물 긷고 나무하는 평범한 일상사를 도대체 무엇이 하는가? 공적영지심이 이 모든 것을 다 하지 않는가? 이것이야말로 한량없는 묘한 작용이다. 물 위를 걷는 것이 신통이 아니라, 길 위를 걷는 이것이 바로 신통 묘용이다.

18

들을 때 무엇이 듣는가?

진리에 들어가는 길은 많지만, 그대에게 하나의 길을 가리켜 그대의 근원으로 돌아가게 하겠다.

"그대는 저 까마귀 우는 소리와 까치가 지저귀는 소리를 듣는가?"

"예, 듣습니다."

"그대는 소리를 듣는 그대의 성품을 돌이켜 들어보라. 거기에도 많은 소리가 있는가?"

"여기에는 일체의 소리와 일체의 분별도 없습니다."

"기특하고 기특하구나. 이것이 바로 관음보살이 진리에 들어간 문이다. 내가 다시 그대에게 묻겠다. 그대는 거기에 일체의 소리와 일체의 분별도 얻을 수 없다고 하였는데, 그렇다면 그것은 그저 텅 빈 허공이 아니겠느냐?"

"이것은 원래부터 완전히 텅 빈 공(空)은 아니어서, 밝고 밝아 어둡지 않습니다."

"원래부터 텅 빈 것이 아니라면, 그 공하지 않은 것의 본체는 무엇이냐?"

"형상이 없으므로 말로 표현할 수 없습니다."

"그것이 모든 부처님과 조사들의 생명이니 다시는 의심하지 말라."

且入理多端 指汝一門 令汝還源 汝還聞鴉鳴鵲噪之聲
麼 曰聞 曰汝返聞汝聞性 還有許多聲麼 曰 到這裏 一
切聲一切分別 俱不可得 曰奇哉奇哉 此是觀音入理之
門 我更問爾 爾道到這裏 一切聲 一切分別 總不可得
旣不可得 當伊麼時 莫是虛空麼 曰元來不空 明明不昧
曰作麼生 是不空之體 曰亦無相貌 言之不可及 曰此是
諸佛諸祖壽命 更莫疑也

창밖 어딘가에서 매미가 시원하게 울고 있다. 매미 소리가 잠시 잠잠해진 틈을 타 새들이 지저귀는 소리가 들려온다. 언젠가부터 까마귀 우는 소리도 종종 들리고, 밤이면 길고양이 울음소리도 들린다. 때로는 절 앞 소방서에서 긴급 출동을 알리는 '삐~' 하는 소리도 들린다. 어디선가 차량이 빵빵거리는 소리도 들려온다. 절 옆의 사찰유치원 아이들이 넓은 경내를 재잘거리며 뛰어노는 모습을 그저 멍하니 듣고 있노라면, 천상이 따로 없구나 싶다.

무슨 소리가 들리든 상관이 없다. 당신 주변에서도 온종일 수많은 소리가 들려온다. 그동안 우리는 그 소리를 분별해서 어떤 소리는 듣기 좋고, 어떤 소리는 듣기 싫다고 판단해 왔다. 듣기 좋은 소리는 더 듣고 싶어서 집착하고, 듣기 싫은 소리는 짜증을 내며 거부해 왔다.

어떤 분은 윗집에서 울리는 층간 소음 때문에 화병이 쌓여 정신병원까지 다니게 되었다고 한다. 이처럼 평범한 소리일지라도, 그 소리를 내가 분별하면 괴로움이 생긴다. 듣기 좋은 소리와 듣기 싫은 소리로 나누고, 듣기 싫은 소리를 거부하면서 화내는 마음이

18. 들을 때 무엇이 듣는가?

커지다 보면 그것이 병이 되어 나를 괴롭게 한다. 아내는 층간 소음으로 죽을 것 같지만, 남편이나 아이들은 층간 소음 속에서도 아무 탈 없이 잘살고 있다. 오히려 엄마가 왜 저러시는지 모르겠다며 이해할 수 없다는 표정이다. 당연하다. 그 층간 소음은 자기 스스로 분별하고 취사간택한 자기 마음이 만들어 낸 괴로움이기 때문이다.

나는 강원도 전방 지역의 작은 군인 관사 아파트에서 산 적이 있다. 적막한 산속 아파트, 내가 사는 바로 윗집에 누군가가 이사를 왔다. 오래된 낡은 아파트라 그런지 윗집 아이들이 뛰어다니는 소리가 실시간으로 귓전에 들리는 듯했다. 심지어 화장실에서는 말소리까지 생생하게 들렸다. 어땠을까? 너무도 적적하고 외롭던 차에 윗집 아이들이 뛰어노는 소리가 정겹고 친근하게 느껴졌다. 명절을 맞아 며칠 동안 아이들 뛰는 소리가 들리지 않으면 보고 싶기까지 했다.

어떤가? 소리 자체가 좋고 나쁜 것일까? 소리 자체가 나쁜 것이라면, 소리를 듣는 사람이 무조건 싫고 괴로워야 한다. 하지만 소리 자체가 문제는 아니다. 그 소리를 사람이 어떻게 분별하고 취사간택하느냐에 따라 똑같은 소리가 좋기도 하고, 나를 괴롭게도 만든다. 들려오는 소리에는 아무런 잘못이 없다. 소리는 그저 인연 따라 생겼다가 사라지는 것일 뿐이다.

이제 들려오는 소리에서 진실을 확인해 보자. 관음보살은 이 근원통(耳根圓通)이라고 하여 이근(耳根), 즉 귀에 들리는 소리를 듣고 문득 자기의 본성을 깨달은 분이다. 반문문자성(反聞聞自性)이라고 해서 '소리를 듣고 있는 자신의 성품을 돌이켜 관'한 분이다.

까마귀 우는 소리와 까치가 지저귀는 소리가 들려온다. 까마귀 소리와 까치 소리는 다르게 분별된다. 매미 소리와 자동차 경적은 다르게 들린다. 그러나 그렇게 다르게 분별되는 소리의 내용을 따라가지 말고, 문득 돌이켜 그 소리를 듣는 놈, 그 소리를 듣는 그대의 성품을 돌이켜 들어보라.

소리는 왔다가 간다. 그런데 그 소리를 늘 여기에서 듣고 있는 것이 있지 않은가? 소리의 내용을 따라가면 좋은 소리도 있고 듣기 싫은 소리도 있지만, 그 모든 소리를 듣는 자리에는 좋거나 싫은 것이 없다. 그저 분별없이 들을 뿐이다. 듣는 성품, 여기에는 여러 가지 소리가 따로 없다. 그저 듣는 성품일 뿐이다. 여기에는 일체의 소리도 없고, 소리를 분별하는 마음도 없다. 대상인 소리를 따라가면 무수히 많은 소리가 있고 분별되지만, 반문문성(反聞聞性)해서 '소리를 듣고 있는 자신의 성품을 돌이켜 관'해 보면 이 자리에는 소리도 없고 분별도 없다. 이것이 바로 이근원통, 반문문성으로 관음보살이 진리에 들어간 문이다.

"내가 다시 그대에게 묻겠다. 그대는 거기에 일체의 소리와 일체의 분별도 얻을 수 없다고 하였는데, 그렇다면 그것은 그저 텅 빈 허공이 아니겠느냐?"

"이것은 원래부터 완전히 텅 빈 공(空)은 아니어서, 밝고 밝아 어둡지 않습니다."

"원래부터 텅 빈 것이 아니라면, 그 공하지 않은 것의 본체는 무엇이냐?"

"형상이 없으므로 말로 표현할 수 없습니다."

"그것이 모든 부처님과 조사들의 생명이니 다시는 의심하지 말라."

여기에는 일체의 소리도 없고 일체의 분별도 없으니, 그저 텅 빈 허공이 아니겠는가? 이 자리는 무어라 이름할 수 없다. 형체도 없고, 소리도 없고, 크기도 없으며, 알 수 있는 것도 아니다. 그저 텅 빈 허공과 같다. 그러나 완전히 텅 빈 허공이라고 하자니 이렇게 밝고 밝아, 보고 듣고 맛보며 늘 인연을 만나 밝게 작용할 줄 안다. 그렇기에 이것은 있다고 할 수도 없고, 없다고 할 수도 없다. 형상이 없으므로 말로 표현할 수 없다. 알 수도 없다. 그러나 볼 때 확실하고, 들을 때 확실하며, 움직이고 생각할 때 바로 거기에서 확인이 된다. 이것이야말로 모든 부처님과 조사들의 생명이니, 다시는 의심할 것이 아니다.

19

공적영지한 마음

이미 형상과 모양이 없다면 어찌 크고 작음이 있겠으며,
크고 작음이 없다면 어찌 한계가 있겠는가? 한계가 없으
니 안팎이 없고, 안팎이 없으니 멀고 가까움이 없다. 멀고
가까움이 없으니 이쪽과 저쪽이 없고, 이쪽과 저쪽이 없
으니 오고 감이 없다. 오고 감이 없으니 나고 죽음이 없고,
나고 죽음이 없으니 옛날과 지금이 없다. 옛날과 지금이
없으니 미혹함과 깨달음이 없고, 미혹하고 깨달음이 없으
니 중생과 부처가 없다. 중생과 부처가 없으니 오염과 청
정이 없으며, 오염과 청정이 없으니 옳고 그름이 없다. 옳
고 그름이 없으니 모든 이름과 말을 붙일 수 없다.
이런 것이 다 없다면, 육근(六根)과 육경(六境)과 일체의

망념(妄念) 내지는 여러 가지 모양과 이름과 말도 다 얻을 수 없으니, 이 어찌 본래부터 텅 비어 공적(空寂)한 것이 아니겠는가? 본래부터 어떤 물건(物)도 없는 것이 아니겠는가?

그러나 모든 것이 공한[諸法皆空] 그 자리에 신령스럽게 아는 영지(靈知)는 어둡지 않다. 이것은 무정물과는 같지 않으며, 성품이 스스로 신령스럽게 알 뿐이다. 이것이 바로 그대의 공적영지(空寂靈知)한 청정한 마음의 본체이다. 이 청정하고 공적한 마음은 삼세(三世)의 모든 부처님의 수승하고 청정하며 밝은 마음이며, 또한 중생의 본원각성(本源覺性: 본래의 근원이 되는 깨달아 알아차리는 성품)이다. 이 마음을 깨달아 지키는 자는 앉은 자리에서 일여(一如)해지니, 요동함 없이 그대로 해탈할 것이다. 그러나 이것에 미혹해 등지는 이는 오랜 세월 끝없이 윤회의 고통을 받을 것이다.

그러므로 이르되 "한 마음 어리석어 육도에 떨어지는 자는 진리를 떠난 것이고 흔들리는 것이며, 진리의 세계를 깨달아 한 마음을 회복하는 자는 진리로 되돌아온 것이며 고요한 것이다"라고 하였다. 비록 어리석음과 깨달음의 차이는 있지만, 근본에서는 하나다. 그러므로 "진리란 중생심이다"라고 하였다. 이 공적한 마음은 성인이라고 해

서 더 늘어나는 것도 아니고, 범부라고 해서 더 줄어드는
것도 아니다.

그러므로 "성인의 지혜라고 해서 더 빛나는 것도 아니고,
범부의 마음에 숨어 있다고 해서 어둡지도 않다"라고 하
였다. 이미 성인이라 해서 늘어나는 것도 아니고, 범부라
해서 줄어드는 것도 아니라면, 부처와 조사가 어찌 보통
사람과 다르겠는가. 다만 보통 사람과 다른 것이 있다면
자기 마음을 잘 보호하는 것뿐이다.

그대가 만약 이 말을 믿어서 의심이 단박에 없어지고, 대
장부의 뜻을 내어 참되고 바른 견해를 일으켜서, 직접 그
맛을 보고 스스로 긍정하는 경지에 이른다면, 이것이 바
로 마음 닦는 사람의 깨달은 자리[解悟處]다. 여기에는 계
급이나 차례가 없으므로 '돈(頓)'이라 한다. 이것은 '믿음
이라는 인(因)에서 모든 부처의 과덕(果德)과 계합하여 조
금의 차이도 없어야 비로소 믿음을 성취한다'라고 한 말
과 같다.

旣無相貌 還有大小麼 旣無大小 還有邊際 無邊際故
無內外 無內外故 無遠近 無遠近故 無彼此 無彼此則
無往來 無往來則無生死 無生死則無古今 無古今則無
迷悟 無迷悟則無凡聖 無凡聖則無染淨 無染淨則無是

非 無是非則一切名言 俱不可得 旣總無如是 一切根境
一切妄念 乃至種種相貌 種種名言 俱不可得 此豈非本
來空寂 本來無物也 然 諸法皆空之處 靈知不昧 不同
無情 性自神解 此是汝 空寂靈知淸淨心體 而此淸淨空
寂之心 是三世諸佛 勝淨明心 亦是衆生 本源覺性 悟
此而守之者 坐一如而不動解脫 迷此而背之者 往六趣
而長劫輪廻 故云迷一心而往六趣者 去也動也 悟法界
而復一心者 來也靜也 雖迷悟之有殊 乃本源則一也 所
以 云言法者 謂衆生心 而此空寂之心 在聖而不增 在
凡而不減 故云在聖智而不輝 隱凡心而不昧 旣不增於
聖 不少於凡 佛祖奚以異於人 而所以異於人者 能自護
心念耳 汝若信得及 疑情頓息 出丈夫之志 發眞正見解
親嘗其味 自到自肯之地 則是爲修心人 解悟處也 更無
階級次第 故云頓也 如云於信因中 契諸佛果德 分毫不
殊 方成信也

'이것'은 형상과 모양이 없다. 크고 작음도 없으니 그 어떤 한계도 없다. 한계가 없으니 안팎이 있을 리 없고, 멀고 가까움도 없다. 멀고 가까움이 없으니 이쪽과 저쪽이 없고, 오고 감도 없다. 오고 감이 없으니 나고 죽음도 없고, 나고 죽음이 없으니 옛날과 지금도 없다.

이것이 말로만 이해되어서는 안 된다. 정말 그렇다고 가슴에서 소화가 되어야 한다. 진정한 나의 본래면목인 '이것'에 어떻게 크기, 모양, 안팎, 대소, 장단, 위치, 생사(生死), 고금(古今)이 있겠는가? 그렇게 둘로 나누어져 있다면 그것은 불이법일 수가 없다.

여기에는 옛날과 지금이 없다. 그저 '이것'뿐이다. 그러니 미혹했던 때와 깨닫는 때가 둘로 나뉠 수 없다. 시간도 없고 공간도 없으며 인과도 없다. 수행이라는 원인을 갈고닦아 깨달음이라는 결과를 만들어 내야 하는 것도 아니다. 미혹과 깨달음이 여기에는 없다.

당신은 지금 이대로 완전한 부처이다. 깨닫는다는 것은 중생이 본래 부처임을 확인하는 것이고, 미혹하다는 것은 부처가 스스로 중생이라고 착각하고 있는 것에 불과하다. 어리석을 때도 근원은 본래 부처다. 당연히 미혹과 깨달음이 따로 없다면, 중생과 부처가 없다. 중생과 부처가 따로 없으니, 오염과 청정이 없다. 오염될 것도 없고, 청정해지는 것도 아니다. 오염되었다거나 미혹하다는 것은 다만 한 생각이 저 스스로 그렇게 허망한 착각을 하는 것일 뿐이다. 오염과 청정이 없다면, 옳고 그른 것도 없다. 절대적으로 옳은 것, 틀린 것이 따로 나누어져 있을까? 어떻게 그럴 수 있는가?

얼마 전에 엄마를 따라 절에 온 중학생과 대화하게 되었다 "선악이 따로 있을까?"라고 물었더니, 곰곰이 생각하다가 따로 없는 것 같다고 답했다. 이렇듯 어린아이도 조금만 사유해 보면 알 수 있는 것이 무분별이라는 중도의 실상이다. 이 자리는 그 어떤 분별도 되지 않는다. 선악, 옳고 그름, 미추(美醜), 장단(長短), 염정(染淨)이 따로 없어서 그 어떤 이름과 말을 붙일 수도 없다.

지금 이곳을 '동쪽'이라고 이름을 붙이고 분별해 놓으면, 그 생각을 따라 서쪽·남쪽·북쪽이 생겨난다. 본래 여기는 동쪽도 아니고 서쪽이나 남쪽이나 북쪽도 아니지만, 하나를 세우면 다른 것들이 쌍으로 따라 분별 될 뿐이다. 필요에 따라 방편으로 이름 붙이고 분별할 수 있지만, 그것은 어디까지나 임시로 그렇게 이름 붙인 것일 뿐이다. 실상은 여기를 '동쪽'이라고 할 수도 없고, 그 어떤 이름으로도 규정할 수 없음이 자명하다.

이처럼 이름 붙일 수도 없고 분별할 수도 없으며, 이런 것이 다 없다면, 주관인 육근과 객관인 육경도 얻을 수 없다. '나'를 세우면 동시에 '나 아닌 것'이 생겨날 뿐이다. '보는 자'를 분별해서 세우면 '보이는 것'이라는 대상 경계가 따라서 생겨날 뿐이다. 주관과 객관, 육근과 육경은 인연 따라 생겨나는 것일 뿐 실체가 아니다.

'이것이 있으므로 저것이 있고, 이것이 생하므로 저것이 생한다'는 연기의 법칙처럼 '주관이 생하므로 객관도 생하고, 주관이 멸하면 객관도 멸한다.' 주관과 객관은 따로따로 실체적으로 떨어져 있는 것이 아니라, 이처럼 상의상관적으로 서로에게 기대어서만 존재할 수 있는 연기적 공생(共生)의 관계다. 그러니 객관이 없으면 주관도 없고, 주관이 없으면 객관도 없다. 주관을 빼고 객관이 성립되지 않으며, 객관을 빼고 주관이 성립되지 않는다. 주관과 객관, 나와 세상, 육근과 육경은 서로 연기된 허망한 분별일 뿐이다. 상의상관적인 존재로서 둘이 아니다. 둘이 아니니 불이법이다. 이것을 적극적으로 표현하면 '하나임'이라고 할 수도 있고, 주객합일(主客合一)이라고 할 수도 있다.

이것이 존재의 실상이니, 세상을 어떻게 둘로 나눌 수 있는가? 둘로 나누는 것은 우리의 허망한 생각에서 나온 분별일 뿐이다. 주관과 객관, 나와 세상, 육근과 육경을 따로 나눌 수 없다. 일체의 망념, 망상, 분별도 실체가 아니다. 그러니 여러 가지 모양과 이름과 말도 다 얻을 수 없다. 그러니 이 어찌 본래부터 텅 비어 공적한 것이 아니겠는가? 본래부터 한 물건도 얻을 것이 없다.

그러나 모든 것이 공한, 제법개공(諸法皆空) 가운데서도 신령스럽게 아는 영지(靈知)는 어둡지 않다. 아무것도 없는 것 같지만 전혀 없는 것은 아니다. 공적하지만 영지이고, 진공(眞空)이지만 묘유(妙有)다. 그러니 그대의 본래면목인 '이것'은 무정물(無情物)과는 같지 않다. 성품이 스스로 신령스럽게 알기 때문이다. 이것이 바로 우리의 공적영지한 청정한 마음의 본체이다. 이 청정하고 공적한 마음은 삼세의 모든 부처님이 깨달은 수승하고 청정하며 밝은 마음이다. 또한 중생의 본원각성(本源覺性)이다. 본원각성이란 본래의 근원이 되는 깨달아 알아차리는 성품이란 뜻이다.

이 본마음을 깨달아 지키는 자는 앉은 자리에서 일여(一如)하니, 그 어떤 경계에도 휘둘리지 않아 그대로 해탈한 것이다. 일여하다, 여일하다는 것은 말 그대로 불이법의 진실, 하나임에 한결같이 깨어 있다는 뜻이다. 하나의 진실인 본원각성에 확고히 자리 잡고 있다는 뜻이다. 이것이 바로 해탈이다. 그런데 이것에 미혹하여 이 한 법을 등지는 사람이 있다면, 그는 오랜 세월 끝없는 윤회의 고통을 받아야만 할 것이다.

한 마음이 어리석어 분별의 세계에 떨어지면, 그 분별 속에서 지옥도 만들고 천상도 만든다. 아귀, 축생, 아수라도 다 자기 생각 속에서 만드는 것일 뿐이다. 육도윤회는 자기 분별 속에서 저 스스로 만들어 낸 허망한 망상의 세계일 뿐이다. 누가 육도윤회를 만들었는가? 바로 자기 자신이 만들었을 뿐이다. 자기 스스로 만들어 내니 윤회에서 벗어나는 것 또한 저 스스로 해야 할 뿐이다. 한 생각 어리석으면 육도윤회가 펼쳐지고, 한 생각 깨달으면 곧바로 윤회에서 벗어나 해탈한다.

진리를 깨달아 본래 한 마음뿐임을 밝히는 자는 진리로 되돌아온 것이니, 본래의 고요한 적멸(寂滅)이 바로 이 자리다. 귀의(歸依)를 끝낸 것이다. 여전히 진리를 밝히지 못한 어리석은 중생이라 할지라도, 어리석음과 깨달음의 차이가 있을 뿐 근본에서는 하나다. 그래서 '진리란 곧 중생심이다'라고 했다. 중생심 그대로가 진리이다. 중생심을 빼고 어디에서 진리를 찾을 수 있는가? 중생심이 일어나고 있는 바로 그 작용이 그대로 진리의 한마음이다. 이 하나의 진실 위에서 중생심도 일어나고 사라지는 것이지 않은가. 하나의 큰 바다 위에 무수히 많은 파도가 치더라도 파도가 그대로 바다이듯이, 중생심을 버리고 진여심(眞如心)을 따로 찾는 것이 아니다. 중생심이 그대로 부처다. 파도가 그대로 바다이다.

이 공적영지심은 성인이라고 해서 더 늘어나는 것도 아니고, 범부라고 해서 더 줄어드는 것도 아니다. 부처님에게 더 많이 있는 것도 아니고, 깨닫지 못한 우리에게 더 적게 있는 것도 아니다. 성인의 지혜라고 해서 더 빛나는 것도 아니고, 범부의 마음에 숨어 있다고 해서 더 어두운 것도 아니다. 이미 성인이라 해서 늘어나는

19. 공적영지한 마음

것도 아니고, 범부라고 해서 줄어드는 것도 아니라면, 어찌 부처와 조사가 우리 같은 보통 사람과 다를 수가 있겠는가? 다만 성인이 보통 사람과 다른 점이 있다면, 자기의 본래 마음을 확인하고 잘 지켜 보호하는 것일 뿐이다.

그대가 만약 이런 말을 듣고 믿어서 의심이 단박에 없어지고, 대장부의 뜻을 내어 참되고 바른 견해를 일으켜서 직접 그 맛을 보고 스스로 긍정하는 경지에 이른다면, 이것이 바로 마음 닦는 사람의 깨달은 자리이다. 이를 해오처(解悟處)라고 부른다. 해오(解悟)란 요해각오(了解覺悟), 해탈오득(解脫悟得)의 준말로 곧 진리를 깨달아 아는 것을 말한다. 그러나 때로 증오(證悟)와 비교해서 해오는 '이해하는 깨달음'이고, 증오는 '확실히 증득한 깨달음'이라 하며 해오를 낮은 경지로 보기도 한다.

이 해오가 단순히 머리로 이해하는 것이었다면, 거기에 깨달음이라고 이름 붙일 수 없다. 단순히 알음알이로 이해된 것을 해오라고 하지 않는다. 쉽게 말하면, 머리로 이해된 것이 아니라 가슴으로 쑥 내려가 소화된 깨달음이다. 돈오견성을 해오처라고 한 것은, 이렇게 깨달았다고 하더라도 그 뒤에 점수(漸修), 보임(保任)이라는 수행의 과정이 남았기 때문이다. 깨달았다고 하더라도 여전히 업습(業習)과 분별에 휘둘리며 끌려다니면서 본격적인 점수 수행의 시간을 보내야 하기 때문이다.

수행자라면 돈오 이후에 스스로 깨달았다고 말하면서 깨달왔다는 상에 빠져 지낼 것이 아니라, 스스로 겸손하게 낮추며 하심(下心)할 줄 알아야 한다. 그래서 돈오를 겸손한 말로 표현해 '해오'라고 하는 것이 더욱 타당해 보인다. 온몸으로 완전하게 증득된 깨달음은 아직 아니라는 것이다. 여전히 해야 할 공부가 남아 있기 때문이다. 체험이 전혀 없는 것은 아니지만, 아직은 체험보다 이해가 앞서기 때문이다.

근본에서 본다면 해오가 돈오이기 때문에 더는 해야 할 공부가 없다. 하지만 중생의 업습의 측면에서 본다면 여전히 업습에 끌려다니기 때문에 확보된 법의 자리를 잘 지키는 수행이 남아 있다. 그래서 아직 섣부르게 깨달았다고 말하기에는 이르다. 그렇더라도 근본에서는 차례를 뛰어넘어 곧바로 '이 자리'를 확인한 것이기에 '돈(頓)'이라 한다.

법의 자리에 대한 굳은 믿음이라는 원인이, 부처의 공덕이라는 결과와 둘이 아니어서 털끝만큼도 다르지 않음을 알아야 비로소 참된 믿음을 이룰 수 있다. 굳게 믿는다면, 그것이 곧 본래 부처와 다르지 않은 것이다. 다르다면 그것은 불이법이 아니다. 이것이야말로 참된 믿음이다. 내가 지금 이대로 본래 부처라는 믿음, 그것이 곧 부처라는 결과와 둘이 아니다.

19. 공적영지한 마음

20

보임이 필요한 이유

물었다.

"이미 이런 이치를 깨달아서 다시는 계급이 없다면, 어째서 깨달은 뒤에도 닦아서 점차로 익히고 점차로 이루는 것이 필요합니까?"

답한다.

"깨달은 뒤에 점차로 닦아야 하는 뜻은 이미 앞에서 설명했음에도 아직도 의심을 풀지 못하였다고 하니, 다시 설명해 주겠다. 그대는 마음을 깨끗이 하고 자세히 들어라. 범부는 시작이 없는 아득한 옛날부터 지금까지 다섯 갈래의 세계[五道]에 흘러 다니며 생사를 반복하면서, '나'라는 생각[我相]에 굳게 집착하여 뒤바뀐 망상[妄想顚倒]과 무명이라는 종자의 습기[無明種習]가 오래 쌓여 자신의 개성을 형성시켰다. 그러므로 비록 금생에 이르러 자신의 성품이 본래 공적(空寂)하여 부처와 다름없음을 단박에 깨달았다 하더라도 오랜 세월 익혀 온 습성은 갑자기 없애기가 어렵다. 이 때문에 좋고 나쁜 순역(順逆)의 경계를 만나면 성내거나 기뻐하며, 옳다거나 그르다는 생각이 맹렬한 불길처럼 일어나고 사라지니, 객진번뇌(客塵煩惱)*는 그 전과 다를 바가 없다. 그러므로 만약 반야 지혜로써 힘써 공들이고 노력하지 않는다면, 어떻게 이 무명을 다스려 크게 쉬는 경지에 이를 수 있겠는가. 이것은 '돈오(頓悟)하여 깨달으면 부처와 같으나, 여러 생의 습기가 깊다. 바람은 그쳤으나 물결은 아직 출렁이고, 이치는 나타났으나 망념은 여전히 침입한다'라고 하신 말과 같다."

●　객진번뇌(客塵煩惱) : 번뇌는 본래 있던 것이 아니라 바깥으로부터 들어와서 청정한 마음을 더럽힌다는 뜻. 바깥 경계에 끌려다니는 번뇌.

　　　　　　　　　　　20. 보임이 필요한 이유

問旣悟此理 更無階級 何假後修 漸熏漸成耶 答悟後漸
修之義 前已具說 而復疑情未釋 不妨重說 汝須淨心
諦聽諦聽 凡夫 無始曠大劫來 至於今日 流轉五道 生
來死去 堅執我相 妄想顛倒 無明種習 久與成性 雖到
今生 頓悟自性 本來空寂 與佛無殊 而此舊習 卒難除
斷 故 逢逆順境 瞋喜是非 熾然起滅 客塵煩惱 與前無
異 若不以般若 加功着力 焉能對治無明 得到大休大歇
之地 如云頓悟雖同佛 多生習氣深 風停波尙湧 理現念
猶侵

단박에 깨달아 차례와 계급이 따로 없다면, 어째서 깨달은 뒤에 닦아서 점차로 익히고 점차로 이루는 것이 필요할까?

범부 중생은 오랜 세월 동안 생각 속에서 살고, 분별 속에서 살아왔다. 그러면서 '나'라고 하는 아상(我相)에 굳게 집착해 뒤바뀐 망상과 어리석음의 습관이 오래 쌓여 자기라는 거짓 개성을 형성시켜왔다. 망상 전도(顚倒)라는 말은, 분별 망상으로 인해 무엇이 진짜이고 무엇이 거짓인지 거꾸로 알아 왔다는 뜻이다. 이 몸과 마음을 '나'라고 여기면서 아상을 세우고 거기에 집착해 온 것이 곧 뒤집힌 착각, 즉 전도이다. 몸과 마음이라는 오온(五蘊)이 '나'라는 전도된 착각은 바로 어리석음 때문이다. 어리석음이 너무 오래되어 습관적인 종자로 굳어지면서, 이 몸과 마음의 특성을 자기의 개성으로 착각하게 된 것이다.

이 몸이 잘생겼으면 '나'가 잘난 것으로 착각하고, 마음이 착한 생각을 많이 하면 '내가' 착한 것으로 여긴다. 그것이 곧 나의 개성이요, 나의 특성이라고 착각하며 살아온 것이다.

다섯 갈래의 세계로 흘러 다니며 생사를 반복한다는 말은, 지옥·아귀·축생·인간·천상을 왔다 갔다 하면서 괴로움의 현실을 반복한다는 뜻이다. 여기에 아수라를 포함해서 육도(六道)라고도 한다.

사실은 이 말 또한 윤회할 '나'가 있어야만 가능한 것이다. '나'가 있다는 망상을 믿으면, 그때부터 고통을 받는다. 내가 태어나고 죽으며, 죽고 난 뒤에 다른 세계에 가서 태어난다고 믿게 된다. 이 모두가 망상일 뿐이다. 사실 윤회는 태어나고 죽는 것을 반복하는 존재의 생사(生死)가 아니라, 죽고 산다는 망상이 계속되는 어리석음이다. 깨닫고 보면 생사가 따로 없기 때문이다. 생사는 중생의 미혹한 망상이 만들어 낸 것일 뿐이다. 존재의 진실에서는 생사가 없다. 그러니 윤회가 어디에 있겠는가? 부처에게는 윤회가 없다. 윤회에서 벗어난 것을 부처님이라고 하지 않는가? 이 말은 곧 진실에서는 윤회가 없고, 중생의 미혹 속에서만 윤회가 있음을 드러내는 것이다. 깨닫지 못한 중생에게 윤회가 있는 듯 보일 뿐이다.

그래서 선악과 탐진치(貪瞋癡)에 따라 선업(善業)이 많은 것을 천상이라 하고, 악업(惡業)이 많은 것을 지옥이라 하며, 탐심(貪心)이 깊으면 아귀(餓鬼), 진심(瞋心)이 많으면 아수라(阿修羅), 치심(癡心)이 많으면 축생(畜生)이라고 하는 것이다. 이처럼 육도윤회는 실체적인 진실의 세계를 말하는 것이 아니라, 허망한 망상의 세계를 뜻한다.

너무나도 오랫동안 이러한 망상의 세계 속에서 살다 보니, 그것을 진실이라 믿으며 살아온 세월이 아득하다 보니, 금생에 이르러 자신의 성품이 본래 공적하여 부처와 다름이 없음을 단박에 깨달았다 하더라도 오랜 세월 익혀 온 습성을 갑자기 없애기가 어렵다. 그래서 단박에 깨달은 뒤에도 좋고 나쁜 순역 경계를 만나면 기뻐하거나 성을 내기도 하고, 옳다거나 그르다는 생각이 일어나고 사라지기도 하는 등 객진번뇌가 예전과 다를 바 없다.

시속 100km 이상의 속도로 달리던 자동차는 가속 페달에서 발을 떼더라도 관성에 의해 계속 달린다. 속도가 줄어들긴 하겠지만, 완전히 멈출 때까지는 시간이 필요하다. 자동차도 이러한데, 그보다 더 오래 지속되어 온 중생의 분별 습관은 어떠할까. 이 분별의 업습을 조복받는 데는 더욱더 오랜 시간이 필요하다. 다만 스스로 반야 지혜로 힘써 공들이고 노력해서 분별을 따라가지 않으면, 또 법의 자리에 익숙해지기를 지속한다면, 마치 달리는 자동차가 브레이크를 잡은 것처럼 크게 쉬는 경지에 이를 수 있다. 물론 브레이크를 잡는다고 당장 멈춰 서는 것은 아니다. 완전히 서기까지 시간이 필요하다. 이것이 바로 "돈오하여 깨달으면 부처와 같으나, 여러 생의 습기가 깊다. 바람은 그쳤으나 물결은 아직 출렁이고, 이치는 나타났으나 망념은 여전히 침입한다"라고 하신 말과 같다.

20. 보임이 필요한 이유

21

깨달은 뒤의 목우행(牧牛行)

또 대혜종고 선사도 "가끔 영리한 근기의 무리들이 별로 힘들이지 않고 이 이치를 깨닫는 경우가 있는데, 이들은 너무 쉽다는 생각을 내어 다시는 닦지 않으니, 닦지 않고 세월만 흘러 깨닫기 전처럼 유랑할 뿐 윤회를 면치 못한 다"라고 하였다. 그러니 어찌 한 번 깨달았다 하여 뒤에 닦는 일을 소홀히 할 수 있겠는가.

그러므로 깨달은 뒤에도 오랫동안 관조하고 성찰하여, 홀연히 망념이 일어나면 그것을 따라가지 말고, 덜고 또 덜어내어서 무위(無爲)에 이르러야 그때가 비로소 구경(究竟)이니, 천하의 선지식이 깨달은 뒤에 했다는 목우행(牧牛行)이 바로 이것이다.

비록 뒤에 닦는다고는 하지만, 망념이 본래 공하고 마음의 성품이 본래 청정한 것임을 이미 먼저 깨달았기 때문에, 악을 끊는다고 하지만 끊음이 없고, 선을 닦는다고 하지만 닦는 것이 없으니, 이것이야말로 참다운 닦음이고 참다운 끊음이다. 그러므로 "온갖 행을 다 닦지만, 오직 무념(無念)으로 종지를 삼는다"라고 하였다.

규봉 스님도 '먼저 깨닫고 뒤에 닦는[先悟後修]' 뜻을 총괄하여 다음과 같이 말씀하였다.

"이 성품은 원래 번뇌가 없고 무루(無漏)의 지혜와 성품이 본래 갖추어져 있으니, 이것이 부처와 다르지 않음을 단박에 깨닫고, 이 깨침에 의해 닦아 나간다면 이것을 일러 최상승선(最上乘禪), 또는 여래청정선(如來清淨禪)이라 한다. 만약 순간순간 닦고 익히면 저절로 점차 백천 삼매를 얻을 것이니, 달마 문하에서 전해 내려온 것이 바로 이 선(禪)이다."

그러므로 돈오(頓悟)와 점수(漸修)의 이 이치는 마치 수레의 두 바퀴와 같아서 하나라도 빠지면 안 된다.

又杲禪師云 往往利根之輩 不費多力 投發此事 便生容
易之心 更不修治 日久月深 依前流浪 未免輪廻 則豈可
以一期所悟 便撥置後修耶 故悟後 長須照察 妄念忽起
都不隨之 損之又損 以至無爲 方始究境 天下善知識 悟
後牧牛行是也 雖有後修 己先頓悟妄念本空 心性本淨
於惡斷 斷而無斷 於善修 修而無修 此乃眞修眞斷矣 故
云雖備修萬行 唯以無念爲宗 圭峰總判先悟後修之義
云 頓悟此性 元無煩惱 無漏智性 本自具足 與佛無殊
依此而修者 是名最上乘禪 亦名如來淸淨禪也 若能念
念修習 自然漸得百千三昧 達磨門下 展轉相傳者 是此
禪也 則頓悟漸修之義 如車二輪 闕一不可

간화선(看話禪)의 창시자로 잘 알려진 대혜종고 스님의 말처럼, 영리한 근기의 사람들은 가끔 별로 힘도 들이지 않고 이 이치를 깨닫는 경우가 있다. 당연히 있다. 그러나 이들은 너무 쉽다는 생각을 내거나, 이 공부를 완성하겠노라는 간절한 발심이 별로 없다 보니 돈오 이후의 점수에 별로 힘을 쓰지 않는다. 그런데 닦지 않고 세월만 흐르게 된다면, 과거의 습관과 분별에 끌려가기 때문에 깨닫기 전처럼 여전히 세상사의 분별에 휩쓸리며 유랑하기만 할 뿐이다. 괴로움이라는 윤회에서 벗어나지 못한다.

오롯이 발심하고 견성한 뒤에 더욱더 간절한 발심으로 점수를 닦아가는 수행자라고 할지라도, 돈오 이후에 찾아오는 습관적인 분별에 순간순간 끌려가다가 되돌아오기를 무진 반복할 수밖에 없다. 하물며 쉽게 깨닫고 나서 너무 쉽다고 하며 더는 닦지 않는다면, 금방 분별에 휩쓸려 되돌아갈 수밖에 없다.

그래서 사실 돈오견성을 하는 체험 자체가 중요한 것이 아니다. 자신의 발심과 신심이 굳건해서 그 깨달음에 의지해 참된 불법의 맛을 보고 입문했으니, 지금부터가 시작이라는 마음으로 초발심을 더욱 분발해 정진할 일이다. 물론 이 말 또한 방편으로 하는 말일 뿐이다. 돈오 이후에는 오래 걸린다거나, 빨리 된다거나 하는 분별도 필요 없이 그저 매 순간 늘 이 자리에 깨어 있으면 오직 그 뿐이다. 그러니 시간이 필요하다고 방편으로 말했지만, 시간이 필요한 것조차 아니다. 억지스러운 노력을 다해야 하는 것도 아니다. 그저 놀이하듯 확보된 이 자리에서 삶을 살아갈 뿐이다.

인연을 만나면 인연을 대하면서, 해야 할 일이 있으면 그 일을 행하면서, 그저 자연스럽게 살아갈 뿐이다. 순간순간 번뇌 망상과 생각에 끌려가거나, 좋고 싫은 분별이 잠시 올라와 나를 휘두르더라도, 문득 돌이켜 이 자리로 오는 힘이 자신에게 있으니 가볍게 마음을 돌려 분별에서 벗어날 수 있는 것이다. 그런 시간이 그저 반복될 뿐이기에 점수의 시간이 필요하다고 말했으나, 공부인의 입장에서 이런 말도 생각의 말일 뿐이다. 이 말에 끌려다닐 필요도 없다. 말 그대로 깨달은 뒤에는 열심히 닦아가되 닦는 것이 없다. 닦을 것이 없지만 또한 열심히 닦는 일에 소홀하지 않다. 수행한다는 생각도 없지만, 수행하지 않는다는 생각도 붙지 않는다. 삶이 그대로 수행이 된다.

이처럼 깨달은 뒤에는 그저 생각과 분별을 일으켜 다 쓰고 살면서도 그것을 실재 시 하지 않는다. 머무는 바 없이 분별을 쓰고 살되 분별에 끌려가지 않는 관조(觀照)와 성찰의 공부이다. 분별이 일어날 때 저절로 알아차려진다. 생각에 끌려가다가도 문득 관조

하고 성찰해 그 생각을 따라가지 않는, 분별을 덜어내고 또 덜어
내는 무위(無爲)의 공부다. 이렇게 덜어내고 덜어내어 무위에 이르
러, 더는 할 일도 없고 닦을 것도 없는 때를 만나니 그때가 비로소
구경(究竟)이다.

　　이것이 바로 천하의 선지식이 깨달은 뒤에 했다는 목우행(牧
牛行), 즉 소먹이는 행이다. 이처럼 돈오 후에 닦는다고는 하지만
망념이 본래 공하고, 마음의 성품이 본래 청정한 것임을 이미 깨달
았기 때문에 악을 끊는다고 하지만 끊음이 없다. 선을 닦는다고 하
지만 닦음도 없다. 이렇듯 하되 함이 없이 행하는 것이야말로 참된
끊음이고, 참된 닦음이다. 그러므로 "온갖 행을 다 닦지만, 오직 무
념(無念)으로 종지(宗旨)를 삼는다"라고 했다. 온갖 청정행, 보시행,
수행을 다 닦지만, 내가 한다는 생각도 없이 오직 무념으로 한다.
규봉종밀 스님은 '먼저 깨닫고 뒤에 닦는' 선오후수(先悟後修)의 뜻
을 다음과 같이 설했다.

　　"이 성품은 원래 번뇌가 없고 무루(無漏)의 지혜와 성품이 본래 갖
　　추어져 있으니, 이것이 부처와 다르지 않음을 단박에 깨닫고, 이
　　깨침에 의해 닦아 나간다면 이것을 일러 최상승선(最上乘禪), 또는
　　여래청정선(如來淸淨禪)이라 한다. 만약 순간순간 닦고 익히면 저
　　절로 점차 백천 삼매를 얻을 것이니, 달마 문하에서 전해 내려온
　　것이 바로 이 선(禪)이다."

이 성품은 원래 번뇌가 없고, 새지 않는 무루(無漏)의 지혜와 성품이 본래 완전히 갖추어져 있다. 이것을 단박에 깨닫고, 이 깨침에 의해 닦아 나가는 돈오점수, 선오후수의 공부야말로 최상승선이며 여래청정선이다. 이처럼 순간순간 닦고 익힘도 없이 닦고 익힌다면, 저절로 점차 백천 삼매를 얻게 될 것이다. 이것이야말로 달마 문하에서 전해 내려온 조사선(祖師禪)이다. 돈오와 점수의 이 이치는 마치 수레의 두 바퀴와 같아서 하나라도 빠지면 안 된다.

22

망상을 없애려 애쓰지 마라

혹 어떤 사람은 선악(善惡)의 성품이 공한 것을 알지 못하고, 굳게 앉아 움직이지 않으면서 몸과 마음을 조복하기를, 마치 돌로 풀을 누르듯 하면서 마음을 닦는다고 하니, 이는 크게 미혹한 짓이다. 그러므로 "성문은 마음마다 미혹을 끊으려 하지만 그 끊으려는 마음이 바로 도적이다"라고 하였다. 다만 살생하고 도둑질하고 음행하고 거짓말하는 것이 성품으로부터 일어난 것임을 확실히 관찰한다면, 일어나도 일어남이 없는 것이다.

당처(當處)*가 고요한데 무엇을 다시 끊을 것인가. 그러므

● 당처(當處) : 눈에 보이거나 귀에 들리거나 무엇이 일어날 때 분별이 일어나기 이전의 바로 그 자리.

로 "생각이 일어남을 두려워하지 말고 다만 알아차림이 늦을까를 두려워하라" 하였고, 또 "생각이 일어나면 곧 알아차려라. 알아차리면 곧 없다"라고 하였다. 그러므로 깨달은 사람의 입장에서는 비록 객진번뇌(客塵煩惱)가 있다 해도 그것이 다 제호(醍醐)°가 된다. 다만 미혹(迷惑)이란 실체가 없는 것임을 비추어 보면, 허공꽃 같은 삼계(三界)는 바람에 사라지는 연기와 같이 허망하고, 허깨비 같은 육진(六塵=六境) 경계는 마치 끓는 물에 얼음 녹듯 사라질 것이다.

만일 이처럼 순간순간 닦고 익히며, 마음을 관조하기를 잊지 않고, 선정과 지혜를 평등하게 가지면, 곧 사랑하고 미워하는 마음이 자연히 가벼워지고, 자비와 지혜가 자연히 더욱 밝아질 것이며, 죄업은 자연히 없어지고, 공덕은 절로 늘어나서, 번뇌가 다 할 때 생사도 끊어질 것이다. 그리하여 미세한 번뇌도 영원히 끊어져 원각(圓覺)의 큰 지혜가 홀로 밝게 드러나면, 곧 천백억 화신을 나타내어 시방세계 중생들의 근기에 감응하여 나투게 되니, 그것은 마치 하늘에 높이 뜬 달이 모든 물에 두루 나타나는 것과

● 　제호(醍醐) : 우유를 숙성시켜 만든 최상의 유제품. 열반불성 등 최상의 법과 존재로 비유.

같다.

이처럼 응용이 무궁하여 인연 있는 중생을 제도하되 아무런 근심이 없고 즐거우니, 이를 대각세존(大覺世尊)이라 한다.

或者 不知善惡性空 堅坐不動 捺伏身心 如石壓草 以爲修心 是大惑矣 故云聲聞 心心斷惑 能斷之心是賊 但諦觀殺盜婬妄 從性而起 起卽無起 當處便寂 何須更斷 所以云 不怕念起 唯恐覺遲 又云念起卽覺 覺之卽無 故悟人分上 雖有客塵煩惱 俱成醍醐 但照惑無本 空華三界 如風卷煙 幻化六塵 如湯消氷 若能如是念念修習 不忘照顧 定慧等持 則愛惡自然淡薄 悲智自然增明 辜業自然斷除 功行自然增進 煩惱盡時 生死卽絶 若微細流注永斷 圓覺大智朗然獨存 卽現千百億化身 於十方國中赴感應機 似月現九霄 影分萬水 應用無窮 度有緣衆生快樂無憂 名之爲大覺世尊

22. 망상을 없애려 애쓰지 마라

당시의 좌선 수행자에 대한 비판이다. 좌선하는 사람들은 선악의 성품이 본래 공한 것을 알지 못하고, 굳게 앉아 좌선하며 움직이지 않으면서 몸과 마음을 조복하기를 마치 돌로 풀을 누르듯 한다. 돌로 풀을 아무리 내리눌러 놓더라도 풀의 뿌리까지 사라진 것이 아니기에 풀은 계속 자란다.

전통적으로 불교에서는 번뇌 망상을 수많은 잡초, 풀더미에 비유하곤 한다. 이 번뇌 망상을 없애겠노라고 하면서, 돌로 풀을 누르듯 오랫동안 좌선하면서 올라오는 번뇌와 생각을 억누르려고만 한다는 것이다. 생각이 올라올 때 그것을 억누르는 것으로 그것을 없앨 수 있을까? 어떻게 그것이 가능할까? 인류 역사상 올라오는 생각을 완벽하게 억누른 사람이 있을까? 죽은 사람 이외에 그것에 성공한 사람은 단 한 명도 없을 것이다.

생각과 분별 망상은 끊임없이 올라온다. 그것은 잘못된 것이 아니다. 분별할 줄 모르면 우리는 이 세상을 살아갈 수 없다. 생각과 분별을 할 줄 알아야 우리 집이 몇 동 몇 호인 줄도 알고, 우리 집까지 가려면 몇 번 버스를 타야 하는지 알고, 회사가 어디인지도 알고, 직장 동료도 알아볼 수 있는 것 아닌가? 분별하지 못한다면 삶을 살 수조차 없다. 그러니 어찌 분별과 생각을 없애려고 하는가? 그것은 없어질 수 없는 것이며, 또한 없애서도 안 되는 것이다. 생각과 분별은 올라오지 못하도록 억눌러 놓을 게 아니라, 그 실체가 무엇인지 자각하기만 하면 된다. 그것이 실체가 아님을, 선악·대소·장단·옳고 그름 등으로 분별하는 그 분별의 성품이 공하다는 것을 깨닫기만 하면 된다.

선악 등의 성품이 공함을 깨닫기만 한다면, 애써 올라오는 분별을 억누를 것 없다. 필요할 때 자유자재로 꺼내어 쓰면서도 그 근본이 공한 줄 아니, 생각에 사로잡혀 끌려가지 않는다. 생각의 주인이 되어 생각을 쓸 수 있게 된다. 이처럼 분별의 성품이 공한 줄 깨달으면, 분별을 억누르려 하지 않는다. 분별이 다 일어나면서도 그 분별에 휘둘리지 않는다. 이것이 바로 진정한 선정(禪定)이다.

분별이 일어나면서도 일어나지 않는 것이 고요함이고 적멸이며 선정이다. 그것을 오랜 시간 돌로 누르듯 꽉 눌러 놓는 것에 성공한다고 할지라도, 그것을 참된 고요함이나 선정이라고 하지는 않는다. 참된 선정은 들어오고 나가는 것이 아니라, 들어오든 나가든 늘 선정인 줄 아는 것이야말로 참된 선정이다. 그래서 "성문은 마음마다 미혹을 끊으려 하지만, 그 끊으려는 마음이 바로 도적이다"라고 했다.

여기에서 성문(聲聞)은 대승불교의 수행자들이 부파불교에

갇혀 있는 소승의 수행자를 깎아내리면서 부르게 된 이름이다. 사실 성문은 법문을 듣고 깨달은 자를 말하는 것으로 전혀 문제 될 것이 없다. 부처님 또한 연기법을 깨달아 부처님이 되었으니 연각(緣覺)인데, 대승불교에서는 이 성문과 연각을 다 같이 보살 아래의 낮은 수행자로 폄하하고 있다. 이것은 시대적인 요청일 뿐, 이런 말로 성문과 연각이라는 깨달음의 길을 깎아내려서는 안 된다. 여기에서는 성문을 '어리석은 수행자'로 고쳐 읽도록 하자.

어리석은 수행자는 마음마다 생각, 분별, 망상, 미혹을 끊으려고 애쓰지만, 그렇게 끊으려고 하는 마음이 바로 도적인 줄 모른다. 일체 모든 것이 바로 이 성품으로부터 일어난 것임을 확실히 관찰한다면, 일어나더라도 일어난 바가 없다.

번뇌 망상은 어디에서 일어나는가? 성품에서 일어난다. 모든 파도가 바다 위에서 치듯, 이 성품의 바다 위에서 수많은 번뇌 망상도 일어난다. 번뇌즉보리(煩惱卽菩提)라는 말처럼 번뇌가 그대로 깨달음이지, 번뇌를 없애야만 깨닫는 것이 아니다. 파도를 없애야만 바다가 드러나는가? 파도의 본성을 깨닫고 나면 파도가 그대로 바다일 뿐이다.

심지어 살생하고, 도둑질하고, 음행하고, 거짓말하며, 오계(五戒)를 어기는 것조차 이 성품으로부터 일어난 것이다. 왜 그럴까? 이 성품 자리에는 옳고 그름도 없고, 나고 죽음도 없으며, 삿되고 삿되지 않음도 없고, 거짓말도 참말도 없기 때문이다. 그런 분별은 중생의 생각 속에서만 허망하게 생기고 사라지는 것일 뿐이다.

절대선과 절대악이 있을까? 그런 것은 없다. 좋음과 나쁨, 선과 악 등의 일체 만법이 모두 이 한 법에서 나온다. 일체유심조(一切唯心造), 이 마음이 일체 모든 것을 지어냈을 뿐이다. 선도 여기에서 나왔고, 악도 여기에서 나왔다. 사람이 행하는 선악의 일체 모든 행이 전부 다 이 한 법, 하나의 성품에서 나왔을 뿐이다. 이 성품 자리에는 그 어떤 분별도 없다. 이러한 사실을 깨닫는다면, 살생하고 도둑질하는 등의 잘못 또한 성품으로부터 일어난 것이기에 일어나도 일어남이 없다.

물론 이 말은 선악이 없으니 나쁜 짓을 해도 무방하다는 뜻이 아니다. 현실에서는 나쁜 짓을 하면 악의 과보를 받는다. 현상계는 인과의 세계이기에 선악의 과보가 분명하다. 그러니 이 말이 참회(懺悔)할 필요도 없다는 말이 아니다. 현상에서는 참회해야 한다. 참회에는 사참(事懺)과 이참(理懺)이 있다고 했다. 사참은, 현상계에서는 죄의 과보가 분명하니 사참회(事懺悔)를 통해 잘못을 참회해야 한다는 뜻이다. 그런데도 진리의 본성은 텅 비어 공하기에 본래 죄와 복이 따로 없고 선악을 분별할 수도 없음을 바로 깨달으면, 그것이야말로 진정한 참회요, 이참회(理懺悔)다.

법의 자리에서 본다면, 그 모든 선악, 옳고 그름, 죄와 복이 전부 한 법의 현현(顯現)일 뿐이다. 모든 선악과 죄와 복이 일어난 그 당처, 바탕의 자리는 고요해서 다시 끊을 것이 없다. 이것은 설부르게 생각으로 이해해서 자기식대로 판단할 말이 아니다. 자기 스스로 본성이 무엇인지 확인하게 되면, 너무나도 자연스럽고 당연하게 이렇게 말할 수 있음을 저절로 알게 된다. 그러니 이런 이해되지 않는 말을 법문으로 들을 때는 자기식대로 이해해서 막행막식(莫行莫食)할 것이 아니라, 스스로 직접 체험해 보고 깨달아서 그 말이 소화되도록 해야겠다는 발심을 더욱 확고히 할 일이다.

실로 견성 이후의 보임은, 일체 모든 것들이 전부 이 한 법의 일일 뿐 다른 일이 없음에 익숙해져 가는 공부이다. 그 어떤 경계를 만나더라도, 분별에서 보면 좋거나 나쁜 일이겠지만, 이 법의 자리에서 보면 평등하다. 경계에 어떤 차별도 없다. 일체 삼라만상이 오직 이 한 법일 뿐이다. 살생, 도둑질, 음행, 망어가 모두 이 성품으로부터 일어난 것일 뿐이어서, 일어나되 일어난 바가 없다.

과거에는 만나는 경계에 따라 이리저리 휘둘리며, 경계에 끌려다니는 신세였다. 이제는 일어나는 경계의 모양에 끌려다니는 것이 아니라, 그 모든 경계의 본성이 공함을 늘 확인하니, 그 어떤 좋고 나쁜 경계가 오더라도 휘둘릴 것이 없다. 과거처럼 현실에서는 모든 좋고 나빠 보이는 일이 다 일어나지만 일어난 바가 없다. 물론 인연에 반응하며, 화를 낼 때는 화도 내고, 바쁠 때는 바쁘게 살며, 할 일은 다 하고 살지만, 그저 그때뿐이다. 그 모든 일들을 다 행하면서도 하되 하는 바가 없다.

바깥 경계에만 덜 휘둘리는 것이 아니라, 내면에서 올라오는 온갖 생각에도 더 이상 속지 않는다. 그렇다고 생각이 올라오지 않는 것은 아니다. 끊임없이 여전히 생각은 올라온다. 다만 그 올라오는 생각이 전부 이 성품으로부터 나온 것임을 자각한다. 그 모든 생각이 다 올라오지만 일어나도 일어난 바가 없다.

그래서 생각과 분별 망상이 일어나는 것을 두려워하지 말고, 다만 알아차림이 더딜까를 두려워하라고 했다. 분별심과 생각이 일어나면, 곧 그런 생각이 일어났음을 다만 알아차릴 뿐이다. 그것이 생각일 뿐이며 실체가 아님을 깨달으면, 그 생각은 있으면서도 있는 것이 아니다. 그래서 "생각이 일어나면 곧 알아차려라. 알아차리면 없다"라고 했다.

깨달은 사람의 입장에서는 객진번뇌가 있다고 할지라도, 그것이 다 맛있는 우유인 제호(醍醐)가 된다. 생각이 일어날지라도 그것이 실체가 없는 것임을 비추어 보고 어리석음도 사실은 실체가 없음을 비추어 본다면, 이 세상과 우주 일체 삼라만상 모든 것이 허공꽃처럼 실체가 없음을 깨닫게 될 것이다. 이 세상 모든 것이 다만 인연 따라 생겨났다가 사라질 뿐임을 알기에 마치 바람에 사라지는 연기처럼 허망한 것임을 깨닫게 된다.

허깨비 같은 육진 경계는 마치 끓는 물에 얼음이 녹듯 사라질 것이다. 우리가 그토록 휘둘리는 외부 경계가 더는 실체성을 가지지 못하며, 나 스스로 외부 경계에 끌려가지 않아 마치 끓는 물에 얼음이 녹듯 사라질 것이다.

이처럼 순간순간 닦고 익히며, 마음을 관조하기를 잊지 않고, 선정과 지혜를 평등하게 가지면, 곧 사랑하고 미워하는 분별심이 자연히 가벼워지고, 자비와 지혜는 더욱 밝아지게 된다. 죄업은 자연히 없어지고, 공덕은 절로 늘어나며, 번뇌가 다할 때 생사도 끊어질 것이다. 생사가 본래 없던 것이며, 다만 망상을 일으켜 생사를 나 스스로 분별해 냈을 뿐임을 깨닫게 된다. 그리하여 미세한 번뇌도 영원히 끊어져 원만한 깨달음인 원각(圓覺)의 큰 지혜가 밝게 드러나게 된다. 그렇게 되면 천백억 화신이 시방세계 중생의 근기에 감응해 몸을 나타내어 일체중생을 근기에 따라 구제할 수 있게 된다. 마치 하늘에 높이 뜬 달이 모든 물에 두루 나타나는 것과 같다. 이것이 곧 수월(水月)보살이다.

이처럼 자신이 구제된 수행자는 몸을 나투어 일체중생을 구제한다. 몸을 나툰다고 해서 대단한 신통력을 부린다고 생각하면 안 된다. 본래 한 몸밖에 없기에 일체중생의 앞에 감응해서 두루 몸을 나타낼 수 있는 것이다. 응용이 무궁하고, 방편으로 중생을 제도하는 것에 능통해서 천변만화(千變萬化)로 나투어 일체중생을 인연에 따라 구제하되 아무런 근심이 없고 즐거우니, 이를 대각세존이라고 한다. 역사적인 석가모니 부처님의 위대함만을 나타내는 말이 아니다. 내가 바로 대각세존이요, 내가 바로 일체중생을 구제하는 무변신보살(無邊身菩薩), 수월보살(水月菩薩)인 것이다.

정혜(定慧)의 체(體)와 용(用)

물었다.

"깨친 뒤에 닦아 나가는 가르침에서, 선정과 지혜를 평등하게 가진다[定慧等持]는 뜻은 아직 잘 모르겠습니다. 다시 자세히 설명해 주셔서 미혹을 없애고 해탈의 문에 들어가게 해 주십시오."

답한다.

"법(法)의 참된 의미를 설한다면, 진리에 들어가는 문은 천 가지가 있지만, 그 모두 선정과 지혜 아님이 없다. 요점을 정리해 보면, 단지 자기 성품의 체(體: 본체)와 용(用: 작용)의 두 가지 뜻에 불과하니, 앞에서 말한 '공적영지(空寂靈知)'가 바로 그것이다. 선정은 곧 체(體)요, 지혜는 용(用)

이다. 그래서 체가 그대로 용이므로 지혜는 선정을 떠나
있지 않고, 용이 그대로 체이므로 선정은 지혜를 떠나 있
지 않다. 선정이 곧 지혜이므로 고요하면서 항상 알고, 지
혜는 곧 선정이므로 알면서도 항상 고요하다. 그래서 조
계 스님이 '마음에 산란함이 없는 것이 자성의 선정이요,
마음이 어리석지 않음이 자성의 지혜이다'라고 하신 말씀
과 같다. 만약 이처럼 깨달아서, 공적(空寂)과 영지(靈知)
를 자재하게 굴려, 막음(遮=선정)과 비춤(照=지혜)이 둘이
아니게 되면, 이것을 곧 '돈오한 이가 정과 혜를 동시에 닦
는다'라고 한다.

問後修門中 定慧等持之義 實未明了 更爲宣說 委示開
迷 引入解脫之門 答若說法義 入理千門 莫非定慧 取
其綱要則但自性上 體用二義 前所謂空寂靈知是也 定
是體慧是用也 卽體之用故 慧不離定 卽用之體故 定不
離慧 定則慧故 寂而常知 慧則定故 知而常寂如 曹溪
云 心地無亂自性定 心地無癡自性慧 若悟如是 任運寂
知 遮照無二 則是爲頓門箇者 雙修定慧也

23. 정혜(定慧)의 체(體)와 용(用)

선오후수(先悟後修), 돈오점수의 가르침에서 선정과 지혜, 즉 정혜(定慧)를 평등하게 가진다는 뜻에 대한 설명이 이어진다. 불교 수행법의 핵심은 정혜를 고루 닦는 것이다. 이를 지관(止觀)이라고도 한다. 지관겸수(止觀兼修)와 정혜쌍수(定慧雙修)는 익히 들어 온 말이다.

진리에 들어가는 문은 수많은 방편이 있을 수 있지만, 그 모든 수행법과 방편이 근본에서는 전부 선정과 지혜, 즉 정혜가 아님이 없다.

선에서 설하는 정혜란, 곧 자기 성품에 본래 갖추어져 있는 체(體)와 용(用)을 말한다. 공적영지라고 할 때 공적이 곧 자기 성품의 본체이고, 영지가 곧 작용이다. 선정이란 바로 이 본체인 공적을 말하고, 지혜는 곧 작용인 영지를 말한다.

보통 수행하는 사람들은 선정을 열심히 갈고닦아 지혜를 증득하는 것으로 알고 있다. 그러나 선에서의 정혜는 열심히 닦아서 만드는 것이 아니라, 본래 성품 속에 이미 본래부터 구족하고 있던 선정과 지혜를 말한다. 이것은 본래 성품의 서로 다른 측면일 뿐이다. 체가 그대로 용이고, 용이 그대로 체다. 체가 그대로 용이기에 지혜는 선정을 떠나 따로 있지 않고, 용이 그대로 체이기에 선정은 지혜를 떠나서 있지 않다. 선정이 곧 지혜이므로 고요하면서도 항상 소소영령하게 알고, 지혜가 곧 선정이므로 그렇게 깨어서 알면서도 늘 고요함을 잃지 않는다.

조계의 6조 혜능 스님 또한 "마음에 산란함이 없는 것이 자성의 선정이요, 마음이 어리석지 않음이 자성의 지혜이다"라고 했다. 마음에 산란함이 없는 것이 곧 고요함이며 공적인 본체이고, 마음이 어리석지 않은 것이 곧 깨어 있는 앎이며 영지이자 작용이다. 이처럼 깨닫게 된다면, 공적과 영지를 자재하게 굴리게 된다. 선정과 지혜가 둘이 아니게 되니, 이것이 '돈오한 이가 정혜를 동시에 닦는다'라는 뜻이다.

돈오하여 본성 자리를 확보하고 있다면, 그것이 곧 흔들림 없는 선정이자 매 순간 이어지는 삼매다. 닦아서 이룩한 선정은 생겨나고 사라짐이 있고, 선정으로 들어가고 나감이 있지만, 이 본체의 공적한 선정인 본연 삼매는 오고 감이 없다. 생겨나고 사라지지도 않아 무수한 활동과 움직임 속에서도 늘 여여(如如)하다. 그래서 혜능 스님도 일행삼매(一行三昧)를 '가거나 머물거나 앉거나 눕거나 항상 직심(直心)을 행하는 것'이라고 했다. 『정명경』에서 "직심이 도량이며, 직심이 정토다"라고 했다. 직심이란 분별 망상으로 걸러서 해석하고, 분별로써 해석하는 굽은 마음이 아닌, 그 어떤 분별 망상도 개입되지 않는 '곧장 이 마음'을 말한다.

언제 어디서 무엇을 하든, 항상 분별없이 곧장 그 마음인 본래 면목의 바탕 위에서 행하는 것이 일행삼매다. 『문수설반야경』에서도 일행삼매를 일컬어 '우리 마음을 한결같은 진리의 세계인 법계에 머물게 하는 것'이라고 설하고 있다. 한결같이 여여한 진실인 자성 자리에서 직심으로 행한다면, 그것이 어떤 행위가 되더라도 곧 삼매이며 선정이라는 것이다. 이러한 본래 선정의 바탕 위에서 분별없이 무엇이든 알아차리는 깨어 있음의 지혜를 자재하게 활용하니, 그것이 바로 정혜등지(定慧等持)다.

위에서 공적이 선정이고, 영지가 지혜라고 했다. 여기에서는 다시 공적과 선정을 막음(遮)이라 했고, 영지와 지혜를 비춤(照)이라고 했다. 공적과 선정은 일체 모든 분별을 다 막은 것이기 때문에 차(遮)라 했고, 영지와 지혜는 고요한 가운데 맑은 거울처럼 일체를 소소영령하게 비추어 보기 때문에 조(照)라 했다.

24

점문, 열등한 근기의 수행

그러나 만일 적적(寂寂)˙으로 인연 따라 올라오는 생각들을 먼저 다스리고, 그다음에 성성(惺惺)˙˙으로 혼침을 다스려야 한다고 하면서, 선후를 따라 다스리며 혼침과 산란을 고르게 조복하여 고요함에 들어가는 것은 점문(漸門)의 열등한 근기의 수행이다. 그는 비록 성성과 적적을 평등하게 한다고 하지만, 사실은 고요함만을 취하는 행에 빠진 것이니, 어찌 본래의 공적과 본래의 영지를 떠나지 않고 자유롭게 두 가지를 함께 닦는 '일 마친 사람'이라고

- ˙ 적적(寂寂)=고요함=공적=선정=막음.
- ˙˙ 성성(惺惺)=깨어있음=영지=지혜=비춤.

24. 점문, 열등한 근기의 수행

할 수 있겠는가. 그러므로 조계 스님은 "스스로 깨달아 수
행하는 것은 따지는 데 있지 않다. 만약 선후를 따지면 그
는 미혹한 사람이다"라고 하였다.

若言先以寂寂 治於緣慮 後以惺惺 治於昏住 先後對治
均調昏亂 以入於靜者 是爲漸門劣機所行也 雖云惺寂
等持 未免取靜爲行則 豈爲了事人 不離本寂本知 任運
雙修者也 故曹溪云 自悟修行 不在於諍 若諍先後 卽
是迷人

여기에서는 선정과 지혜를 닦는 자가 주의해야 할 점을 설하고 있다. 유위조작으로 점차 닦아 나가는 점문의 열등한 근기의 정혜가 아닌, 본래의 정혜를 떠나지 않아야 참으로 '일 마친 사람'이라는 것이다.

언어 정리부터 하고 넘어가자. 선정은 곧 고요함이며 본성의 체(體)인 공적을 말하는 것으로, 이를 적적(寂寂)이라 부른다. 지혜는 곧 깨어 있음이며 본성의 용(用)인 영지를 말하는 것으로, 이를 성성(惺惺)이라 부른다.

만약 어떤 사람이 선정, 곧 적적으로 인연 따라 올라오는 생각과 분별 망상들을 먼저 다스리고, 그렇게 마음이 선정에 들어 고요함을 증득한 연후에 지혜인 성성을 통해 혼미함과 혼침을 다스리려고 한다면, 이는 불이법이 아닌 선후로 나누어지는 수행이다. 혼침과 산란을 조복 받은 뒤에 고요함으로 들어가는 것이라서 점문의 열등한 근기의 수행이다. 이런 사람도 지관과 정혜를 쌍으로 닦는다고 말은 한다. 그러나 성성과 적적을 평등하게 닦는다고 하지만, 사실은 고요함을 위하는 유위(有爲)의 행에 빠진 것일 뿐이다.

그러니 이 사람을 어찌 '일 마친 사람'이라 할 수 있겠는가?

선에서 설하는 공적영지, 정혜등지는 불이법이어서 선이 있고 후가 있는 것이 아니다. 선정을 닦아 지혜를 증득하는 것도 아닐뿐더러 선정과 지혜가 본래의 자기에게 이미 완벽하게 갖추어져 있는 것일 뿐이다.

견성해서 깨닫고 보면 본래 성성하고 적적하여 따로따로 닦을 필요가 없다. 한마음 속에 두 가지가 본래 구족되어 있다. 본래 구족이기에 점차 닦을 필요가 없다. 몰록 돈오해서 하나임에 계합하기만 하면, 문득 정혜가 본래 구족되어 있음을 깨닫는다. 그래서 선의 6조(六朝) 조계혜능 스님도 "스스로 깨달아 수행하는 것은 따지는 데 있지 않다. 만약 선후를 따진다면 그는 미혹한 사람이다"라고 했다. 참된 자성의 정혜에는 선후가 따로 없고, 닦을 것이 없기 때문이다.

25

깨달은 자의 정혜

깨달은 사람의 입장에서 정혜등지(定慧等持)*의 뜻은 애
써 노력하는 것도 아니고, 원래 무위(無爲)여서 어떤 특별
한 것이 없다. 즉 빛을 보고 소리를 들을 때에도 다만 그럴
뿐이고, 옷 입고 밥 먹을 때에도 그저 그럴 뿐이고, 똥 누
고 오줌 눌 때도 그럴 뿐이고, 사람과 이야기할 때도 그럴
뿐이며, 나아가 걷고 서고 앉고 눕거나, 말하고 침묵하거
나, 기뻐하고 성내거나, 언제든지 항상 그러할 뿐이다. 마
치 빈 배가 물결을 따라 올라갔다 내려갔다 하듯이, 산골

●　정혜등지(定慧等持) : 선정과 지혜를 평등하게 가짐.

을 흐르는 물이 형세에 따라 굽이돌기도 하고 바르게 흐르기도 하듯이, 마음 마음에 아무런 알음알이가 없다. 그리하여 오늘도 내맡겨 흘러감에 자재하고, 내일도 내맡겨 흘러감에 자재하여, 모든 인연을 따르되 아무런 걸림이 없고, 선을 닦거나 악을 끊는다는 생각도 없으며, 곧고 꾸밈이 없어서 그저 무심하게 보고 들을 뿐이다. 상대할 대상이 하나도 없이 다 끊어졌으니, 어찌 애써 번뇌를 털어버리려는 노력이 필요하겠는가. 허망한 감정을 일으킬 한 생각도 없으니 반연(攀緣)*을 잊으려 힘쓸 것도 없다.

---

* 반연(攀緣) : 경계나 인연이 다가올 때 거기에 마음이 끌려다니고 움직이며 혼란스럽게 얽히는 것.

則達人分上 定慧等持之義 不落功用 元自無爲 更無特
地時節 見色聞聲時 但伊麽 着衣喫飯時 但伊麽 屙屎
送尿時 但伊麽 對人接話時 但伊麽 乃至行住坐臥 或
語或默 或喜或怒 一切時中一 一如是 似虛舟駕浪 隨
高隨下 如流水轉山 遇曲遇直 而心心無知 今日騰騰任
運 明日任運騰騰 隨順衆緣 無障無碍 於善於惡 不斷
不受 質直無僞 視聽尋常 則絶一塵而作對 何勞遣蕩之
功無 一念而生情 不假忘緣之力

깨달은 사람의 입장에서 정혜등지는 애써 노력하는 것이 아니다. 원래 무위여서 따로, 특별히, 애써 해야 할 것도 없다. 본래 구족되어 있다.

우리가 지금까지 '내 몸', '나'라고 여겼던 몸이나 마음, 즉 오온(五蘊)은 진정한 나가 아니다. '이것'이 진정한 나의 본래면목이다. '이것'이 빛을 볼 줄도 알고, 소리를 들을 줄도 안다. 옷 입고 밥 먹는 것 또한 '이것'이 하고, 똥 누고 오줌 누는 것, 사람과 이야기하는 것, 걷고 서고 앉고 눕거나, 말하고 침묵하거나, 기뻐하고 성내거나, 그 모든 것은 오온인 이 몸이 하는 것이 아니라 나의 본래면목인 '이것'이 한다. 물론 이 또한 어쩔 수 없이 방편으로 하는 '말'일 뿐이다.

그렇다고 '이것'이라는 본래면목이 따로 있어서 이 몸뚱이를 뒤에서 조종하고 있다는 뜻은 아니다. 뒤에서 조종하고 있는 것이 있다면 그것은 둘이어서 불이법이 아니다. 억지로 이해시키려고 방편을 써서 말하자니, '이것'이 한다는 식으로 이해할 수 있게 말한 것이다.

조금 더 방편을 빼고 말해 본다면, 그저 이럴 뿐이다. 그저 빛을 보고 소리를 들을 뿐이다. 옷 입고 밥 먹을 뿐이고, 똥 누고 오줌 눌 때도 그럴 뿐이며, 이야기하고 걷고 서고 앉고 눕고 말하고 침묵하고 기뻐하고 성낼 때도 그저 그럴 뿐이다.

마치 빈 배가 물결을 따라 올라갔다 내려갔다 하듯이, 산골을 흐르는 물이 형세에 따라 굽이돌기도 하고 바르게 흐르기도 하듯이, 마음에 그 어떤 알음알이도 없이, 삼라만상에서 일어나는 일체 모든 작용이 그저 이러할 뿐이다.

이 모든 것이 그대로 공적영지다. 정혜등지이며 성성적적이다. 공적한 가운데 이처럼 영지가 깨어 있으니, 보이면 보고 들리면 듣고, 옷 입고 밥도 먹으며, 똥 누고 오줌도 눈다. 이것뿐이다. 이야기하고 걷고 서고 앉고 눕고 말하고 침묵하는 이뿐이다. 이것이 전부다. 여기에 다른 것을 붙이려고 하면 그것은 전부 알음알이일 뿐이다. 그 어떤 알음알이도 붙이지 말고 그저 있는 그대로 보면, 이것이 전부가 아닌가? 산은 푸르고, 매미는 울고, 바람은 불어온다. 이것이 전부다. 배고프면 먹고, 졸리면 자고, 일을 주면 열심히 일한다. 이것이 곧 일행삼매이고, 직심이며, 공적영지이고, 정혜등지가 아닌가?

내맡겨 흘러감에 자재하다. 어제도 오늘도 내일도 그저 인연 따라 법계에 내맡겨 자재하게 흘러갈 뿐이다. 이것이 공부인의 살림살이다.

내맡긴다는 것은 '나'가 주인이 되어 '내 뜻대로' 사는 삶이 아닌, 나와 둘이 아닌 이 불이법의 법계와 완전히 하나가 되어 흐른다는 뜻이다. 내맡길 내가 따로 없다. 삶은 본래 내맡겨져 있다. 하나 되어 흐르고 있다. 다만 우리는 분별심을 가지고 일일이 옳으니 그르니 하며 온갖 문제를 만들어 내기에, 내맡겨 흐르지 못하고 자기 뜻대로 삶을 억지스럽게 통제하려고 애써왔다.

본래심을 깨달은 이라면, 나와 삶이 둘이 아니며, 여기에 '나'랄 것이 따로 없고, 내 뜻대로 통제할 삶이 따로 없어, 둘이 없는 여기에 통째로 내맡겨 흐른다. 이것이 곧 자재함이다. 삶이 언제나 자유자재하게 흘러간다. '내 뜻대로' 살고자 하는 아상의 삶은 자기가 원하는 대로 되면 좋지만, 원하는 대로 되지 않으면 괴롭다. 원하는 대로 될 때만 자재하다고 느낀다. 그러나 통째로 내맡겨 흐르는 삶은 일체가 통으로 하나여서, 삶 위에 무엇이 오든 전부 자재하고, 전부를 받아들인다.

삶의 내용, 모양, 스토리를 따라가면 좋고 나쁜 삶, 성공적이거나 실패한 삶 등으로 나누어진다. 하지만 그 겉모습, 모양, 스토리가 드러난 본바탕의 공한 진실을 깨달은 자는 더 이상 모양에 끌려다닐 일이 없다. 지옥과 극락이 전부 성품의 드러남일 뿐이어서 차별이 없다. 좋고 나쁜 삶이 동일한 한바탕의 법이어서 다를 것이 없다.

일체가 꿈일 뿐이어서, 꿈의 내용에 끌려다니지 않는다. 그저 꿈임을 깨달을 뿐이지, 꿈의 내용을 바꾸려고 애쓰지 않는다. 꿈의 내용이야 어떤 것이 오든 그저 내맡겨 흐를 뿐이다.

부처님의 삶 또한 이와 같았다. 부처님의 일대기를 보면, 그 겉모습의 삶의 내용물은 전혀 완벽해 보이지 않는다. 사촌 동생인 데바닷다가 반역을 일으켜 부처님을 죽이려 자객을 보내기도 했고, 상수 제자인 목건련은 외도들에게 피살당했으며, 부처님의 고향 석가족은 코살라국에 멸망했다. 수많은 외도들이 부처님을 모함하기도 했다.

그런데도 우리가 부처님을 믿고 따르는 이유는 무엇일까? 부처님은 그 삶의 내용물, 스토리를 뜻하는 대로 잘 바꾸는 분이 아니기 때문이다. 즉, 우리가 부처님께 기복적으로 빌면서, 자식 대학 합격하게 해 달라고 빌고, 남편 진급하게 해 달라고 빌고, 건강하게 해 달라고 빌며, 끊임없이 부처님께 빌고 또 빌지만, 정작 부처님은 자기 삶조차 원하는 대로 변화시키지 않으신 분이다. 왜 그럴까? 인연 따라 왔다가 가는 허망한 생멸법이기 때문이다.

왔다가 가는 삶의 내용물이 중요한 것이 아니라, 그 본 바탕의 진실을 깨달은 분이기 때문이다. 사람들은 전부 늙고 병들고 죽는다. 내용물을 바꿀 수 있다면, 모든 사람들을 전부 늙지도 않고 병들지도 않고 죽지도 않게 했을 것이다. 그러나 그런 것은 본질적인 해결책이 아니다. 노병사의 진실을 깨닫는 것이 본질이다. 본래 태어난 바가 없고, 늙고 병들고 죽는 일이 없음을 깨닫게 된다면, 삶의 모든 이야기 또한 그 모든 일들이 다 있지만 있지 않음을 깨닫게 될 것이다.

또한 삶의 내용물이라는 것조차, 그 삶을 사는 '나'라는 분별이 전제되고 있는 것이 아닌가? 그런 삶을 사는 '나'가 없다. 그러니 그 삶의 내용물, 이야기는 비본질적인 것일 뿐이다. 중요한 것은 그 모든 삶의 내용물들이 오고 가는 본바탕의 진실이다. 본성을 깨닫는 것이다. 그렇게 되면, 이제부터는 완전하게 내맡기게 된다. 스토리를 바꾸려 하지 않고, 내맡긴다. 어떤 스토리가 오든, 그 이야기 속에서 심각함 없이 재미있게 유희삼매로써 살아가게 된다. 삶은 하나의 놀이요, 유머가 된다.

어떤 삶이 오든 완벽하게 자유롭다. 무엇이든 다 받아들인다. 다 수용한다. 왜 그럴까? 나는 이 몸이 아니라, 허공법신이기 때문이다. 그래서 법신불을 자수용신(自受用身)이라고 부른다. 일체를 완전하게 수용하는 몸이기 때문이다.

이처럼 일체를 내맡기고 산다면 무슨 걸릴 것이 있는가? 모든 인연을 따라 흘러가되 아무런 걸림도 없고, 선을 닦거나 악을 끊는다는 생각도 없다. 둘로 나뉘는 분별이 다 쉬어 곧고 꾸밈이 없다. 모든 것을 그저 무심하게 보고 들을 뿐이다. 그저 그뿐이다.

상대할 대상이 하나도 없이 다 끊어졌다. 모든 것이 이 하나뿐임이 자명하다. 그 누가 나를 괴롭힐 수 있고, 그 누구와 경쟁할 것이 있는가? 상대가 다 사라지고 없다. 다 있으면서도 아무것도 없다. 아무것도 없으면서도 이렇게 다 살아 있다.

그러니 애써 번뇌를 털어 버리려는 노력이 필요할까? 선을 닦고 악을 버리려는 노력이 필요할까? 오직 이 하나뿐이다. 허망한 감정을 일으킬 한 생각도 없으니, 반연(攀緣)을 잊으려 힘쓸 것도 없다. 아무런 애씀이나 노력, 힘들일 것 없이 자연스럽게 늘 내맡겨 흘러갈 뿐이지만 정혜가 완전히 갖춰져 있고, 늘 성성적적하다.

26

점문, 열등한 근기의 정혜

그러나 업(業)의 장애는 두텁고 습기(習氣)는 무거우며, 관(觀)하는 힘은 약하고 마음은 들떠서 무명의 힘은 크고 지혜의 힘은 적으며, 선악의 경계에서는 마음이 고요함과 동요 사이를 오가는 이런 담담하지 못한 사람은 반연(攀緣)을 잊고 번뇌를 없애는 공부를 해야 한다.

그러므로 "육근이 경계를 대해도 마음이 반연을 따르지 않는 것을 선정(禪定)이라 하고, 마음과 경계가 함께 공해서 미혹 없이 비추는 것을 지혜라 한다. 이것은 비록 상을 따르는 방편문[隨相門]에 속하는 정혜(定慧)라서, 점문(漸門)의 열등한 근기의 행이기는 하지만 경계에 따라 다스려야 하는 사람으로서는 없을 수가 없다. 만약 도거(掉

擧)가 치성한 경우에는 먼저 선정의 이치대로 산란한 마음을 거두어서 마음이 반연을 따르지 않고 본래의 공적(空寂)에 계합하게 해야 한다. 만약 혼침(昏沈)이 더욱 심해지면 이번에는 지혜로써 법에 따라 공(空)을 관(觀)하여 미혹 없이 비추어서 본래의 영지(靈知)에 계합하도록 해야 한다. 이렇게 선정으로 어지러운 생각을 다스리고, 지혜로 무기(無記: 선악의 분별이 없는 혼미한 상태)를 다스리면 어지러움과 혼미함이 함께 없어지며, 이처럼 서로를 없앰으로써 다스리려는 노력도 끝이 난다. 이렇게 되면 경계를 마주하더라도 순간순간 근본으로 돌아가고, 반연을 만나도 마음 마음이 도에 계합하여, 걸림 없이 정혜를 쌍으로 닦게 되니 비로소 무사인(無事人: 일 없는 사람)이라 할 만하다. 만약 이렇게 하면 참으로 정혜등지(定慧等持)를 실천하여 불성을 밝게 본 사람이라 할 수 있다"라고 하신 것과 같다.

然障濃習重 觀劣心浮 無明之力大 般若之力小 於善惡
境界 未免被動靜互換 心不恬淡者 不無忘 緣遣蕩功夫
矣 如云六根攝境 心不隨緣 謂之定 心境俱空 照鑑無
惑 謂之慧 此雖隨相門定慧 漸門劣機所行也 對治門中
不可無也 若掉擧熾盛 則先以定門 稱理攝散 心不隨
緣 契乎本寂 若昏 沈尤多 則次以慧門 擇法觀空 照鑑
無惑 契乎本知 以定治乎亂想 以慧治乎無記 動靜相亡
對治功終 則對境而念念歸宗 遇緣而心心契道 任運雙
修 方爲無事人 若如是則眞可謂定慧等持 明見 佛性者
也

돈오(頓悟)하고 나면, 법의 측면에서 본다면 돈오돈수(頓悟頓修)여서 몰록 깨닫고 몰록 수행도 끝나는 것이다. 하지만 현상적인 측면에서 본다면 돈오점수(頓悟漸修)적인 측면을 무시할 수 없다. 사실 돈오점수라는 말은 그런 법칙이 있다기보다, 중생은 근기적 측면에서 보았을 때 돈오점수적 측면이 있음을 나타내는 방편이자 하나의 말일 뿐이다. 이것을 가지고 돈오돈수가 옳으냐, 돈오점수가 옳으냐 하고 따질 필요가 없는 것이다.

돈오점수적 측면에서 본다면, 즉 현상적인 현실에서 본다면, 아무리 돈오해서 깨달았다고 하더라도 오랜 세월 익혀 온 업(業)의 장애가 두텁고 습기(習氣)가 무겁다. 또한 분별과 업습이 올라올 때 그것을 지켜보는 관(觀)의 힘이 약하고, 마음이 쉬 들뜨기 쉽다. 이렇듯 어리석음의 힘은 여전히 크고 지혜의 힘은 아직 작기에 선악의 경계에서는 마음이 고요함과 동요 사이를 왔다 갔다 하는 일이 있을 수밖에 없다. 이런 여여하지 못한, 담담하지 못한 사람이라면 바깥에서 끊임없이 찾아오는 온갖 인연에 끌려가지 않는 공부, 번뇌를 없애는 공부를 여전히 해야 한다.

육근(六根)이 바깥 경계를 대해도 마음이 반연을 따르지 않는 것을 선정이라 하고, 마음과 경계가 함께 공해서 미혹 없이 비추는 것을 지혜라 한다. 이것은 현상적인 측면, 상을 따르는 측면에서의 방편문인 수상문(隨相門)에 속하는 선정이다. 점수의 행이기는 하지만, 이것은 열등한 근기의 수행자에게만 해당하는 말이 아니라 대부분 사람에게 해당한다. 말은 열등, 우등이라고 나누었으나, 엄밀히 말한다면 근기의 우열이라기보다 법의 자리에서 보면 돈오돈수라서 닦음이 필요 없지만, 현실의 상(相)에서 보면 돈오점수라서 경계를 따라 다스리지 않을 수 없는 것이다.

앞에서 이 공부는 따로 선정을 닦을 것도 없고, 수행을 할 것도 없는 중도임을 설했다. 그러나 그것은 어디까지나 이 법의 자리에서 하는 말이다. 법은 본래 그렇다는 것이다. 그러나 업습의 습기가 강한 중생들에게는, 본래 선정이며 수행할 것이 없지만, 그렇더라도 선정을 닦고 지혜를 닦아야 한다는 것이다.

중생은 업장이 두텁고, 분별하는 습기가 무거우며, 있는 그대로 관하는 힘은 약하고, 마음은 쉬 들뜨거나 가라앉고, 지혜는 적으며 어리석음은 커서, 선악의 경계가 다가올 때 이리 휘둘리고 저리 휘둘리며 마음이 요동치기 때문이다.

이런 중생들은 반연(攀緣)을 따르지 않는 선정을 닦아야 한다. 반연이란 대상 경계나 인연이 다가올 때 거기에 마음이 끌려다니고 움직이며 혼란스럽게 얽히는 것을 말한다. 쉽게 말하면 인연이 계속 얽히는 것이다. 중생들은 쉽게 반연에 얽히기에 반연을 따르지 않기 위해서는 선정을 닦아야 한다는 것이다. 이것은 중생의 눈높이에 맞춘 방편의 가르침이기 때문에 방편문이며, 중생들은 모양, 상(相)을 따라 반연에 끄달리기 때문에 '상을 따르는 방편문'이라고 하여 이를 '수상문에 속하는 정혜'라 하였다. 이는 차례차례 닦아야 하는 점문(漸門)의 열등한 근기의 행이기는 하지만, 즉 방편의 말이기는 하지만, 중생들에게는 없을 수가 없다.

이런 점에서 불교의 가르침은 참으로 방편과 본질, 이(理)와 사(事)를 넘나들며 공부인이 어느 한쪽으로 치우치지 않도록 중도로 이끌고 있다. 돈오돈수적인 근본에 확고하게 뿌리를 내리고 있으면서도, 현실적인 돈오점수적인 수행을 외면하지 않는다. 이 두 가지는 반드시 함께 가야 하는 것으로, 어느 한쪽만을 강조하면 중도를 놓칠 우려가 있다.

이 선불교를 공부하는 사람은, 선의 파격과 일체 방편을 깨뜨리는 것을 보고는, 여기에서 통쾌함을 느낀다. 그러면서 기도와 수행을 일삼는 이들을 무시하며, 낮은 수준이라고 깎아내리기도 하고, 자신을 우월하게 느끼기도 한다. 그 또한 한 쪽에 치우침이다.

사람들은 저마다의 근기가 다 다르기에, 자신에게 맞는 방편을 통해 근기를 높여 갈 수밖에 없음을 인정해야 한다. 부처님께서도 근기가 다른 중생들을 다 이끌고 가기 위하여 단계별 설법을 하셨으니 이것이 바로 시론(施論), 계론(戒論), 생천론(生天論), 제욕(諸

欲)의 과환(過患), 출리(出離)의 공덕, 사성제로 이어지는 차제설법(次第說法)이다. 시론은 보시에 대한 설법이며, 계론은 계율, 생천론은 선인선과 악인악과로 본인이 선업을 지으면 천상의 복을 받는다는 인과의 가르침이다. 그 뒤에 설한 것이 제욕의 과환인데, 이는 모든 감각적 욕망은 우리를 위험으로 이끈다는 것이고, 출리의 공덕은 삼계를 벗어나 열반을 구하는 공덕을 설한 것이다. 그리고 이렇게 공부의 성숙을 이룬 제자들에게 결국 고에서 벗어나 열반에 이르는 가르침인 사성제를 설하셨다.

부처님께서도 이렇게 근기에 따라 중생들에게 다르게 설법하셨듯이, 지눌 스님 또한 방편의 가르침인 수상문의 정혜를 무시할 수 없음을 설한다.

수행에 장애를 가져오는 대표적인 분별이 바로 혼침(昏沈)과 도거(掉擧)다. 도거는 마음이 들뜨고 산란한 것이고, 혼침은 그와 반대로 마음이 푹 가라앉고 혼미한 것을 말한다. 도거는 붕 떠 있는 마음이고, 혼침은 축 처진 가라앉은 마음이다.

만약 마음이 들뜨고 산란한 도거가 치성한 사람의 경우에는, 먼저 선정의 이치대로 산란한 마음을 거두어서 마음이 바깥 인연의 경계를 따르지 않고 본래의 공적함에 계합하게 해야 한다. 마음이 산란하고 쉽게 들뜨는 사람은 선정 수행을 통해 마음이 반연을 따라 얽매이지 않도록 수행해야 한다. 이를 통해 본래의 공적함에 계합할 수 있다.

만약 마음이 흐리고 혼미한 혼침이 더욱 심할 때는 지혜로써 법에 따라 공을 관하여 미혹 없이 비추어 본래의 영지에 계합하도록 해야 한다. 마음이 붕 떠 있고 혼란스러운 사람에게는 선정 수행의 고요함이 도움이 되겠지만, 반대로 마음이 축 처져 있고 가라앉고 흐리며 혼미한 사람에게는 거울처럼 소소영령하게 비추어 보는 지혜의 관수행이 필요하다는 것이다.

혼침과 도거는 공부인에게 일어나기 쉬운 대표적인 분별심이다. 이를 조복한다는 것은 곧 일체의 분별심을 조복받는 것이다. 많은 분별을 조복받기 위해서 도거가 많은 이에게는 선정, 즉 사마타 수행이 필요하고 혼침이 많은 이에게는 지혜, 즉 위빠사나 수행이 필요하다는 것이다. 괴로움의 원인인 분별심을 타파하기 위해 사마타와 위빠사나, 선정과 지혜, 지관, 정혜를 닦는 것을 뜻한다.

앞에서는 자성 속에 정혜가 이미 본래부터 갖추어져 있음을 설했다. 여기에서는 본래 갖추어져 있음에도 불구하고 방편을 일으켜 사마타와 위빠사나 수행을 별도로 행하는 것이 근기가 낮은 중생들에게는 도움이 된다는 점을 설하고 있다.

남방불교의 수행처들에서는 수행처들마다의 다양한 수행 가풍과 수행 방법이 다르다. 어떤 곳은 사마타 수행 위주의 수행처가 있고, 또 어떤 곳은 위빠사나 위주의 수행처가 있으며, 같은 사마타나 위빠사나라고 할지라도 세부적으로 들어가면 또 온갖 종류의 구체적인 수행법을 제시하고 있다. 지눌 스님이 말씀하신 것처럼, 중생들은 오랜 업습으로 인해 둔근기(鈍根機)●의 수행자 일 수밖에 없다 보니, 사마타와 위빠사나라는 수상문의 방편 수행이 나름의 성과를 얻게 될 수 있다.

그러니 선불교를 공부하는 이라고 하더라도, 자신의 수행만을 옳다고 여기며 타인의 수행법을 깎아내릴 일이 아니다. 근본을 올바른 중도에 둘 수 있다면, 방편에서는 다양한 수행법들이 나름의 역할을 하게 된다는 것도 간과할 수는 없기 때문이다.

법에는 공적과 영지가 둘이 아니고, 선정과 지혜가 둘이 아니지만, 방편의 측면에서는 선정으로 도거를 다스리고 지혜로 혼침을 다스림으로써 그 둘이 함께 사라지게 된다. 이처럼 혼침과 도거의 양극단 분별이 선정과 지혜, 공적과 영지로 인해 함께 없어지면 다스리려는 노력도 끝이 나게 된다. 처음에는 선정과 지혜로 도거와 혼침을 다스린다고 하지만, 결국 이 법의 자리로 돌아오면 둘이 평등하게 정혜등지가 되어 양극단의 분별이 쌍으로 사라지니, 닦으면서도 닦음이 없어 모든 유위의 노력이 끝나게 된다.

이렇게 되면 경계를 마주하더라도 순간순간 근본으로 돌아간다. 매 순간 경계에 휘둘리는 것이 아니라, 법의 자리가 뚜렷하다. 외부 경계와 인연에 끌려갈 일이 생기더라도 마음 마음이 도에 계

● 둔근기 : 근기(根機)란 불법을 공부할 수 있는 능력, 혹은 누구에게나 있는 종교적인 자질이나 능력을 말하며, 둔근기란 근기가 둔한 사람을 뜻한다.

합해서 걸림 없이 정혜를 쌍으로 닦게 된다. 처음에는 정과 혜를 인연에 맞게 닦았지만, 이제는 정과 혜가 저절로 쌍으로 닦이게 되니 비로소 '일 없는 사람', 즉 무사인(無事人)이라 할 만하다. 이것이 바로 정혜등지를 실천하는 것이며, 불성을 밝게 본 사람의 공부다.

27

자성문의 정혜와 수상문의
정혜 관련 질문

물었다.

"스님의 말씀에 의하면, '돈오 후에 점수하는 문'에는 선
정과 지혜를 평등하게 가진다는 말에 두 가지 뜻이 있습
니다. 첫째는 자성(自性)의 선정과 지혜이고, 둘째는 상을
따르는[隨相] 선정과 지혜입니다. 자성문(自性門)에서 보
면, '공적(空寂)과 영지(靈知)를 자재하게 운용하는 것이
본래 무위(無爲)여서 상대할 대상이 한 티끌도 없으니, 어
찌 번뇌를 없애려는 노력이 필요하겠는가. 망정(妄情)을
일으킬 한 생각도 없으니, 반연을 잊으려 힘쓸 것도 없다'
라고 하면서 결론지어 말하길, '돈문(頓門)에 들어간 사람
이 자성을 떠나지 않고 선정과 지혜를 평등하게 가지는

324

것이다'라고 하셨습니다. 그리고 수상문(隨相門)에서 보면, '이치에 따라 산란한 마음을 거두고, 법에 따라 공을 관하여, 혼침과 산란을 고루 다스려서 무위에 들어간다'라고 하며 결론지어 말하길, '이것은 점문의 열등한 근기의 수행이다'라고 하셨습니다.

그러나 이 두 가지 문의 선정과 지혜에 대해서 여전히 의심이 있습니다. 말하자면 어떤 사람이 수행함에 있어서, 먼저 자성문의 선정과 지혜를 고루 닦은 뒤에 다시 수상문으로 경계를 다스리는 노력을 해야 합니까, 아니면 먼저 수상문에 의지해 혼침과 산란을 극복한 뒤에 자성문으로 들어가야 합니까?

만약 먼저 자성문의 선정과 지혜에 의지한다면, 공적과 영지를 자재하게 운용하여, 다시는 경계를 따라 다스리는 노력이 필요 없을 것인데, 무엇 때문에 다시 수상문의 선정과 지혜를 취할 필요가 있겠습니까? 이는 마치 티 없는 옥에 무늬를 새겨 본래의 깨끗함을 잃어버리는 것과 같을

27. 자성문의 정혜와 수상문의 정혜 관련 질문

것입니다. 그리고 만약 먼저 수상문의 선정과 지혜로, 경계에 따라 다스리는 공부가 익어간 뒤에 자성문으로 나아간다면, 이는 점수문의 열등한 근기가 깨닫기 전에 점차로 닦아가는 공부와 같으니, 어째서 '돈문(頓門)의 사람이 먼저 깨닫고 뒤에 닦는, 노력 없는 노력'이라 할 수 있겠습니까?

만약 이 두 문이 전후가 없어 동시에 이루어진다면, 이 두 문의 선정과 지혜는 분명 돈점의 차이가 있는데, 어찌 동시에 병행하여 행할 수가 있겠습니까? 즉, 돈문의 사람은 자성문에 따라 자재하게 운용하여 노력할 것이 없고, 점문의 열등한 근기인 사람은 수상문을 따라 다스리는 노력이 필요합니다. 이렇게 돈문과 점문의 두 문은 서로 근기가 다르고 우열이 분명한데, 어째서 '먼저 깨닫고 뒤에 닦는 문[先悟後修門]' 가운데서 어떻게 두 가지를 동시에 말씀하십니까? 부디 회통(會通)하여 설하셔서 의심을 풀어주십시오."

問據汝所判 悟後修門中 定慧等持之義 有二種 一自性
定慧 二隨相定慧 自性門則曰 任運寂知 元自無爲 絶
一塵而作對 何勞遣蕩之功 無一念而生情 不假忘緣之
力 判云此是頓門箇者 不離自性定慧等持也 隨相門則
曰 稱理攝散 擇法觀空 均調昏亂 以入無爲 判云此是
漸門劣機所行也 就此兩門定慧 不無疑焉 若言一人所
行也 爲復先依自性門 定慧雙修然後 更用隨相門對治
之功耶 爲復先依隨相門 均調昏亂然後 以入自性門也
若先依自性定慧 則任運寂知 更無對治之功 何須更取
隨相門定慧耶 如將皓玉 彫文喪德 若先以隨 相門定慧
對治功成然後 趣於自性門 則宛是漸門中劣機 悟前漸
熏也 豈云頓門箇者 先悟後修 用無功之功也 若一時無
前後則二門定慧 頓漸有異 如何一時竝行也 則頓門箇
者 依自性門 任運亡功 漸門劣機 趣隨相門 對治勞功
二門之機 頓漸不同 優劣皎然 云何先悟後修門中 竝釋
二種耶 請爲通會 令絶疑情

돈오 후 점수하는 문에서 선정과 지혜는 두 가지가 있다. 첫째는 자성(自性)의 선정과 지혜이고, 둘째는 상을 따르는 수상(隨相)의 선정과 지혜다. 선정과 지혜는 곧 정혜(定慧)이다.

자성문(自性門)에서 본다는 것은 자신의 본래 성품 자리, 즉 법에서 보는 것이다. 성품 자리에서 본다면 공적과 영지는 본래 무위(無爲)요, 불이법이어서 상대할 대상이 있을 수 없다. 성품 자리는 본래 공적해서 티끌 하나 붙을 수 없으니 번뇌를 없애려는 노력이 필요치 않다. 망령된 분별이나 생각, 감정을 일으킬 것이 하나도 없으니, 바깥 인연을 없애려고 애쓰거나 잊으려 힘쓸 것도 없다. 이것이 곧 돈오한 사람이 자성을 떠나지 않고 선정과 지혜를 평등하게 가지는 것이다.

본래 자리인 자성에서 보면 모든 일이 일어나는 그대로 근원에서는 아무 일이 없으니, 번뇌가 있어도 있는 것이 아니어서 따로 번뇌를 끊을 것도 없다. 애써서 마음을 고요히 하는 선정을 닦을 것도 없으며, 지혜를 계발할 것도 없다. 자성 그대로가 곧 선정이며 지혜이기 때문이다. 그러니 이 자성문의 입장에서는 돈오돈수라고 할 수 있으니, 돈오 후 따로 선정과 지혜를 닦을 필요가 없다. 삶을 살아가는 것이 그대로 정혜등지라서 무위로써 그저 일없이 살아가더라도 정혜가 본래 구족되어 있다.

그러나 수상문(隨相門), 즉 상을 따르는 방편의 입장에서 본다면 점차적인 점수의 수행이 필요하다. 이치에 따라서 산란한 마음을 거두어야 하고, 법에 따라 공을 관해야 하며, 혼침과 산란인 분별심을 고루 다스려서 결국 무위로 들어가야 한다. 이것을 점문의 열등한 근기의 수행이라고 말했지만, 사실은 대부분 중생이 이와 같다. 열등한 근기라기보다는 본질적인 이(理)의 측면에서 보면 자성의 정혜여서 수행이 따로 필요치 않으나, 방편인 현실적인 사(事)의 측면에서 보면 수상의 정혜여서 점차적인 점수의 수행이 필요하다.

여기에 제자는 궁금증을 일으킨다. 그렇다면 자성문의 정혜를 먼저 닦고 뒤에 수상문의 수행을 해야 하는가? 아니면 수상문의 정혜로 수행해서 혼침과 산란을 극복한 연후에 자성문으로 들어가야 하는가?

만약 먼저 자성문의 정혜에 의지한다면, 이미 공적영지를 자재하게 운용하여 다시는 수행이 필요 없을 것인데, 왜 다시 수상문의 정혜를 닦을 필요가 있는가? 이는 티도 없는 깨끗한 옥에 티끌을 묻히는 것과 같아 도리어 깨끗함을 오염시키는 것이 아니겠는가? 또 만약 먼저 수상문의 정혜로 마음을 다스린 뒤에 자성문으로 나아간다면, 이는 곧 돈오 이전에 열등한 근기가 점차로 닦아 나가서 돈오해야 하는 것과 같으니, 어찌 이것을 '돈문의 사람이 먼저 깨닫고 뒤에 닦는, 노력 없는 노력'이라 할 수 있을 것인가?

사실 이런 질문을 하는 것 자체가 스스로 쓸데없이 머리를 굴려 티 없는 깨끗한 옥에 티끌을 묻히고 있는 것일 뿐이다. 그런데도 궁금함이 사라지지 않으니 이런 질문을 한 것 같다.

만약 이 두 문이 전후가 없어 동시에 이루어진다면, 이 두 문의 정혜는 분명 돈점의 차이가 있는데, 어찌 동시에 병행하여 행할 수가 있겠는가? 즉 돈문의 사람은 자성문에 따라 자재하여 노력이 필요 없고, 점문의 사람은 열등하여 수상문을 따라 다스려야 한다. 이처럼 돈문과 점문은 서로 근기가 다른데, 어째서 선오후수의 가르침 속에서 이 두 가지를 동시에 말하고 있는가 하는 질문이다.

스스로 자성을 밝히지 못하면 자성과 수상, 즉 본질과 현실, 이(理)와 사(事)에 대해 이런 혼돈이 오게 마련이다. 다음 장에서 과연 이런 우매한 질문에 지눌 스님이 어떤 답을 하는지 살펴보자.

자성문과 수상문의 정혜, 질문에 답하다

답한다.
"분명히 해석을 해 주었음에도 그대가 스스로 의심을 내는구나. 말만 따라 이해하면 더욱 의혹이 생길 뿐이지만, 뜻을 얻고 말을 잊으면 수고롭게 따지지 않는다.

두 문에 대해 각각 수행할 바를 다시 판단해 주겠다.

먼저, 자성문의 선정과 지혜를 닦는 자는 돈문에 속하며, 이들은 노력 없는 노력으로 움직임과 고요함을 동시에 행하여 자성을 닦아 스스로 불도를 이룬다. 그리고 수상문의 선정과 지혜를 닦는 자는 깨닫기 전의 점문의 열등한 근기로서 대상을 따라 다스리는 노력을 통해, 마음마다 의혹을 끊고 고요함을 취하는 것으로 수행을 삼는 사람이다. 그러므로 이 두 문의 수행은 돈(頓)과 점(漸)이 다르니 혼동해서는 안 된다.

그러나 깨달은 뒤에 닦는 문에서 수상문의 다스림을 말한 이유는, 점문(漸門)의 근기가 닦는 것을 전적으로 취한 것이 아니라, 그 방편을 취해서 임시로 쓰고자 한 것일 뿐이다. 왜냐하면 이 돈문에도 역시 근기가 뛰어난 사람과 열등한 사람이 있으므로, 한 가지만으로 그의 수행을 판단할 수가 없기 때문이다.

만약 번뇌가 엷고 몸과 마음이 편안하여 선악에 대해서도 무심하고, 여덟 가지 번뇌[八風]에도 동요하지 않으며, 세 가지 느낌[三受]도 고요한 이는, 자성의 선정과 지혜에 의지하여 자유롭게 겸해서 닦아 나가더라도 천진하여 조작됨이 없다. 움직이거나 고요하거나 항상 선정이어서 본래 그러한 이치를 성취했는데 어찌 수상문의 수고스러운 방편을 빌리겠는가. 병이 없으면 약을 구하지 않는다.

그러나 비록 먼저 깨달았다 하더라도 번뇌가 두텁고 습기가 무거워서, 경계를 대하면 생각 생각에 망정(忘情)이 일어나고, 반연을 만나면 상대를 짓는 분별이 계속 일어나 혼침과 산란에 떨어져서, 공적영지의 마음이 흐려지는 사람이 있으니, 이는 수상문의 선정과 지혜를 빌려 다스려야 함을 잊지 말고, 혼침과 산란을 고루 다스려 무위에 들어감이 마땅하다.

그러나 비록 대상에 따라 다스리는 공부를 빌려서 잠시 습기(習氣)를 조복하지만, 이미 마음의 본성이 본래 깨끗하고 번뇌가 본래 공함을 깨달았기 때문에, 점문의 열등한 근기가 행하는 오염된 수행에 떨어지지는 않는다."

答所釋咬然 汝自生疑 隨言生解 轉生疑惑 得意忘言 不勞致詰 若就兩門 各判所行 則修自性定慧者 此是頓門用無功之 功竝運雙寂 自修自性 自成佛道者也 修隨相門定慧者 此是未悟前漸門劣機 用對治之功 心心斷惑取靜爲行者 而此二門所行 頓漸各異 不可參亂也 然悟後修門中 兼論隨相門中對治者 非全取漸機所行也 取其方便 假道托宿而已 何故於此頓門 亦有機勝者 亦有機劣者 不可一例 判其行李也 若煩惱淡薄 身心輕安 於善離善 於惡離惡 不動八風 寂然三受者 依自性定慧 任運雙修 天眞無作 動靜常禪 成就自然之理 何假隨相門對治之義也 無病不求藥 雖先頓悟 煩惱濃厚 習氣堅重對境而念念生情 遇緣而心心作對 被他昏亂 使殺昧却寂知常然者 即借隨相門定慧 不忘對治 均調昏亂 以入無爲 即其宜也 雖借對治功夫 暫調習氣 以先頓悟心性本淨 煩惱本空故 即不落漸門劣機 汚染修也。

이럴 줄 알았다. 말만 따라 이해해서 머리로만 법을 해석하면 절대 정리되지 않는다. 확연해지지 않고 점점 더 의혹만 생길 뿐이다. 앞의 질문은 지눌 스님의 말처럼 말만 따라 머리로 이해한 것일 뿐이다. 그 본뜻이 무엇인지에 대한 낙처(落處)를 바르게 깨달았다면, 이처럼 수고롭게 따지지 않았을 것이다.

돈오, 즉 깨닫기 이전의 자성정혜와 수상정혜를 먼저 설하고, 깨달은 뒤의 자성정혜와 수상정혜를 설하는 이유를 연이어 밝히고 있다.

깨닫기 이전에도 자성문의 정혜와 수상문의 정혜가 있다. 깨닫기 이전의 자성문의 정혜는 돈문에 속하는 것이다. 이들은 간절히 발심해서 스승의 법문을 듣다가 노력 없는 노력으로 저절로 선정과 지혜가 동시에 행해지는 것이니, 법문을 듣고 꽉 막히는 속에 정혜가 저절로 갖추어지는 것이다. 이렇게 하되 하는 바가 없는 자성의 정혜를 행하다 보면 문득 자성을 깨달아 돈오(頓悟)를 이룬다. 깨닫기 이전의 수상문의 정혜는 열등한 근기로서 번뇌 망상이 일어나면 그에 따라 그 망상을 다스리고, 좌선하고 앉아 고요히 마음을 가라앉힘으로써 선정을 닦고 지혜를 닦는 것이다.

자성문의 정혜가 무위라면 수상문의 정혜는 유위다. 그렇다면 어쨌든 깨닫고 난 뒤에는 자성을 밝혔으니 자성문의 정혜일 뿐, 수상문의 정혜가 있을 수 없지 않겠는가 하고 궁금할 수 있다. 그러나 깨달은 뒤에 닦는 돈오점수의 문에서도 수상문의 다스림을 말할 수 있다. 그 이유는 점문의 근기인 사람이 따로 정해져 있어서가 아니라, 다만 방편을 임시로 쓰고자 하는 것일 뿐이다. 왜냐하면 몰록 깨달은 뒤에도 역시 근기가 뛰어난 사람과 열등한 사람이 있고, 그에 따라 업습과 분별에 많이 끌려가고 적게 끌려가는 차이가 있기 때문이다.

만약 돈오한 사람 중에서 번뇌가 엷고 몸과 마음이 편안해서 선악에 대해서 무심하고, 여덟 가지 번뇌에도 동요하지 않으며, 세 가지 느낌도 고요한 이는 곧바로 자성의 선정과 지혜에 의지하는 것과 같아 자유롭게 자성의 정혜를 함께 닦아 나가면서도 닦아감이 따로 없이 천진하여 조작됨이 없다.

여덟 가지 번뇌[八風]란 이익, 쇠락, 헐뜯고 비방함, 명예, 칭찬, 비난, 고통, 즐거움을 말한다. 세 가지 느낌[三受]이란 좋은 느낌, 싫은 느낌, 좋지도 싫지도 않은 느낌이다. 이런 사람은 움직이든 고요하든 항상 선정이어서 본래 그러한 이치를 이미 깨달았으니, 따로 수상문의 수고스러운 유위와 방편을 빌릴 필요가 없다. 병이 없기에 약도 필요하지 않은 것이다.

28. 자성문과 수상문의 정혜, 질문에 답하다

그러나 먼저 깨달았다고 하더라도 번뇌가 두텁고 습기가 무거워서 경계를 대하면 생각 생각에 번뇌 망상이 일어나고, 대상 경계를 만나면 둘로 나누고 분별하는 마음이 계속 일어나 혼침과 산란에 떨어져 공적영지의 마음이 자꾸만 흐려지는 사람이 있다. 이런 이는 수상문의 선정과 지혜라는 방편을 빌려 다스려야 한다. 돈오 이후에도 점수의 수행 아닌 수행을 통해 혼침과 산란이라는 분별을 골고루 다스려 무위로 들어가야 한다. 비록 대상에 따라 다스리는 공부를 빌려서 잠시 습기를 조복하지만, 이미 마음의 본성이 본래 깨끗하고 번뇌가 본래 공함을 깨달았기 때문에 점문의 열등한 근기가 행하는 오염된 수행에는 떨어지지 않는다.

돈오 이후의 점수에 대해 자성문의 정혜와 수상문의 정혜를 설하는 것은 사람의 근기가 돈오 이후 자성문의 정혜를 닦을 사람과 수상문의 정혜를 닦아야 할 사람이 따로 나뉘어 있어서가 아니다. 그런 방편을 빌려 설명하긴 했지만, 사실은 돈오하고 나면 누구나 자기의 본래 성품을 깨달은 것이기에 이(理)로 보면 자성문의 정혜가 이미 구족된 것이다. 더 이상 닦을 것이 없고, 닦는다는 표현을 쓰더라도 그것은 무위의 닦음 없는 닦음이기에 이를 자성문의 정혜라고 표현한 것이다. 다만 사(事)로 보면, 그럼에도 여전히 현실적으로는 분별과 망상에 끌려다니는 습관이 남아 있어서 번뇌를 알아차리고 스스로 분별에 끌려간다는 사실을 깨달아 본래 자성 자리로 돌아오는 이 점수의 수행이 꼭 필요하다. 그래서 이를 수상문의 정혜라고 표현한 것이다.

자성문의 정혜와 수상문의 정혜는 진실의 두 측면이라고 할 수도 있다. 이(理)와 사(事), 출세간과 세간, 본질과 방편, 진리와 현실이라는 불가피한 두 측면에서 그렇게 나누어질 뿐 본질에서는 두 가지가 서로 다르지 않다. 비록 수상문의 정과 혜를 닦아간다고 할지라도 자성문의 정혜가 이미 구족되어 있기에 본성이 본래 깨끗하고, 번뇌는 본래 공함을 깨달았기 때문에 수상문의 정혜를 오염된 수행이라고 할 수는 없다.

실제 현실에서 직지의 법문을 듣다가 문득 이 법을 확인하는 이들이 늘고 있다. 그러나 문득 일별하여 이 자리를 확인했음에도 불구하고 많은 이들은 당황하곤 한다. 쑥 내려가는 등의 법체험이 한동안 이어지는 기간을 아디야샨티는 '허니문'이라고 표현했는데, 이러한 체험의 특징은 그런 허니문의 체험 기간은 반드시 끝나고 만다는 것이다. 아디야샨티의 말처럼, 실제 이 자리를 체험한 모든 사람은 예외 없이 체험은 왔다가 가고 '잡았는데 놓쳤다'라고 낙담하거나, '잡았다 놓쳤다'하는 게임에 사로잡히곤 한다.

'분명히 그때는 깨달았는데, 이제 보니 아닌 것 같아!'

자신만만하던 일별의 순간은 지나가고 꼬리를 내린다. 과거 스님들의 견성 이야기에서도 견성의 순간 자신이 큰스님이 다 된 것처럼 어른 스님들께 자신만만하게 거량을 하고, 청산유수처럼 설법을 하던 분들도 다시금 꼬리를 내리고 침묵하며 한동안 보임의 시기를 가지는 것을 볼 수 있다.

　보통 사람들은 돈오견성을 하고 나면, 완전히 깨달은 사람으로 오해한다. 그러나 『수심결』의 말씀처럼, 실상은 그렇지 못하다. 돈오를 했다는 것은 사실 깨달았다는 말 보다 '입문했다'고 하는 표현이 더 적절할 것이다. 이제 비로소 점수라는 수행을 시작할 수 있는 공부인이 된 것일 뿐이다. 이 점이 바로 그동안 한국불교에서 잘못 알려져 온 점이고, 많은 이들이 오해하고 있는 부분이다.

　돈오를 했더라도 분별은 계속되고, 삶은 계속되며, 고통도 계속 이어진다. 다만 끊임없이 자기가 확인한 이 자리에 익숙해지는 시간을 보내며, 일체 모든 일들이 전부 이 일임을 지속적으로 확인해가는 시간을 보내게 된다. 모름지기 소를 키우는 시간인 것이다.

　'분명 견성을 한 것은 맞는 것 같은데, 내가 왜 이렇죠? 왜 깨달은 사람 같지 않죠? 왜 세상이 온통 나로 보이지 않죠? 왜 괴로움은 계속되죠? 왜 왔다 갔다 하죠? 마음속에 깊은 평화가 늘 지속될 줄 알았는데….'

　이것은 매우 정상적인 속삭임이다. 견성, 깨달음에 관한 잘못된 법상(法相)에 빠지지만 않는다면, 이런 자연스러운 상황 속에서도 속지 않을 것이다. '깨닫고 나면 이렇게 될 거야'라고 여기는 그 많은 생각들이 전부 법에 관한 생각, 법상일 뿐임을 깨달아야 한다.

　바로 이런 점 때문에 지눌 스님은 『수심결』에서 '비록 먼저 깨달았다 하더라도 번뇌가 두텁고 습기가 무서워서, 경계를 대하면 생각 생각에 망정이 일어나고, 반연을 만나면 상대를 짓는 분별이 계속 일어나 혼침과 산란에 떨어져서, 공적영지의 마음이 흐려지는 사람이 있다'라고 한 것이다. 사실 대부분의 공부인이 여기에 속한다. 그렇기에 자성문의 정혜만을 붙잡고 있을 것이 아니라, 수상문의 정혜를 빌려, 오래오래 점수의 시간을 보내야 함을 잊어서는 안 된다.

선에서는 '갱참(更參) 30년'이라는 말이 있다. 견성하고 나서 다시 30년을 닦아야 한다는 뜻이다. 그만큼 수상문의 정혜라는 방편을 써서, 오래오래 법의 자리에 익숙해지는 시간을 보내야 한다.

그러나 걱정할 것은 없다. 한 번 문득 깨닫는 견성을 했기에, 그 이전의 공부와는 달리, 오염된 수행에 떨어지지는 않기 때문이다. 이 법의 자리가 처음에는 미미하고 자주 놓칠 수 있겠지만, 시간이 가면 갈수록 저절로 이 자리가 더욱 확보되고, 익숙해지며, 안목이 밝아지고, 일체가 이것 아님이 없음이 점차 명확해져 가기 때문이다.

돈오 후 보임의 시기에는 사실 여기서 설한 것처럼 수상문의 정혜를 닦는 측면이 있기는 하지만, 그것이 꼭 모양으로 좌선을 하고 앉아야만 수행이 되는 것은 아니다. 그저 삶을 사는 것이 곧 보임이며 점수의 수행이 된다. 삶 속에서 저절로 선정과 지혜가 닦여지는 것이다. 그래서 오래오래 이것을 놓치지 않고 그저 시간을 보내라, 세월을 보내라고 말하곤 한다. 삶을 사는 것이 곧 수행이다.

29

깨닫기 전의 수행은
참된 수행이 아니다

깨닫기 이전의 수행은 비록 잊지 않고 노력하여 순간순간 익히고 닦더라도 곳곳에서 의심을 일으켜 자유롭지 못하다. 마치 가슴에 무언가가 걸려 있는 것 같아서, 언제나 매 순간 불안한 모습을 떨치지 못한다. 그러다가 오랜 세월이 지나서 대상에 따라 다스리는 공부가 익으면 몸과 마음과 객관의 대상이 편안해진 것 같을 것이다. 그러나 비록 편안한 것 같으나 의심의 뿌리가 끊어지지 않은 것이 마치 돌로 풀을 눌러 놓은 것 같아서 여전히 생사의 세계에서 자유롭지 못하다. 그러므로 깨닫기 전에 닦는 것은 참다운 닦음이 아니라고 하는 것이다.

何者修在悟前 則雖用功不忘 念念熏修 着着生疑 未能
無礙 如有一物 礙在胸中 不安之相 常現在前 日久月
深 對治功熟 則身心客塵 恰似輕安 雖復輕安 疑根未
斷 如石壓草 猶於生死界 不得自在 故云 修在悟前 非
眞修也

깨닫기 이전의 수행은 비록 열심히 노력하고, 매 순간 깨어 있으려고 애쓰고, 갈고닦는 수행을 치열하게 해 나가더라도 곳곳에서 의심이 일어날 뿐 결코 완전히 자유로워질 수는 없다. 마치 가슴에 무언가가 걸려 있는 것 같고, 늘 분별심에 휘둘리며, 경계에 끌려 다니느라 늘 불안한 모습을 떨치지 못한다.

물론 돈오 이전의 수행이라 할지라도 꾸준히 마음공부를 하고, 불교 교리를 공부하고, 경전 강의를 듣고, 혹은 좌선하고 염불하고 기도하면서 마음을 다스리다 보면 점차 공부가 익어가서 때로는 객관 대상에 휘둘리지 않는 것도 같고, 마음이 편안해진 것도 같고, 공부가 되는 것 같은 순간도 있게 마련이다. 실제로 사람에 따라 차이는 있지만 불교 수행과 명상, 위빠사나를 실천하면 놀라울 만큼 마음이 가벼워지고, 상당 부분 괴로움이 소멸한다. 일상생활 속에서 예전과는 다른 확연한 자유를 경험하기도 한다.

서양 심리학의 일부로 출발한 매사추세츠 대학병원 존 카밧진(Jon Kabat-Zinn) 교수의 MBSR(Mindfulness Based Stress Reduction program), 즉 '마음챙김에 근거한 스트레스 완화' 프로그램만 보더라도 그렇다. 이것은 마음챙김(Mindfulness) 명상으로 불교의 위빠사나 명상을 거의 그대로 구조화한 프로그램이다. 2014년 한 해에만 마음챙김 명상 관련 논문이 773편 출간되었을 정도로 다양한 임상과 논문을 통해 그 효과가 입증되고 있다.

나아가 구글, 페이스북, 애플과 같은 글로벌 기업들이 직원들의 스트레스 관리와 업무 능력 향상을 위해 마음챙김 명상을 도입하고 있다는 것은 이제 흔한 뉴스이다. 존 카밧진 교수의 MBSR 프로그램을 한국화한 K-MBSR 프로그램이 국내 병원의 '통합의학과'나 한국명상학회의 명상 치유 전문가들에 의해 공식적으로 활용되고 있기도 하다.

이처럼 깨달음 이전의 수행이라 할지라도, 불교의 수행들이 서양으로 전해지고 현대과학과 심리학, 의학, 경영, 스포츠에 이르기까지 폭넓게 활용되고 있다. 왜 그럴까? 서양의 학문에서는 연구와 임상 시험, 논문 등을 통해 확실하게 효과가 검증된 것들만을 활용한다. 그만큼 불교의 수행이 효과적이며, 종교를 넘어 세상의 모든 학문과 생활, 사회 속에서 폭넓게 활용되고 있음을 의미한다. 특히 심리학 분야에서, 현대 심리학 전반의 흐름을 변화시킬 만큼 불교의 위빠사나와 선정, 지혜 수행의 효과가 검증되고 있다. 심리학의 한 분야인 인지행동치료의 발전 과정을 보면, 행동치료를 1세대라고 하고 이를 거쳐 인지 이론에 기초한 치료를 2세대라고 하는데, 이것을 넘어 수용과 마음챙김 명상에 기초한 치료를 3세대라고 부를 만큼 불교 수행이 심리학의 흐름을 주도하고 있다.

그런데 사실 지금 시대가 주목하고 있는 불교의 수행은 '깨닫기 이전의 수행'일 뿐이다. 깨닫기 이전의 수행은 마음 안정의 효과 등 확실히 검증된 효능에도 불구하고, 내면 깊은 곳에서는 여전히 시원하게 소화되지 않고 무언가 걸려 있는 듯한 불안감을 떨치지 못한다. 생사(生死)에서 자유로울 만큼의 깨달음에는 이르지 못한 수행이기 때문이다.

『수심결』에서 강조하는 마음공부는 마음을 안정시키는 정도의 공부가 아니다. 그것은 깨닫기 이전의 수상문에서의 정혜일 뿐이다. 그래서 깨닫기 이전의 수행은 참다운 수행이 아니라고 하는 것이다. 불교의 고유한 깨달음의 전통에서 본다면, 돈오 이후의 수행이야말로 참다운 수행이다.

모르긴 해도, 미래에는 '깨닫기 이전의 수행'을 넘어 돈오에 이르는 참된 깨달음의 길과 돈오 이후 점수의 길이 우리 사회와 인류, 시대를 이끌어 가지 않을까 싶다. 그런 '깨달음의 정토 시대'가 열리지 않을까! 머지않아 돈오의 깨달음은 누구에게나 쉽게 열린 것이 될 것이고, 모두 함께 점수의 길, 깨달은 뒤 수행하는 길에 어깨동무하며 함께 나아가게 될지 모른다. 그렇게 돈오견성한 사람이 많아지면, 그런 사람들 아래서 태어난 아이들은 애초부터 분별망상을 배우는 공부가 아닌, 분별 이전의 법의 자리에서 자연스럽게 살아가는 길로 들어서게 될지도 모른다. 따로 배울 것도 없이,

날 적부터 가지고 태어난 자기의 본래면목 바탕 위에서 현실적인 분별의 기술을 방편인 줄 알고 임시로 배우게 되는 그런 시대가 오지 않을까.

태어났다는 것은 곧 부처의 탄생을 의미한다. 본래 성불이기 때문이다. 그들에게 필요한 것은 부처가 되는 공부가 아니다. 본래 부처가 부처의 자리에서 임시가합, 인연가합임을 알고 중생의 연극을 해 나가는 공부 아닌 공부가 될 것이다.

30

깨달은 입장에서는 방편을 쓰더라도 오염되지 않는다

깨달은 사람의 입장에서도 비록 대상에 따라 다스리는 방편이 있기는 하지만, 생각 생각에 의심이 없으므로 오염에 떨어지지는 않는다. 그리하여 오랜 세월이 가면 자연히 천진하고 묘한 성품에 계합되어 공적과 영지를 자재하게 운용하며, 생각 생각이 일체의 경계에 반연하면서도 마음 마음은 모든 번뇌를 영원히 끊어 버린다. 이들은 자성을 떠나지 않고 선정과 지혜를 평등하게 가져 무상보리(無上菩提)를 이루니, 앞서 말한 근기가 뛰어난 사람과 전혀 차별이 없다.

수상문의 선정과 지혜는 비록 점문의 근기를 가진 자가 행하는 것이지만, 깨달은 사람의 입장에서 보면 쇠로 금을 이루는 것이니 무방하다 하겠다. 만약 이렇게 안다면 어찌 자성문(自性門)과 수상문(隨相門) 이 두 문의 선정과 지혜가 선후의 차례가 있다는 두 가지 견해를 내어 의심하겠는가. 바라건대 모든 도 닦는 사람은 이 말을 깊이 연구하고 음미해서 다시는 의심으로 인해 스스로 물러나는 일이 없도록 하라.

悟人分上 雖有對治方便 念念無疑 不落汚染 日久月深 自然契合天眞妙性 任運寂知 念念攀緣一切境 心心永 斷諸煩惱 不離自性 定慧等持 成就無上菩提 與前機勝者 更無差別 則隨相門定慧 雖是漸機所行 於悟人分上 可謂點鐵成金 若知如是 則豈以二門定慧 有先後次第 二見之疑乎 願諸修道之人 硏味此語 更莫狐疑 自生退屈

깨달은 사람의 입장에서도 대상에 따라 다스리는 점수의 수행 방편이 있다. 그럼에도 불구하고 생각이 일어나더라도 그 생각에 속지 않고, 의심할 것이 없으며, 오염에 떨어지지는 않는다. 자성의 입장에서 보면 방편의 점수가 필요 없더라도, 상을 따르는 현실 생활 속에서 본다면 업습을 조복시키는 점수의 시간이 필요하기 때문이다.

다만 깨달은 뒤 수행하는 점수의 과정은 힘들게 고행주의적으로 갈고닦아야 하는 유위조작의 수행이 아니다. 그저 시간을 보내는 것이고, 삶을 살아가는 것이 그대로 수행이 된다. 그리하여 오랜 세월이 지나면 저절로 자연스럽게 천진하고 묘한 성품에 더욱 굳건히 계합되어 공적영지를 자재하게 운용하게 된다.

필요할 때는 대상을 따라 생각도 쓰고 분별도 쓰면서 살지만, 그런데도 그 경계에 끌려가거나 휘둘리지 않게 된다. 이것이 곧 마음에서 번뇌를 영원히 끊어 버리는 것이다. 이들은 자성을 떠나지 않고 자성의 선정과 지혜를 평등하게 가져 위없는 깨달음을 이루니, 이들이 바로 근기가 뛰어난 사람이다.

수상문의 선정과 지혜는 비록 점문의 근기를 가진 자가 행하는 것이지만, 깨달은 사람의 입장, 법의 본성 입장에서 본다면 그 또한 쇠로 금을 이루는 것이니 무방하다. 자성문의 정혜와 수상문의 정혜를 근기의 열등과 우월, 점문과 돈문이라고 방편으로 나누어 말했지만, 사실은 이 두 문의 정혜가 차별되는 것이 아니다. 법의 입장에서 보면 자성문의 정혜요, 중생의 업습의 입장에서 본다면 수상문의 정혜인 것이다.

이 두 가지를 근기에 따라 각각 따로 닦아야 하는 것이 아니라, 이 두 가지는 동시에 이루어진다. 자성의 정혜를 잊지 않으면서도, 수상의 정혜를 닦는 모습을 보인다. 근원에서는 늘 자성의 정혜가 배경처럼 흐르고 있지만, 그런데도 겉에 드러난 모습은 계속 업장에 끌려다니기를 반복하니, 문득 돌이켜 관하고 깨어 있는 수상문의 점수 수행이 함께 가는 것이다. 그러니 어찌 자성문과 수상문의 정혜가 선후의 차례가 있다는 두 가지 견해를 내어 의심하겠는가?

31

근본에 계합하는 위없는 깨달음

만약 장부의 뜻을 가지고 위없는 깨달음[無上菩提]을 구하는 사람이라면, 자기 마음을 저버리고 어떻게 하겠는가. 결코 문자에 집착하지 말고 바로 참뜻을 깨달아서, 낱낱이 자기에게 돌아가 근본 종지(宗旨)에 계합해야 한다. 그러면 스승이 필요 없는 지혜가 자연히 현전(現前)하고, 천진한 이치가 분명하여 지혜의 몸을 성취하리니, 다른 것을 말미암지 않고 깨닫는다. 이러한 묘한 뜻은 비록 모든 사람에게 해당하기는 하나, 일찍이 지혜의 종자를 심은 대승의 근기가 아니면 능히 한 생각에 바른 믿음을 내지 못할 것이다. 믿지 않을 뿐만 아니라 오히려 비방하여 무간지옥에 떨어지는 자가 흔하게 있다. 그러나 믿고 받아들이지는 않더라도 한 번 귀를 스쳐 잠시라도 인연을 맺

으면 그 공덕은 헤아릴 수 없다. 그러므로 『유심결』에 "듣
고서 믿지 않더라도 부처가 될 인연을 맺고, 배우고 이루
지 못한다고 하더라도 인간과 천상의 복보다 뛰어나며,
나아가 성불(成佛)할 바른 인(因)을 잃지 않는다"라고 하
였다. 하물며 들어서 믿고, 배워서 이루고, 이를 잊지 않고
수호하는 사람의 공덕이야 어찌 헤아릴 수 있겠는가.

若求丈夫之志 求無上菩提者 捨此奚以哉 切莫執文 直
須了義 一一歸就自己 契合本宗 則無師之智 自然現前
天眞之理 了然不昧 成就慧身 不由他悟 而此妙旨 雖
是諸人分上 若非夙植般若種智 大承根器者 不能一念
而生正信 豈徒不信 亦乃謗讟 返招無間者 比比有之
雖不信受 一經於耳 暫時結緣 其功闕德 不可稱量 如
唯心訣云 聞而不信 尚結佛種之因 學而不成 猶蓋人天
之福 不失成佛之正因 況聞而信 學而成 守護不忘者
其功德 豈能度量

무엇이 장부의 뜻을 가지고 위없는 깨달음을 구하는 사람인가? 괴로움에서 벗어나고자 하는 사람이다. 사실 위없는 깨달음은 따로 있지 않다. 그저 괴로움이 사라질 뿐이다. 이것이 불교의 사성제(四聖諦) 가르침이다. 불교의 모든 교리와 가르침은 괴로움과 괴로움의 소멸을 설하는 이 사성제에 포섭된다.

위없는 깨달음을 구하는 자는 이처럼 괴로움의 소멸에 관심을 가질 일이지, '위없는 깨달음'이라는 어떤 신비롭고, 장엄하며, 남과는 다른 특별한 능력을 갖추는 것 등을 기다려서는 안 된다. 위없는 깨달음, 즉 무상보리(無上菩提)는 '이런 것일 거야' 하고 모양을 그리며 상상하는 바가 있다면 그것이 곧 법상(法相)이기에 그것이 깨달음을 방해한다.

우리가 생각하는 '깨달음', 아마도 그런 일은 일어나지 않을 것이다. 그렇게 머릿속에 그림 그릴 수 있는 것이 깨달음일까? 깨달음을 과연 말로 설명하고 언어로 묘사할 수 있을까? 그런 깨달음은 없다. 그런 '머릿속 깨달음'을 포기하지 않고서는 진짜 깨달음에 가 닿기 어렵다. 깨달음은 위대할 것이라는 깨달음에 대한 상을 포기해야만 이 평범하고 아무것도 아닌, 늘 그저 있었던 참된 진실을 마주했을 때 알아볼 안목이 열릴 것이다.

무상보리는 저기 먼 곳에 있는 위대한 것이어서 우리 같은 평범한 사람이 행하기 어렵고, 찾기도 어렵고, 가 닿기도 어려운 그런 것이 아니다. 어쩌면 깨달음에 대해 오랫동안 갈고닦아 왔고, 수행해 왔고, 교학을 연구해 온 사람일수록 어느 날 문득 깨달음이 찾아오면 스스로 걷어차 버릴 확률이 100%에 가깝지 않을까? '내가 찾던 것은 이런 시시한 게 아니야! 이런 평범한 것이 아니야! 나는 이런 것을 원한 게 아니야! 고작 이것뿐이라고?' 이렇게 말하면서 말이다.

그렇다. 무상보리라는 거창한 이름과는 달리 '이것'은 '고작! 이것뿐'이다. 그러니 위없는 깨달음을 구하는 사람이 자기 마음을 저버리고, 저 바깥, 저 먼 곳, 저 위대한 곳에 마음을 둔 채 찾아 나선다면 도대체 어쩌겠는가?

이런 사람을 위한 우화가 많이 있다. 봄을 찾아서 온 산을 헤매고 돌아다녔지만, 끝내 찾지 못하고 힘이 빠져 집에 돌아왔더니 집 앞뜰에 매화가 만발해 있더라는 이야기도 그중 하나다. 깨달음을 찾아서 온 산을, 온 세상을, 온 우주를 돌아다닌다고 할지라도 그것을 찾기는 힘들다. 물론 찾고 또 찾다가 저 사람처럼 지치고 힘이 빠져 집으로 되돌아올 수만 있다면, 거기에서 가능성이 열린다. 결국 자기 마음으로 되돌아와야 한다.

31. 근본에 계합하는 위없는 깨달음

오랜 시간 불교를 공부하고 깨달음을 찾는다고 하면서 경전이나 어록, 문자에만 집착하고, 머릿속으로 불교 교리를 명쾌하게 정리하고 체계화하는 데만 시간을 보내오지 않았는가? 달을 가리키는 손가락에 불과한 경전과 문자에 집착하지 말고 손가락이 가리키는 '달', 그 낙처(落處), 귀결점(歸結點)에 곧장 가 닿아 문자와 경전이 의미하는 바의 참뜻을 곧바로 깨달아야 본래의 자기에게로 돌아가 근본 종지에 계합할 날이 있을 것이다. 그렇게 되면 스승이 필요 없는 스스로 확연한 지혜가 자연히 드러나고, 천진한 이치가 분명해서 지혜의 몸을 성취하리라. 다른 어떤 것에 의지해 깨닫는 것이 아니다. 깨닫고 보니 온통 나 하나뿐이어서 다른 것을 말미암을 것이 없다.

이런 묘한 뜻, 깨달음은 모든 사람에게 해당한다. 모든 사람에게 이런 완전한 깨달음이 이미 갖추어져 있다. 본질에 있어서는 근기의 우열도 없고, 깨달음이 더 많거나 적은 사람도 없다. 본질에 있어서는 그렇지만, 현실에 있어서는 일찍이 지혜의 종자를 심은 자, 보리심을 일으킨 자, 깨달음을 얻겠노라고 간절히 원하는 자가 아니면 능히 바른 믿음을 내기는 어려울 것이다. 이런 사람을 대승의 근기(根機)라고 부른다.

근기라는 말은 높고 낮거나, 우열이 나뉘어 있는 자질이 아니다. 보통 사람들은 타고난 근기가 다 달라서 근기가 높은 사람은 빨리 깨닫고, 근기가 낮은 사람은 늦게 깨닫는 줄 안다. 진정한 의

미에서의 높은 근기란, 사실 누구에게나 100% 이미 완전하게 갖추어져 있는 것이다. 이것을 누구에게나 불성이 있다는 말로 표현한다. 진정한 근기는 누구에게나 완벽하다. 다만 근기라는 표현을 써서 나누는 이유는, 누구에게나 완벽한 깨달음의 가능성이 있을지라도 스스로 얼마나 간절히 원하느냐에 차이가 날 수밖에 없기 때문이다.

높은 근기, 대승의 근기란 스스로 간절하게 깨달음을 원하는 사람이다. 괴로움에서 벗어나기를 간절하게 발심한 사람이다. 이를 발아뇩다라삼먁삼보리심(發阿耨多羅三藐三菩提心), 발보리심(發菩提心), 발심(發心)이라고 표현한다. 위없는 최상의 깨달음을 얻겠노라고 스스로 간절히 원하고 발심했다는 뜻이다. 반대로 스스로 깨달음에 관심이 없고 지금 당장 눈앞의 행복에만 관심이 있는 사람, 노병사라고 하는 근원적인 인간의 고(苦)에 대해 깊은 사유가 없어서 괴로움으로부터 완전히 벗어남에 별로 관심이 없는 사람, 발심하지 않은 사람, 그런 사람이 곧 낮은 근기이며 소승의 근기라고 할 수 있다.

이처럼 누구나 근기는 완전하지만 스스로 간절히 원하느냐 원하지 않느냐에 따라 근기가 나뉠 뿐이다. 근기가 낮은 사람, 깨달음에 발심하지 않은 사람이라면, 이 가르침을 듣고도 믿지 않을 뿐만 아니라 오히려 비방하면서 영원히 괴로움의 늪에서 헤어 나오지 못할 것이다.

마음의 법칙 중 하나는 '스스로 간절히 원하는 것을 이룬다'는 것이다. 깨달음도 마찬가지다. 마음에서 스스로 원하지 않는 것은 현실화되지 않는다. 깨달음의 근기도 이와 같아서 스스로 깨닫기를 원하지 않는 사람에게 깨달음은 없다. 괴로움의 소멸도 없고 영원한 괴로움만 계속될 뿐이다. 이런 괴로움이 간격도 없이 계속되는 것을 이름하여 '무간지옥(無間地獄)'이라고 부른다.

물론 불교의 가르침이나 깨달음의 말씀을 듣고 처음부터 단번에 굳게 믿어서 가르침을 따르는 사람은 그리 많지 않을 것이다. 단박에 '나도 부처님처럼 깨달아야지' 하고 발심하기란 쉽지 않다. 그러나 걱정할 것은 없다. 처음부터 이 가르침을 믿고 따르고 받아들이지는 않을지라도, 한 번 귀를 스치는 가르침의 인연을 듣고 '좋구나' 하면서 인연을 맺기만 하더라도 그 공덕이 헤아릴 수 없이 크기 때문이다.

요즘 같으면, 유튜브에서 이것저것을 찾아보다가 우연히 불교 채널을 보는 것과 같다. 내가 가진 고민과 똑같은 고민을 상담하는 영상의 제목과 섬네일을 보고 별생각 없이 들었는데, 너무나도 감동적이어서 '참 좋구나' 하는 마음을 가지는 것. 그것이 바로 불연(佛緣)을 맺는 것이고, 선근(善根)을 닦는 것이며, 이 진리의 가르침과 작은 인연을 맺는 것이다. 이렇게 인연을 맺기만 하더라도 그 공덕이 헤아릴 수 없이 크다고 지눌 스님은 말한다.

『유심결』에서는 "듣고서 믿지 않더라도 부처가 될 인연을 맺고, 배우고 이루지 못하더라도 인간과 천상의 복보다 뛰어나며, 나아가 성불할 바른 인을 잃지 않는다"라고 했다. 말 그대로 이 가르침을 듣고 다 믿지는 않더라도, 듣고 공부하며 인연을 맺는 것만으로도 훗날 부처가 될 인연, 즉 괴로움의 완전한 소멸에 이를 수 있는 인연을 맺는 것이다. 또 배우고 공부하고 수행하지만 깨달음을 이루지 못했더라도, 인간과 천상 세계 신들이 받는 복덕보다 더욱 뛰어난 공덕을 얻게 된다는 것이다. 나아가 이런 공부 인연이 계속 모이는 것을 통해 결국 성불해서 부처가 될 원인을 짓게 되는 것이다. 하물며 가르침을 듣고, 믿는 마음을 내며, 가르침을 배워서 그 뜻을 이루고, 이를 잊지 않고 지키는 사람의 공덕을 어찌 헤아릴 수 있겠는가?

지눌 스님은 『수심결』의 가르침을 정리하면서 이 공부의 중요성을 강조하고 있다. 너무 어렵게 생각하지 말라는 것이다. 가르침에 대해 여전히 믿음이 생기지 않거나, 가르침을 믿고 배우기는 하지만 여전히 자성과 본래면목이 무엇인지 모르겠다거나, 여전히 '나는 근기가 낮아서 이 공부를 할 수 없는 사람이 아닐까?' 하고 의구심이 드는 사람이라 할지라도 자신감을 가져도 좋다는 것이다. 어렵고 힘들게 한 발 한 발 내딛더라도, 그 작은 믿음 하나, 가르침에 관한 관심, 발심과 법문 듣기 등의 인연을 꾸준히 짓기만 하면, 결국에는 그 인연들이 모이고 쌓여 성불 인연으로 이어지게 할 것이라는 말이다.

32

법을 만난 기쁨

과거에 윤회하던 업을 돌이켜 보면, 몇천 겁 동안 흑암지옥(黑闇地獄)에 떨어지고 무간지옥(無間地獄)에 들어가, 얼마나 온갖 고통을 받았을 것인가. 또 불도(佛道)를 구하고자 해도 선지식을 만나지 못하여, 얼마나 오랜 겁을 어리석음에 빠져든 채 깨닫지 못하여 많은 악업을 지었을 것인가. 때때로 한 번씩 생각해 보면 나도 모르는 사이에 긴 한숨이 절로 나오는데, 어찌 방일하여 지난날의 재앙을 다시 받겠는가.

지금 이렇게 인간으로 태어나 만물의 영장이 되어 진리의 길을 닦는 데 어둡지 않게 되었으니, 누가 다시 나에게 이렇게 해 주겠는가? 실로 눈먼 거북이 바다에서 구멍 난 나무판자를 만난 것과 같고, 작은 겨자씨를 던져 바늘에 꽂힌 것과 같으니, 그 다행스럽고 경사스러움을 어찌 말로 다 하겠는가.

내가 이제 스스로 퇴굴심(退屈心)을 내거나 게으름을 부려 항상 뒤로 미루다가 잠깐 사이에 목숨을 잃으면 악도에 떨어져 온갖 고통을 받을 것이다. 그때 가서는 아무리 한 구절 불법을 들어서 믿고, 이해하고, 받아 지녀서 고통을 면하고자 해도 다시 회복할 수가 없다. 위태로운 때가 임박해서는 후회한들 아무 소용이 없다.

바라건대 모든 수도하는 사람들은 방일하지 말고, 탐욕과 음욕에 집착하지 말고, 머리에 붙은 불을 끄듯이 살피고 돌아보는 것을 잊지 말라. 덧없는 세월은 신속하여, 몸은 아침 이슬 같고, 목숨은 지는 해와 같으니, 비록 오늘 살아 있다 해도 내일을 보장하기 어렵다. 간절히 마음에 새기고 간절히 마음에 새겨라.

追念過去輪廻之業 不知其幾千劫 墮黑暗入無間 受種
種苦 又不知其幾何 而欲求佛道 不逢善友 長劫沈淪
冥冥無覺 造諸惡業 時或一思 不覺長吁 其可放緩 再
受前殃 又不知誰復使我 今値人生 爲萬物之靈 不昧修
眞之路 實謂盲龜遇木 纖芥投鍼 其爲慶幸 曷勝道哉
我今若自生退屈 或生懈怠 而恒常望後 須臾失命 退墮
惡趣 受諸苦痛之時 雖欲願聞一句佛法 信解受持 欲免
辛酸 豈可復得乎 及到臨危 悔無所益 願諸修道之人
莫生放逸 莫着貪淫 如救頭然 不忘照顧 無常迅速 身
如朝露 命若西光 今日雖存 明亦難保 切須在意 切須
在意

'과거에 윤회하던 업'이란 무엇일까? 앞에서 윤회란 탐진치와 선악에 따라 각각 상징적으로 배정한 것으로서 탐심이 많으면 아귀, 진심은 아수라, 치심은 축생, 선행은 천상, 악행은 지옥을 말한다고 했다. 이런 세계가 따로 있다기보다, 이 말의 근본 뜻은 중생의 탐진치 삼독심과 선악의 분별심이 끊임없이 반복되며 습관적으로 굳어져 우리를 괴롭게 하므로 이를 '과거에 윤회하던 업'이라고 부른다.

그동안 우리는 얼마나 많은 어리석음으로 탐진치 삼독에 빠져 살았으며, 선악의 분별심에 사로잡혀 살았는가? 그로 인해 나와 이 세상을 실체라 여기면서 얼마나 많은 업을 짓고, 얼마나 많은 괴로움 속에 헤매며 살았는가? 그 괴로움은 지혜의 빛이 없는 깜깜한 암흑 속에서 헤매는 것과 같은 어리석음으로 인해 생겨난 것이었으니, 그것을 흑암지옥(黑暗地獄)이라고 부른다. 빛 없이 온통 어둠 속에서 고통받는 지옥이다. 또한 이런 괴로움을 무간지옥(無間地獄)이라고도 부르니, 중생의 탐진치 삼독심과 선악을 나누는 분별심은 하루에도 수만 번 이상 반복하며 틈도 없이 지속되기 때문이다.

윤회니, 흑암지옥이니, 무간지옥이니 하는 것은 과거나 미래의 일이 아니다. 죽음 뒤의 일도 아니며, 바로 여기에서 내가 어떻게 살아왔는지를 보여 주는 상징적인 말들이다. 불교의 수많은 방편은 전부 지금 여기의 자기를 돌아보게 하는 상징으로 이루어져 있다. 이것을 모른 채 다시 전생이나 후생을 생각하고, 지옥의 고통을 생각하며, 죽음 뒤를 두려워하게 된다면, 그것은 방편에 걸려드는 것이다. 도리어 방편이 나를 생각 속에 빠뜨리게 만드는 것일 뿐이다.

한 생각, 분별을 일으키면 곧바로 그 자리에서 나와 세상이 생겨나고, 번뇌와 분별이 생겨나며, 탐진치 삼독심이 생겨나 우리를 취사간택심과 괴로움에 사로잡히게 만든다. 이런 윤회의 고통과 흑암지옥과 무간지옥에서 벗어나고자, 불도를 구하고 선지식을 찾아다닌 시간이 얼마이던가? 얼마나 오랜 세월 어리석음에 빠져든 채 깨닫지 못하여 많은 악업을 일삼아 왔던가? 때때로 생각해 보면 나도 모르는 사이에 긴 한숨이 절로 나온다. 어찌 게으르게 방일하여 지난날의 재앙을 계속 받아야 하겠는가? 이런 어리석음과 괴로움의 반복이 지긋지긋하지도 않은가?

불교에서는 육도윤회의 여섯 갈래 길 가운데 오직 인간만이 진리를 닦아 깨달을 수 있다고 말한다. 업을 짓는 것도 인간계에서만 가능하며, 다른 다섯 세계에서는 업을 받기만 한다고 설명한다. 이 말을 곱씹어 보라. 오직 인간계에서만, 오직 인간만이, 오직 지금 여기에 있는 당신만이 업을 짓고, 업장에서 벗어나며, 진리를 닦아 괴로움에서 벗어날 수 있다. 바로 지금 여기에 있는 나 자신, 당신만 할 수 있는 일이다. 지옥, 아귀, 축생, 수라, 천상은 지금 여기에 없지 않은가? 실재가 아니다. 이 말속에 저 다섯 세계는 방편임을 드러내고 있다. 중요한 것은 바로 지금 여기에 있는 인간, 바로 당신이라는 뜻이다.

불교에서는 인신난득(人身難得)이라고 해서 인간으로 태어나기가 얼마나 어려운지를 맹구우목(盲龜遇木), 조갑상토(爪甲上土), 섬개투침(纖芥投針)의 비유를 들어 설명하고 있다. 조갑상토란 부처님이 땅 위의 흙을 손톱 위에 조금 올려놓고 말하길, "인간으로 태어나는 이는 이 손톱 위의 흙과 같이 작고, 지옥·아귀·축생으로 태어나는 이는 저 대지 위의 흙과 같이 많다"라고 하신 것에서 비롯된다. 그만큼 인간 몸 받아 태어나기가 어렵다는 뜻이다.

맹구우목의 뜻은 이렇다. 대지가 전부 큰 바다로 변했는데, 수명이 무량겁인 한 눈먼 거북이가 백 년에 한 번씩 머리를 바다 위로 내어놓는다. 바다 가운데 표류하며 떠 있는 나무판자가 있는데, 구멍 하나가 나 있다. 눈먼 거북이가 백 년에 한 번씩 머리를 내밀어 저 나무판자의 구멍에 딱 목이 걸릴 확률이 불가능에 가까운 것처럼, 인간 몸 받아 태어나는 것도 그와 같다는 것이다. 또한 섬개투침은 땅 위에 바늘을 세워 놓고 하늘에서 겨자씨를 던져 그 겨자

씨가 바늘에 꽂히는 확률로, 거의 불가능한 상황을 말한다.

사람으로 태어나기가 어렵다는 것은, 지금 여기 이렇게 존재하고 있는 나 자신을 만난다는 것 자체가 얼마나 귀한 인연인가를 설하는 것이다. 즉 지금 이렇게 인간 몸을 받아 태어난 당신은 너무나도 어렵고 귀한 인연을 만나서 지금 여기에 있는 것이다. 이생이 끝나고 나면 언제 다시 인간 몸을 받아 태어날 수 있을지 누구도 장담할 수 없다. 그러니 이 인연이 귀한 줄 안다면 어떻게 해야 하겠는가?

그것을 설명해 주는 빠알리 『법구경』의 사난득(四難得)의 가르침을 보자. 『법구경』에서는 만나기 어려운 네 가지를 설하는데, 그것은 "사람으로 태어나기 어렵고, 죽음을 피할 수 있는 삶을 만나기 어렵고, 바른 법을 듣기 어렵고, 부처님이 나타나기 어렵다"라는 것이다. 사람으로 태어나기만 어려운 것이 아니라, 노병사를 해결하는 삶, 즉 죽음이라는 고통에서 벗어나는 삶을 만나기도 어렵다. 또한 인간 몸을 받아 태어났더라도 바른 법문을 듣기 어렵고, 그 법문을 듣고 스스로 깨달아 부처가 되기 어렵다는 것이다.

다시 말하면, 이 귀하디귀한 맹구우목, 조갑상토, 섬개투침의 인연으로 인간 몸을 받아 태어났으니, 이때야말로 죽음의 고통에서 벗어나는 삶, 바른 법문을 듣는 삶, 부처의 깨달음을 직접 깨닫는 삶을 사는 것이 우리가 해야 할 당연한 본래의 일이라는 것이다. 그래서 이를 본분사(本分事)라 한다. 인간으로 태어난 존재라면 누구나 해야 하는, 마땅히 해야 할 본래의 직업, 본래의 직분이 바로 본분사이며, 그 본분사가 바로 자기를 깨닫는 일이다.

지금 이 글을 읽고 있는 사람이라면 놀랍게도 인간 몸 받아 태어났고, 죽음을 해결할 부처님의 지혜를 만났고, 부처님의 법문을 만난 것이다. 그러니 간절한 발심으로 공부해서 직접 부처가 되는 것, 깨달음을 얻는 것, 완전히 괴로움을 소멸하는 것이 제일의 본분사가 아닐까? 그 어렵다는 맹구우목, 조갑상토, 섬개투침의 확률을 뚫고 인간 몸도 받았고, 죽음을 뛰어넘는 가르침도 만났으며, 이렇게 법문을 듣고 있으니, 이 얼마나 다행스럽고 경사스러운 일인가? 그러나 많은 사람이 이것이 얼마나 다행스럽고 경사스러운 일인지조차 모르고 산다.

우리 주변만 보아도 어떤가? 70억이 넘는 인구 중에 이 공부를 하는 사람이 얼마나 될까? 아무리 인간 몸을 받아 태어났다고 할지라도, 이 법을 만나 공부해서 깨달을 수 있는 사람은 많지 않다. 이 다행스럽고 감사한 마음공부 앞에서 스스로 퇴굴심을 내거나 게으름을 부리거나, 이것보다 더 중요한 일이 있다고 이 공부를 뒤로 미루기만 하지 않았는가?

물론 이 세계에는 돈, 명예, 사랑, 진급 등 달콤한 유혹이 너무나도 많다. 언뜻 보면 그것들이 더 중요해 보인다. 그러나 그것은 100년도 안 되어 반드시 사라지는 것이 아닌가? 늙고 병들고 죽는 문제를 결코 해결해 줄 수 없다. 그런데도 계속 뒤로 미루기만 하다가 죽음의 목전에 이르러서 급한 마음에 불법 한 구절을 듣는다고 하더라도, 그때 가서 믿고 이해하고 받아 지녀 고통을 면하고자 하더라도 너무 늦었다. 위태로운 때가 임박해서 후회한들 아무런 소용이 없지 않은가?

바라건대 공부하는 모든 이들은 부디 게으르지 말고, 탐욕과 음욕에 집착하지 말고, 머리에 불이 붙은 것처럼 당장에 이 공부를 해 마칠 일이다. 덧없는 세월은 너무도 빠르게 흘러서 건강하고 젊은 이 몸은 아침 이슬처럼 사라지고, 목숨은 지는 해와 같이 야속하게 저물어 간다. 비록 오늘은 살아 있다고 하더라도 내일을 보장하기는 어렵다. 간절히 오늘의 이 말씀을 가슴에 새기고 또 새길 일이다.

한국불교를 대표하는 가장 위대한 선지식인 목우자 지눌 스님의 이 말씀이 얼마나 간절하고 간절한가! 정말 그러하지 않은가? 이 공부 말고 또 다른 무엇이 더 소중할 수 있단 말인가?

이것은 불교를 믿으라는 말도 아니고, 불교 신자를 늘리려는 것은 더더욱 아니다. 당장 자기 자신의 일을 해 마치라는 것이 아닌가? 저마다 자기의 괴로움을 해결하고 자유롭게 살라는 것이다. 이 어찌 저 불교라는 한 종교의 일에 국한하는 것이라 할 수 있을까? 이 공부는 불교의 일도 아니고, 스님들만의 일도 아니다. 바로 내 일이고, 내 공부이며, 일생일대의 가장 중요한 본분사를 해 마치는 일이다. 그래서 『법화경』에서는 '일대사인연(一大事因緣)'이라

하여 이 공부를 인생의 가장 중요한 공부라고 한 것이다. 이 글을 통해 만난 소중한 인연들에게, 나인 당신들 모두에게 이 대사(大事)를 함께해 마치기를 가슴으로 권해 본다.

최상승 법문 만났을 때 깨달으라

세상의 유위선(有爲善)에 의지하더라도 삼악도의 고통을 면하고, 천상과 인간에서 뛰어난 과보를 얻어 온갖 즐거움을 누리는데, 하물며 이 최상승의 깊은 법문이겠는가. 잠시만 믿더라도 그 공덕은 어떤 비유로도 다 말하기 어렵다.

경에 이르기를 "만약 어떤 사람이 삼천대천세계에 가득찬 칠보로써 모든 중생에게 보시하고 공양하여 다 만족하게 하고, 또 그 세계의 모든 중생을 교화하여 사과(四果)를 얻게 한다면 그 공덕은 한량없고 끝없을 것이다. 그러나밥 한 그릇 먹는 잠깐만이라도 이 법을 바르게 사유하여얻는 공덕만은 못하다"라고 하였다. 그러므로 우리의 이

법문이 가장 높고 귀하여 다른 어떤 공덕에도 견줄 수 없음을 알아야 한다.

그러므로 경에 말하기를 "한 생각 깨끗한 마음이 바로 도량이니, 갠지스강의 모래 수와 같은 칠보탑을 만드는 것보다 훌륭하다. 칠보탑은 마침내 부서져 티끌이 되지만 한 생각 깨끗한 마음은 정각을 이룬다"라고 하였다.

바라건대 수도하는 모든 사람은 이 말을 깊이 연구하고 음미하여 간절히 마음에 새겨야 할 것이다. 이 몸을 금생에 제도하지 못하면 다시 어느 생을 기다려 이 몸을 제도할 것인가. 지금 만약 닦지 않으면 만겁에 어긋나고, 지금 만약 억지로라도 닦으면 닦기 어려운 수행도 점점 어렵지 않게 되어 공부가 저절로 나아질 것이다.

슬프다, 지금 사람들은 배가 고프면서도 맛있는 음식을 보고 먹을 줄 모르고, 병이 들어 의사를 만났어도 약을 먹을 줄 모르는구나. 참으로 '이 일을 어찌할까, 어찌할까?' 하며 걱정하지 않는 사람은 나로서도 어찌할 수 없다.

33. 최상승 법문 만났을 때 깨달으라

且憑世間有爲之善 亦可免三途苦輪 於天上人間 得殊
勝果報 受諸快樂 況此最上乘甚深法門 暫時生信 所成
功德 不可以比喩 說其少分 如經云 若人以三千大千世
界七寶 布施供養爾所世界衆生 皆得充滿 又敎化爾所
世界一切衆生 令得四果 其功德 無量無邊 不如一食頃
正思此法 所獲功德 是知我此法門 最尊最貴 於諸功德
比況不及 故云經 一念淨心是道場 勝造恒沙七寶塔 寶
塔畢竟碎爲塵一念淨心成正覺 願諸修道之人 研味此
語 切須在意 此身不向今生度 更待何生度此身 今若不
修 萬劫差違 今若强修 難修之行 漸得不難 功行自進
嗟夫 今時人 飢逢王饍 不知下口 病遇醫王 不知服藥
不曰如之何如之何者 吾末 如之何也已矣

세상의 유위선(有爲善)이란, 곧 세상 사람들이 행위하는 좋은 일들, 보시, 계율, 애써서 갈고닦는 기도와 수행, 깊은 선정 등을 말한다. 여기에 의지해 닦더라도 지옥·아귀·축생의 삼악도의 고통은 면할 수 있고, 천상과 인간계에서 뛰어난 과보를 얻어 온갖 즐거움을 누릴 수는 있다. 하물며 무위(無爲)의 공덕, 이 최상승의 깊은 법의 공덕은 잠깐만 믿더라도, 잠시 공부하기만 하더라도 그 공덕을 어떤 비유로도 다 말하기 어렵다.

유위란 조작하여 얻어진 것을 말한다. 노력해서 얻어진 것은 반드시 다시 사라지게 마련이다. 생겨난 모든 것은 사라진다. 그러나 이 가르침은 없는 것을 만들어 낸 게 아니라, 본래 자기가 다 완벽하게 갖추고 있던 본래의 것, 무위의 공덕, 최상승의 가르침을 확인한 것이기에 공부의 공덕이 사라질 수가 없다. 그렇기에 이 공부로 자신의 본래면목을 확인하게 되면, 그것은 절대로 사라지지 않는 본래의 자기를 회복한 것이다. 그 어떤 유위의 공덕과도 비교할 수 없는 무위의 공덕이다.

경전에서는 설한다. 어떤 사람이 삼천대천세계 온 우주 전체에 가득 찰 만큼 많은 금은보화, 다이아몬드 등 귀한 일곱 가지 보물과 보배로써 일체중생에게 보시하고 공양해서 다 만족하게 하고, 또 그 세계의 모든 중생을 교화해서 수다원·사다함·아나함·아라한의 사과(四果)를 얻게 한다면, 그 공덕이 한량없고 끝없을 것이다. 그러나 밥 한 그릇 먹는 잠깐만이라도 이 법을 바르게 사유해서 얻는 공덕만은 못하다고 했다. 그러니 이 법문이 얼마나 높고 귀하며, 그 어떤 공덕과도 견줄 수 없는 것인 줄 알아야 한다.

온 세상의 일체 모든 사람에게 금은보화가 가득한 값진 보물을 보시해서 그들이 죽을 때까지 먹고사는 데 아무런 문제가 없도록 해 준다고 할지라도, 결국 그들은 늙고 병들고 죽어갈 것이다. 그런 유위의 보시는 그들이 살아 있는 동안 임시적인 평안을 가져다줄 뿐 죽고 사는 문제를 해결해 주지는 않는다. 그러나 이 공부는 생사를 해탈하게 하는 공부다. 심지어 모든 중생을 교화해서 소승불교에서 말하는 깨달음의 계위인 수다원·사다함·아나함·아라한의 사과를 얻게 한다고 할지라도, 이 최상승의 법문을 잠깐이라도 사유해서 얻는 공덕에는 미치지 못한다. 여기에서 말하는 사과(四果)는 소승불교와 부파불교의 수행자들이 닦아서 얻는 공덕을 말한다. 소승불교의 깨달음에 비해 이 대승의 가르침, 최상승선의 가르침이야말로 더욱 뛰어나다는 것이다.

또 경전에서는 말한다. 한 생각 깨끗한 그 마음이 바로 부처님이 계시는 도량이니, 갠지스강 모래알의 개수만큼 많은 칠보탑을 만드는 것보다 더 훌륭하다. 칠보탑은 일곱 가지 귀하고 값진 보물로 만든 탑이다. 아무리 많은 칠보탑도 결국에는 부서져 티끌이 되지만, 한 생각 깨끗한 마음은 바른 깨달음을 이루기 때문이다. 아무리 큰 절을 많이 짓고, 절 내부를 거룩하고 장엄하게 꾸미며, 사람들을 압도시키는 대규모 불사를 하더라도, 그런 절에서 부처가 나오는 것은 아니다. 절이 초라하고 보잘것없더라도, 스님의 스펙이 대단하지 않더라도, 또 절에 다니며 수행한 경력이 화려한 불자가 아니더라도, '한 생각 깨끗한 그 마음'이 있다면 그가 바로 참된 공부인이다.

수행하는 모든 이들은 이 『수심결』의 가르침을 깊이 공부하고 간절히 새겨야 할 것이다. 이번 생에 이 몸을 제도하지 못하면 다시 어느 생을 기다려 제도할 수 있을 것인가? 만약 지금 닦지 않으면 만겁에 어긋나고, 만약 지금 억지로라도 닦으면 닦기 어려운 수행도 점점 어렵지 않게 되어 공부가 저절로 나아질 것이다. 중생을 사랑하는 지눌 스님의 마음이 여기까지 전해지는 듯하다. 이렇게라도 해서 중생들을 공부하게 만들려는 것이다.

억지로라도 마음을 내어 이 마음공부에 발심하라는 것이다. 이런 기회는 다시 올 수 없는 최고의 기회가 아닌가? 인간 몸 받아 태어나기 어려운데, 그 어려운 것을 기어이 해냈다. 인간 몸을 받았어도 참된 가르침을 만나기 쉽지 않은데, 바로 그 가르침을 이렇게 만났다. 최상승의 바른 가르침을 만나도 게으르지 않게 꾸준히 정진하기 어려운데, 다행히도 이 글을 읽고 있는 그대는 이 가르침의 끝장에 이르기까지 잘 따라와 주었다.

아무리 어려운 공부라도 억지로라도 닦으면 점점 나아질 것이다. 이 위로가 참으로 진솔하고도 간절하게 들린다. 그렇다. 힘들게 애쓸 것도 없고, 두뇌가 뛰어나지 않아도 된다. 못나고, 부족하고, 가진 것도 없고, 게으르고, 발심도 약한 당신도 이 공부라면 할 수 있다. 다른 세상의 공부는 본래 가진 자질이 있어야 하겠지만, 다행히 이 공부의 자질은 모두에게 100% 완벽하게 갖추어져 있기 때문이다. 타고난 머리, 타고난 신체 능력 등을 말하곤 하는데, 이 불성은 누구나 평등하게 완벽히 타고났다.

이런 간절한 말에도 불구하고, 여전히 중생들은 이 공부를 귀하게 여기지 않는다. 이 얼마나 슬픈 일인가? 사람들은 배가 고프면서도 맛있는 음식을 보고 먹을 줄 모르고, 병이 들어 의사를 만났어도 약을 먹을 줄 모른다. 참으로 이 일을 어찌할까? '이 일을 어찌할까?' 하며 스스로 걱정하지 않는 사람은 이제 나로서도 어쩔 도리가 없구나.

34

희유한 공부, 용맹스럽게 정진하라

세상 유위(有爲)의 일은 그 형상을 볼 수도 있고, 그 효험
도 경험할 수 있으므로, 사람들은 한 가지 일만 얻어도 그
희유함에 감탄한다. 그러나 이 마음은 그 형상이 없어 볼
수도 없고, 말로 표현할 수도 없으며, 마음으로도 생각할
수 없다. 그러므로 천마(天魔)와 외도(外道)들이 훼방하려
해도 길이 없고, 제석천과 범천 등 모든 신이 칭찬하려 해
도 할 수가 없는데, 하물며 얄팍한 범부들이 어찌 짐작이
나 할 수 있겠는가.

슬프다, 우물 안 개구리가 어찌 바다의 넓음을 알며, 여우
가 어찌 사자의 소리를 할 수 있겠는가. 그러므로 말법 세
상에 이 법문을 듣고 희유한 생각을 내어 믿고 이해하여

받아 지니는 사람은 이미 한량없는 겁 동안 모든 성인을 받들어 섬겨서 모든 선근을 심고 지혜의 바른 인연을 깊이 맺은 최상의 근기임을 알 수 있다.

그러므로 『금강경』에 "이 글귀에 능히 신심을 내는 사람은 이미 한량없는 부처님의 처소에서 모든 선근을 심은 것이다"라고 하였고, 또 "이 법은 대승의 마음을 낸 사람과 최상승의 마음을 낸 사람을 위하여 설한다"라고 하였다.

바라건대 도를 구하는 사람은 겁내거나 약한 마음을 내지 말고 부디 용맹스러운 마음을 내어야 한다. 오랜 겁 동안 얼마나 선근인연을 심었는지 알 수 없기 때문이다. 만약 수승한 법을 믿지 않고 스스로 못났다고 하면서 어렵다는 생각을 내어 금생에 닦지 않으면, 비록 과거에 지은 선근이 있다 해도 지금 그것을 끊어 버리는 것이 되므로, 더욱 어려워지고 점점 멀어질 것이다.

이미 보배 있는 곳에 왔으니 빈손으로 돌아가지 않도록 해야 한다. 한 번 사람의 몸을 잃으면 만겁에 회복하기 어려우니 부디 조심하도록 하라. 지혜로운 사람이라면 어찌 보배가 있는 곳을 알고도 그것을 구할 생각은 하지 않고, 오래도록 외롭고 가난함을 원망만 하겠는가. 만약 보배를 얻으려거든 그 가죽 주머니를 놓아 버려라.

且世間有爲之事 其狀可見 其功可驗 人得一事 歎其
希有 我此心宗 無形可觀 無狀可見 言語道斷 心行處
滅 故天魔外道 毀謗無門 釋梵諸天 稱讚不及 況凡夫
淺識之流 其能髣髴 悲夫井蛙 焉知滄海之闊 野干何能
師子之吼 故知末法世中 聞此法門 生希有想 信解受持
者 已於 無量劫中 承事諸聖 植諸善根 深結般若正因
最上根性也 故金鋼經云 於此章句 能生信心者 當知是
人 已於無量佛所 種諸善根 又云爲發大乘者說 爲發最
上乘者說 願諸求道之人 莫生怯弱 須發勇猛之心 宿劫
善因 未可知也 若不信殊勝 甘爲下劣 生艱阻之想 今
不修之 則縱有宿世善根 今斷之故 彌在其難 展轉遠矣
今旣到寶所 不可空手而還 一失人身 萬劫難復 請須愼
之 豈有智者 知其寶所 反不求之 長怨孤貧 若欲獲寶
放下皮囊

'세상 유위(有爲)의 일'은 인연 따라 생겨나고 사라지는 모든 것, 즉 생사법(生死法)의 모든 것이다. 인연 따라 생겨난 모든 것은 형상과 모습이 있어 눈으로 볼 수 있고, 열심히 일하면 좋은 결과가 있고 열심히 공부하면 좋은 성적이 있는 등 유위의 노력을 통해 그 결과를 분명히 확인할 수 있다. 사람들은 이런 유위의 노력이라는 원인을 통해 얻은 결과물에 감탄하고 행복해한다.

세상 모든 것은 이처럼 열심히 노력하면 그 결과를 분명하게 볼 수 있고, 그 효험을 경험할 수 있으며, 좋은 결과를 얻는 것을 통해 기뻐하고 감탄할 수도 있다. 그러나 이 마음, 본래면목은 그 형상이 없어서 볼 수도 없고, 말로 표현할 수도 없으며, 마음으로도 생각할 수가 없다. 그러므로 공부를 방해하는 하늘의 마왕이나 삿된 사이비 가르침을 설하는 이단의 외도들이 훼방하려고 해도 도대체 방법이 없다. 무언가 대상이 있어야 공격할 것이 아닌가. 또한 제석천과 범천 등 모든 하늘 신이 칭찬하려고 해도 할 수가 없다. 하물며 얄팍한 범부들이 어떻게 짐작이나 할 수 있겠는가. 이 본래면목이라는 참마음을 황벽희운(黃檗希運, ?~850) 스님은 『전심

법요』에서 다음과 같이 설했다.

> "모든 부처와 중생은 오직 이 하나의 마음이고, 다시 다른 법은 없다. 이 마음은 애초부터 생겨나거나 사라진 적이 없고, 푸른색도 누런색도 아니고, 모습이나 모양도 없고, 있는 것도 아니고 없는 것도 아니며, 새롭지도 않고 낡지도 않으며, 길지도 짧지도 않고, 크지도 작지도 않으며, 모든 한계와 이름과 흔적과 상대를 벗어났다. 지금 이대로가 곧장 이것이니 생각을 움직이면 어긋난다. 마치 허공과 같아 테두리가 없어서 헤아릴 수가 없다."
>
> ─『전심법요』

이처럼 참마음은 대상이 아니고 형상도 없어서, 그 어떤 삿된 천마와 외도도 이것을 공격할 수 없고, 하늘 신들이 칭찬할 수 있는 것도 아니다. 이것은 허공과 같아 테두리가 없어서 헤아릴 수 없으니, 어찌 범부 중생이 짐작이나 할 수 있겠는가? 어찌 우물 안 개구리가 바다의 넓음을 알 수 있겠는가? 어찌 여우가 사자의 소리를 할 수 있겠는가? 말법 세상에 이 법문을 듣고 희유한 생각을 내어 믿고 이해해서 받아 지니는 사람, 바로 지금 이 글을 읽고 있는 당신 같은 사람은 이미 한량없는 세월 동안 모든 성인을 받들어 섬겨서 수많은 선근을 심고 지혜의 인연을 깊이 맺은 최상의 근기라는 것이다.

그만큼 이 마음공부는 희유할 뿐 아니라 누구도 쉽게 마음 내서 하기 어려운 공부다. 다른 유위의 공부처럼 열심히 노력하면 얻을 수 있는 것도 아니고, 뛰어가서 잡을 수 있는 것도 아니며, 어떤 특정한 방법을 통해 획득하는 것도 아니다. 그러다 보니 이 형체 없고, 크기 없고, 대상이 아닌 '이것'에 발심해서 공부하기란 참으로 어려운 일이 아닐 수 없다. 그런데도 이 참마음을 깨닫겠노라고 발심한 사람이라면, 얼마나 큰 공부 인연이 있는 사람인가? 이런 사람은 무수히 많은 세월 동안 성인을 섬기고, 선근을 심었으며, 지혜의 인연을 깊이 맺은 사람임이 틀림없으리라.

『금강경』에서도 "이 글귀에 능히 신심을 내는 사람은 이미 한량없는 부처님의 처소에서 모든 선근을 심은 것"이라 했고, "이 법은 대승의 마음을 낸 사람과 최상승의 마음을 낸 사람을 위해 설하는 것"이라 했다. 그만큼 아무에게나 설할 수 없는 가르침이란 뜻이다. 아무에게나 이 법을 설하면 분명히 그 사람은 이 법을 욕하고 헐뜯을 것이다. 기존 상식의 틀을 뒤집는 것이고, 격식을 파하는 것이며, 도저히 이해되지 않는 것이기 때문이다. 이 공부는 누구에게나 열려 있지만, 아무나 이 공부에 뜻을 낼 수는 없음이 분명하다.

글의 막바지에서, 지눌 스님처럼 나 또한 간절히 원하건대 도를 구하는 사람은 겁내거나, 약한 마음을 내지 말고, 퇴전심을 내지 말고, 당당한 자신감과 용기를 가지고, 부디 용맹스러운 마음을 가지기를 바란다. 그대들 모두가 분명히 깨달을 사람이고, 이미 깨달아 있기 때문이다. 그대와 나는 둘이 아니니, 우리의 발심이 하나로 모여 익어갈 때 나인 세상이, 모두가 함께 깨어나게 된다. 지금 이 글을 읽고 있는 사람이라면, 얼마나 오랜 세월 동안 선근 인연을 심었는지 알 수 없기 때문이다.

그런데도 여전히 이 수승한 법을 믿지 않고, 스스로 못났다고 하면서 어렵다는 생각을 내어 금생에 닦지 않으면, 비록 과거에 지은 선근이 있다고 해도 지금 그것을 끊어 버리는 것이 되어 공부는 점점 더 어려워지고 멀어지고 말 것이다. 이미 보배가 있는 곳, 사난득의 어렵고도 어려운 상황을 뚫고 이렇게 도착하지 않았는가. 이미 이렇게 왔으니 부디 빈손으로 돌아가지 않도록 하자. 한 번 사람의 몸을 잃으면, 이 한 생이 허망하게 지나가고 나면 만겁토록 회복하기 어려우니, 억겁에 다시없을 이 놀라운 기회를 부디 놓치지 않도록 하자.

지혜로운 사람이라면 어찌 보배가 있는 곳을 알고도 그것을 구할 생각을 하지 않을 수 있겠는가? 이 보배를 구하지 않은 채 여전히 외롭고 가난한 자신을 원망만 하고 있을 것인가? 만약 이 보배를 얻고자 한다면, 바로 이 가죽 주머니, '나'라는 허망한 착각을 놓아 버려야 한다. 이 몸과 마음이 '나'라는 허망한 착각에서 벗어난다면, 곧바로 자신의 참된 본래면목을 확인할 수 있을 것이다.

34. 희유한 공부, 용맹스럽게 정진하라

수심결과 마음공부

2023년 2월 1일 초판 1쇄 발행
2023년 7월 18일 초판 5쇄 발행

지은이 법상
발행인 박상근(至弘) • 편집인 류지호 • 편집이사 양동민
책임편집 최호승 • 편집 김재호, 양민호, 김소영, 하다해 • 디자인 구담디사인
제작 김명환 • 마케팅 김대현, 이선호 • 관리 윤정안
콘텐츠국 유권준, 정승채
펴낸 곳 불광출판사 (03169) 서울시 종로구 사직로10길 17 인왕빌딩 301호
　　　　대표전화 02) 420-3200 편집부 02) 420-3300 팩시밀리 02) 420-3400
　　　　출판등록 제300-2009-130호(1979. 10. 10.)

ISBN 979-11-92476-85-8 (03220)

값 20,000원